工会组织工作实务手册

Gonghui Zuzhi Gongzuo
Shiwu Shouce

上海市总工会　编

中国工人出版社

图书在版编目（CIP）数据

工会组织工作实务手册 / 上海市总工会编. --北京：中国工人出版社，2018.4

ISBN 978-7-5008-6890-3

Ⅰ. ①工…　Ⅱ. ①上…　Ⅲ. ①工会工作—概况—上海—技术培训—教材
Ⅳ. ①D412.851

中国版本图书馆CIP数据核字（2018）第062581号

工会组织工作实务手册

出版人	王娇萍
责任编辑	罗荣波
责任校对	孙逦伟
责任印制	栾征宇
出版发行	中国工人出版社
地　　址	北京市东城区鼓楼外大街45号　邮编：100120
网　　址	http://www.wp-china.com
电　　话	（010）62005043（总编室） （010）62005039（出版物流部） （010）82075935（工会与劳动关系分社）
发行热线	（010）62004002　（010）82081553（传真）
经　　销	各地书店
印　　刷	三河市国英印务有限公司
开　　本	700毫米×1000毫米　1/16
印　　张	22
字　　数	320千字
版　　次	2018年5月第1版　2024年10月第8次印刷
定　　价	45.00元

工会要坚持以职工为中心的工作导向，抓住职工群众最关心最直接最现实的利益问题，认真履行维护职工合法权益、竭诚服务职工群众的基本职责，把群众观念牢牢植于心中，哪里的职工合法权益受到侵害，哪里的工会就要站出来说话。

——习近平总书记同中华全国总工会新一届领导班子成员集体谈话并发表重要讲话（2018 年 10 月 29 日）

增强群众工作本领，创新群众工作体制机制和方式方法，推动工会、共青团、妇联等群团组织增强政治性、先进性、群众性，发挥联系群众的桥梁纽带作用，组织动员广大人民群众坚定不移跟党走。

——习近平总书记在中国共产党第十九次全国代表大会上的报告(2017 年 10 月 18 日)

在革命、建设、改革各个历史时期，党始终高度重视群团工作，加强群团组织建设，发挥群团组织特殊优势，团结带领广大人民群众共同为实现党在各个时期的历史任务而奋斗。新形势下，党的群团工作只能加强，不能削弱；只能改进提高，不能停滞不前。

——《中共中央关于加强和改进党的群团工作的意见》（2014 年 12 月 29 日）

序

中国特色社会主义进入了新时代，这是党的十九大作出的一个重大政治判断。工会是党领导的群众组织，工会工作如何把握时代脉搏，体现时代性、规律性和创造性，是工会组织必须破解的时代课题。习近平总书记对加强基层工会建设作出“三个着力”重要批示，为工会组织建设指明了发展方向，提供了根本遵循。当前，各级工会正深入贯彻党的十九大精神和党中央关于群团工作及群团改革的重大决策部署，按照增强“三性”、去除“四化”、做强基层、着力创新的总体思路，全面深化推进工会改革。

工会组织工作是工会全部工作的基础，工会所有成绩的取得都离不开工会组织的保障和支持。上海工会历来重视工会组织建设，坚持在党的领导下，直面经济社会和职工队伍的发展变化，直面基层工会的难点和期望，始终把工会组织建设作为基础性工程常抓不懈。为帮助各级工会组织和广大工会干部更好地适应党在新时代对工会组织建设提出的新要求，更好地把握新时代工会组织工作的新特点，我们以法律法规为依据，以工会组织规范化建设为目标，以创新发展工会组织工作为追求，在总结梳理和借鉴吸收历年工会组织建设经验的基础上，编写了《工会组织工作实务手册》。

《工会组织工作实务手册》是一部关于工会组织建设的工具书。本书由三部分组成：第一部分是组织工作问答，包括工会组织工作概述、会籍管理、工会组建、会员（代表）大会、换届选举、自身建设六个方面内容；第二部分是工会组织工作流程和模板；第三部分是与工会组织建设相关的法律法规和政策文件等。本书以问答的形式简明扼要地介绍了工会组织工作基础知识，解答工会组织工作中经常遇到的疑难问题，用流程示意图、模块样板的方式直观明了地说明工会组织工作的主要流程和具体内容，同时附录相关法律法规，力图形成工会组织工作基础知识、疑难问题解答、工作操作规范以及法律法规依据等完整的知识体系，回答工会组织工作是什么、为什么和怎么做等问题，为基层工会组织和工会干部，尤其是为刚入门的工会干部尽快了解、熟悉和落实工会组织工作提供帮助。

九层之台，起于累土。希望各级工会组织和工会干部牢牢把握增强工会组织政治性、先进性和群众性的要求，在全国总工会和上海市委的领导下，坚持依法建会、依法管会、依法履职、依法维权，立足建设卓越的全球城市和社会主义国际化大都市的新要求，进一步加强工会组织建设，进一步夯实基层基础，进一步激发工会组织活力，积极回应职工群众新期盼，勇于破解工会改革发展新问题，着力推进上海工会事业新发展。

编　者

2018 年 5 月

目 录

CONTENTS

一 组织工作问答

（一）工会组织工作概述

（二）会籍管理

（四）会员（代表）大会

（五）换届选举

（六）自身建设

二　工作流程模板

（一）流程

（二）模板

工会组建

工会选举会后

三　法律法规文件

（一）法律法规

（二）全国总工会文件

一

组织工作问答

（一）工会组织工作概述

1. 中国工会是怎样产生的?

工会是劳动关系矛盾和社会经济矛盾的产物，是工人阶级为维护自身政治、经济等利益自愿结合而成的工人阶级群众组织。

中国工会的产生始于中国近代的工业革命。1840 年鸦片战争爆发后，中国逐渐沦为半殖民地半封建社会。1861 年洋务运动之后，出现江南制造局、马尾船政局、汉阳铁厂等一批近代官办企业，并出现了在这些工厂中干活的产业工人。1919 年五四运动前，中国的产业工人已经达到了 260 万人，手工业工人、店员和城市苦力等也达到 1800 万人至 2000 万人。中国工人阶级从诞生开始，就深受帝国主义、资产阶级和封建势力的三重压迫，地位低下，境况悲惨。中国工人阶级为了维护自身的经济利益，抵制残酷的剥削和压迫，开始自发地成立了一些带有封建帮会性质的早期组织。而这些组织往往又被统治阶级和中外资本家利用，不仅代表不了工人阶级的利益，甚至会背叛工人阶级的利益。严酷的现实使工人阶级认识到，要维护自己的利益就必须建立属于工人阶级自己的组织。1912 年，上海江南制造局工人建立了“制造工人同盟”，湖南有些工人建立了“总工会”等组织。这些组织具有工会的雏形，但不久就被当时的统治阶级取缔了。

中国工会是在中国共产党的领导下发展壮大的。1919 年的五四运动促成了马克思列宁主义同中国工人运动的结合，为中国共产党的成立创造了条件，同时也推动了中国工会的发展。在五四运动中，以上海为中心的全国工人总同盟罢工，标志着中国工人阶级以独立的姿态登上历史舞台。

从 1920 年夏季开始，在各地共产主义小组的直接领导下，上海、北京、武汉、长沙等地成立了一批真正能代表中国工人阶级的工会组织。上海机器工会成为上海共产党人领导的第一个工会组织。1921 年中国共产党成立后，把发展工人运动作为中心工作。1921 年 8 月，中国劳动组合书记部在上海建立，这是中国共产党领导中国工人运动的第一个公开机构。1922 年，中国劳动组合书记部向全国各地各党派工会团体发起邀请，在广州召开了中国工人阶级的第一次全国性大会——第一次全国劳动大会。1925 年 5 月，第二次全国劳动大会在广州召开，宣告中华全国总工会（以下简称全国总工会）成立，标志着中国工人阶级开始走向统一。

全国总工会成立后，已召开过十七次全国代表大会。1922 年至 1948 年，共召开了六次全国劳动大会。新中国成立至今，共召开了十一次中国工会全国代表大会。2018 年 10 月 22 日至 26 日，中国工会第十七次全国代表大会在北京胜利召开。

2. 中国工会的性质是什么？

中国工会是中国共产党领导的职工自愿结合而成的工人阶级群众组织，是党联系职工群众的桥梁和纽带，是国家政权的重要社会支柱，是会员和职工利益的代表。

3. 上海市总工会的组织发展概况如何？

在中国共产党领导下，1925 年“五卅”运动高潮中建立了上海总工会。1927 年“四·一二”政变后，上海总工会遭到破坏转入地下。上海解放后的第四天，即 1949 年 5 月 31 日上海总工会筹备委员会成立了。翌年 2 月，上海全市第一次工人代表大会决定恢复历史上的光荣名称，正式成立了上海总工会。根据《中华人民共和国工会章程》的规定，上海总工会于 1955 年 1 月改称上海市工会联合会。1959 年 8 月，根据全国总工会决定，又改称为上海市总工会。上海市总工会是全国总工会领导下的地方组织，是上海地区各级工会组织的领导机关。上海市总工会成立至今，已召开过十四次代表大会。

4. 如何理解工会的政治性？

政治性是工会组织的灵魂，是第一位的。离开了政治性，工会组织就容易产生脱离党的领导的倾向，就会庸俗化，就会成为一般社会组织，甚至会走向邪路。保持和增强政治性，关键是必须自觉坚持党的领导。工会组织要始终把自己置于党的领导之下，在思想上、政治上、行动上始终同党中央保持高度一致，自觉维护党中央权威，坚决贯彻党的意志和主张，严守政治纪律和政治规矩，经得住各种风浪考验，在大是大非问题面前立场坚定、旗帜鲜明，在关键时刻敢于冲锋陷阵、发声亮剑。要把坚持党的领导同工会组织依法依章程独立自主开展工作有机统一起来。工会组织要积极作为，敢于作为，更好地发挥作用，通过自身努力让党的领导通过工会组织具体而深入地落实到职工群众中去。

5. 如何理解工会的先进性?

先进性是工会工作的力量之源。工会是党领导的工人阶级的群众组织，承担着组织动员广大职工为完成党的中心任务而共同奋斗的重大责任。工会组织必须把保持和增强先进性作为重要着力点。要牢牢把握为实现中华民族伟大复兴的中国梦而奋斗的时代主题，紧紧围绕党和国家工作大局，自觉成为在职工群众中、在基层一线凝聚人心、坚守前哨、冲锋陷阵的战斗队、工作队，组织动员广大职工群众走在时代前列，在改革发展稳定第一线建功立业。坚持为党分忧、为民谋利，把思想政治工作贯穿于其开展的各种活动中，多做组织职工群众、宣传职工群众、教育职工群众、引导职工群众的工作，引导广大职工不断提高思想觉悟和道德水平，坚定不移地走中国特色社会主义工会发展道路，捍卫中国共产党领导和我国社会主义制度，践行社会主义核心价值观，真正成为党执政的坚实依靠力量、强大支持力量、深厚社会基础。

6. 如何理解工会的群众性?

群众性是工会组织的根本特点。离开了群众性，工会组织就容易走向官僚化、空壳化。要克服重精英轻草根的倾向，更多关注、关心、关爱普通职工群众。要克服自弹自唱、自娱自乐、隔空喊话、封闭运行的倾向，进万家门、访万家情、结万家亲，经常同职工群众进行面对面、手拉手、心贴心的零距离接触，增进对职工群众的真挚感情。要克服以主观想象代替职工群众真实需求的倾向，把握职工群众所需、所急、所盼，开展工作和活动要以职工群众为中心，让职工群众当主角，组织活动一起设计、部署任务一起参与，表彰先进一起评议，少搞一些强加于职工群众的活动，多提供一些对路的服务。要克服以点代面、以服务和维权的个别成功案例来包装整个工作的倾向，全面了解职工群众的共性需求和存在的普遍性问题。

7. 如何认识中国工会的政治地位和法律地位？

（1）工会的政治地位。工人阶级是我国的领导阶级，工会作为工人阶级的群众组织是我国重要的社会政治团体，是国家政权体系中不可缺少的重要组成部分。其一，工会是党联系职工群众的桥梁和纽带，即党的领导和治国理政的大政方针要得到广大职工群众的支持并形成自觉行动，离不开工会作为桥梁和纽带的连接作用；其二，工会是国家政权的重要社会支柱，是维系国家运转和社会稳定的有力支持者；其三，工会代表和维护职工合法权益，是党的领导和政府决策民主化、规范化、科学化和国家长治久安的重要保证。

（2）工会的法律地位。工会的法律地位表现在工会的法定权利与义务，以及工会的法人资格等内容上。依照《工会法》规定，工会的法定权利包括工会的代表权、参与权、平等协商权和监督权等。工会的法定义务主要有三项：一是维护国家政权，支持和协助企事业行政工作；二是动员和组织职工参加社会主义建设；三是教育职工，提高职工素质。同时，依法取得社会团体法人资格，是保障工会法律地位的基本条件。

8. 新时代中国工人运动的主题是什么？

新时代中国工人运动的主题是为实现中华民族伟大复兴的中国梦而奋斗。我国工人运动是在党的直接领导下发展起来的，始终沿着党指引的方向前进，始终把实现党在不同历史时期确立的目标作为自身的历史使命和时代主题。在新民主主义时期，为实现民族独立、人民解放而奋斗；在社会主义革命和建设时期，为建立和巩固人民当家做主的新政权、建立独立的比较完整的工业体系和国民经济体系而奋斗；在改革开放新时期，为坚持和发展中国特色社会主义而奋斗，谱写了我国工人运动的一幕幕壮丽篇章。历史充分说明，我国工人运动始终与党领导的伟大事业紧密相连，始终是实现中华民族伟大复兴时代洪流的重要组成部分。工会是党领导的工人阶级群众组织，团结动员广大职工为实现中国梦而奋斗是工会的庄严历史使命。在新形势下，我国工人运动只有以习近平新时代中国特色社会主义思想为引领，牢牢把握为实现中国梦而奋斗这个时代主题，才能坚持中国工人运动的正确方向，生机勃勃地向前迈进。

9. 什么是中国特色社会主义群团发展道路?

中国特色社会主义群团发展道路是以邓小平理论、“三个代表”重要思想、科学发展观、习近平新时代中国特色社会主义思想为指导，以牢牢把握为实现中华民族伟大复兴的中国梦为时代主题，通过广泛地组织群众、动员群众、团结群众，推进中国特色社会主义伟大事业发展的道路。

坚定不移走中国特色社会主义群团发展道路，必须坚持党对群团工作的统一领导，坚持发挥桥梁和纽带作用，坚持围绕中心、服务大局，坚持服务群众的工作生命线，坚持与时俱进、改革创新，坚持依法依章程独立自主开展工作，确保群团工作始终与党和国家事业同步前进。

10. 中国特色社会主义工会发展道路的基本内涵是什么?

中国特色社会主义工会发展道路的基本内涵包括八个方面：

（1）坚持自觉接受党的领导；（2）坚持工会的社会主义性质；（3）坚持发展工人阶级先进性；（4）坚持构建和谐劳动关系；（5）坚持维护职工群众合法权益；（6）坚持健全完善社会主义劳动法律体系；（7）坚持推动形成国际工运新秩序；（8）坚持以改革创新精神加强工会组织自身建设。

11. 中国工会有哪些基本职能?

中国工会具有维护、建设、参与和教育四项基本职能。

（1）维护职能。维护职工合法权益是工会的基本职责。工会在维护全国人民总体利益的同时，代表和维护职工的合法权益。新时代，我国主要社会矛盾是人民日益增长的美好生活需要和不平衡不充分的发展之间的矛盾。工会只有充分履行维护职能，才能使工会对职工群众有吸引力，才能团结和引导广大职工积极投入国家经济建设和各项改革事业中。

（2）建设职能。建设职能是指工会通过广泛开展富有特色和不断创新的群众性生产活动，动员和组织广大职工积极参加国家建设和改革，努力完成经济和社会发展任务，为推动国家经济建设、政治建设、文化建设、社会建设和生态文明建设作出贡献。

（3）参与职能。参与职能是指工会代表和组织职工参与国家和社会事务管理、参与企事业单位和社会组织的民主管理。工会参与分两个层次：一是宏观参与，如参与立法、政策制定等；二是微观参与，如参与企事业单位和社会组织涉及职工切身利益重大事项的审议和决定，落实职工的知情权、参与权、表达权和监督权。

（4）教育职能。教育职能是指工会帮助职工不断提高思想政治素质、职业道德和文化知识水平、劳动技能以及创新能力，从而建设一支有理想、有道德、有文化、有纪律的职工队伍。

工会“维护、建设、参与、教育”四项基本职能是一个相互联系的有机整体，在其履行过程中不可割裂和偏废。

12. 工会的基本职责是什么?

中国工会十七大通过的《中国工会章程（修正案）》把中国工会的基本职责修改为“维护职工合法权益、竭诚服务职工群众”。维护职工利益是工会组织安身立命之本。表达和维护广大职工群众利益是工会一切工作的出发点和落脚点。在我国全面建成小康社会的历史时期，维护职工合法权益，是工会讲政治、讲大局、讲团结、讲责任的需要。

为职工群众服务是中国工会的天职，是工会鲜明的旗帜。中国工会十七大对中国工会的基本职责增写“竭诚服务职工群众”，是贯彻落实党的十九大提出的坚持以人民为中心的发展思想，贯彻落实习近平总书记关于“把竭诚为职工群众服务作为工会一切工作的出发点和落脚点”这一重要论述的重要举措，是工会工作和工会改革取得的理论创新、实践创新和制度创新成果的生动体现。

工会作为党领导下的工人阶级群众组织，只有切实履行好基本职责，才能保持与广大工人阶级群众的密切联系，巩固和加强党的阶级基础和群众基础。

13. “组织起来、切实维权”工会工作方针的基本含义是什么?

全国总工会十四届二次执委会议确立的“组织起来、切实维权”的工会工作方针，是对新形势下如何突出工会工作重点的高度概括，具有丰富而深刻的内涵。“组织起来”，就是要把职工群众最广泛地组织到工会中来，把工会组织的活力最充分地激发出来，把广大职工更加紧密地团结在党的周围，用共同理想凝聚职工，用伟大事业激励职工，不断发展工人阶级的先进性，最大限度地保护、调动和发挥广大职工的积极性和创造力。“切实维权”就是要全面履行各项社会职能，突出维护职能，敢于维权、善于维权，使工会维权的声音更响、力度更大、措施更得力、效果更明显，积极协助党和政府解决好涉及职工切身利益的问题，把职工群众的经济、政治、文化和社会权益实现好、维护好、发展好。

“组织起来、切实维权”是相互联系、不可分割的统一整体。组织起来是切实维权的基础，切实维权是组织起来的关键；通过组织起来不断壮大工会力量，通过切实维权不断凝聚职工群众，才能实现二者的有机统一。如果没有健全的组织体系，切实维权就是无本之木、无源之水；如果不能切实维护职工的合法权益，组织起来也会缺乏职工群众的信任和支持。只有组织起来，才能不断壮大党领导的工会组织，更好地表达职工的意愿，维护职工的权益，教育引导广大职工努力提高自身素质，充分发挥工人阶级的主力军作用；只有切实维权，才能不断增强工会的吸引力、凝聚力，把职工群众更加紧密地团结在党的周围，更好地发挥工会组织的桥梁纽带作用和政权支柱作用，促进社会和谐稳定。

14. 如何理解坚持“以职工为本，主动依法科学维权”的中国特色社会主义工会维权观?

社会主义工会维权观是工会维权工作根本宗旨、重要原则、核心理念、途径方式的集中体现，事关维权工作的性质、方向和成效。工会维权观的提出是对工会“维护什么、怎样维护”的科学回答。

“以职工为本，主动依法科学维权”的工会维权观，是中国工会维权理论与实践的深刻总结，是对马克思主义工会维权理论的丰富和发展，是落实

"组织起来、切实维权"工作方针的具体体现，具有鲜明的中国特色和时代特征，对于指导新时代工会维权工作、推动构建社会主义和谐社会、实现全面建成小康社会的目标，具有重要的理论和实践意义。

工会维权观的核心是以职工为本，本质要求是主动依法科学维权。主动维权是做好维权工作的前提，依法维权是做好维权工作的保证，科学维权是做好维权工作的关键。工会维权观的基本特征：一是坚持维护总体利益与维护具体利益相统一的原则；二是坚持竭诚为职工群众服务的宗旨；三是坚持和谐发展、互利共赢的理念；四是坚持统筹兼顾、突出重点的方法；五是坚持党政主导、工会运作的格局。

15. 如何理解工会"促进企事业发展，维护职工权益"的工作原则?

促进企事业发展是维护职工权益的根本保障，只有企事业发展了，职工切身利益才能实现；维护职工权益是促进企事业发展的重要基础，只有维护、实现和发展好职工的合法权益，职工的积极性才能更好地被调动起来，才能更加关心、爱护企事业，促进企事业发展，实现企事业与职工的互利共赢。离开了企事业的发展，职工利益的实现就失去了前提；离开了职工利益的实现，企事业发展就失去了根本动力。在职工利益与企事业发展的关系上，不能只看到工会的一般性，而忽视了中国工会的特殊性。把"促进企事业发展"摆在"维护职工权益"前面，正是着眼于从根本上、长远上维护职工权益，是树立和落实工会维权观、坚持维护全国人民总体利益与维护职工群众具体利益相统一的维权原则在企事业单位中的具体体现，反映了我国劳动关系和工会工作的性质与特点。

在社会主义市场经济条件下，劳动关系双方是利益的对立统一体，相互之间虽然存在利益差异，但可以通过协商达到一致。中国工会的职责和特点，就在于能够在协商的基础上促进劳动关系的和谐，维护职工的合法权益，使对立双方达成和谐的统一，而不是激化矛盾，更不是采取斗争的办法，搞对抗、搞冲突。企事业工会只有按照"促进企事业发展，维护职工权益"的原则，自觉围绕推动企事业健康发展、实现职工合法权益来确定工作目标和重点，着力调动企事业和职工两方面的积极性，才能找准定位、有所作为，促进职工利益实现水平随着企事业发展而逐步提高。

16. 怎样做到依法建会、依法管会、依法履职、依法维权?

依法治国是党领导人民治理国家的基本方略，法治是治国理政的基本方式。全面推进依法治国，加快建设社会主义法治国家，对工会组织而言，就是要大力弘扬社会主义法治精神，充分运用法治思维和法治方式，重点推进依法建会、依法管会、依法履职、依法维权，切实将工会各项工作纳入法治化轨道。

坚持依法建会，就是要严格按照法律和章程规定，紧紧依靠会员群众建立工会组织。要把宣传发动职工放在建会工作首位，发挥他们的建会主体作用，采取有效措施，保障职工依法参加和组织工会的权利。要规范建会程序，严格把握成立筹备组、推荐候选人、组织民主选举等关键环节，严格落实建会报批制度。要注重健全工会组织机构，在建立工会委员会的同时，同步建立经费审查委员会、女职工委员会，及时办理工会社团法人资格证书，开设工会经费账户。依法纠正企业行政主要负责人及其近亲属担任工会主席，企业改革改制中撤销工会组织、合并工会工作机构等现象。

坚持依法管会，就是要严格工会的组织体制，强化法制保障。要旗帜鲜明地维护中国工人阶级的团结和工会组织的统一，坚持全国建立统一的中华全国总工会，实行在全国总工会领导下、产业和地方相结合的组织领导体制。坚持基层工会属地管理原则，认真纠正一些企业集团工会跨地域覆盖的现象。建立健全工作运行、经费管理使用、干部队伍建设等方面的制度机制，加强审计和监督约束，推动工会工作在法律框架内运转。警惕敌对势力西化、分化图谋，绝不允许出现摆脱党的领导的“独立工会”和导致工人阶级分裂的“第二工会”。

坚持依法履职，就是要依法主动履职尽责。要在党的领导下，按照《宪法》、有关法律和《中国工会章程》，独立自主、创造性地开展工作。坚持从工会的性质、职能出发，找准定位，发挥优势，自觉在围绕中心、服务大局中发挥工会作用。加强法治宣传和教育培训，提高工会干部的法律素养和守法自觉，不断强化依法治会理念。强化制度纪律约束，依法推进工会各项工作。

坚持依法维权，就是坚持“以职工为本，主动依法科学维权”的工会维权观，把职工权益落到实处。要立足源头，加大参与立法和制定政策的力度，重点推动制定企业工资支付、工资集体协商、企业民主管理以及就业、分配、安全卫生等方面的法律。增强法治意识，运用法律手段，推动有关法律法规的贯彻落实，引导职工以理性合法方式表达利益诉求，推动建立党政主导的职工利益维护机制，把维权工作纳入规范化、制度化、法制化轨道，从制度上、法律上保证党的工运事业健康发展。

17. 中国工会的组织领导原则和组织体系是什么?

中国工会实行产业和地方相结合的组织领导原则。除少数行政管理体制实行垂直管理的产业，其产业工会实行产业工会和地方工会双重领导，以产业工会领导为主外，其他产业工会均实行以地方工会领导为主，同时接受上级产业工会领导的体制。各产业工会的领导体制，由全国总工会确定。

中国工会的组织体系为：

（1）全国总工会。全国总工会领导全国工人运动，领导各省、自治区、直辖市等地方总工会和全国产业工会，在国际交往中代表中国工会组织。

（2）地方工会。地方工会是按照行政区划建立的工会组织。地方总工会是当地行政区划内各级地方工会和地方产业（行业）工会的领导机关，负责领导本地区的工会工作。设立地方总工会的一般有省、自治区、直辖市，设区的市和自治州，县（旗）、自治县、不设区的市等。目前，上海乡镇、街道、园区（开发区）建立的总工会具有地方工会和基层工会双重职能。

（3）基层工会。基层工会是由同一企业、事业单位、机关和其他社会组织等中的会员所组成的工会基层组织。

18. 工会为什么要实行民主集中制的组织原则?

工会的基本组织原则是民主集中制。第一，实行民主集中制可以保证工会组织密切联系群众。工会工作的主要对象是广大职工群众，工会通过自己的组织工作，把职工群众吸引到工会组织中来。工会的民主生活越活跃，民主空气越浓，工会与群众的联系就越密切，群众的积极性、创造性就发挥得越好，工会工作就会越有成效。第二，实行民主集中制是统一工会会员意志和行动的手段。工会怎样统一职工中的各种意愿和要求？这需要通过广泛的民主讨论，把群众的意愿集中起来，把群众的行动统一起来，形成力量，向着共同的目标前进。第三，实行民主集中制是解决工会组织内部关系的准则。工会有自己独立的组织系统和组织机构。全国层面上有统一的全国总工会和产业工会全国组织，地方层面上有地方总工会和地方产业工会，企业、事业单位、机关和其他社会组织有工会基层组织。工会组织内部存在各种关系，并可能产生一些矛盾，如少数与多数、会员与组织、上级与下级、地方工会与产业工会等的关系和矛盾。要正确处理这些关系，解决有关矛盾，只能遵照民主集中制的组织原则。没有民主集中制的组织原则，工会就不会有统一的意志、协调一致的行动和战斗力。

19. 工会的民主集中制包括哪些内容?

工会的民主集中制主要体现在以下六个方面：

（1）个人服从组织，少数服从多数，下级组织服从上级组织。

（2）工会的各级领导机关，除派出代表机关外，都由民主选举产生。

（3）工会的最高领导机关，是工会的全国代表大会和它所产生的全国总工会执行委员会。工会的地方各级领导机关，是工会的地方各级代表大会和它所产生的总工会委员会。

（4）工会各级委员会，向同级会员大会或会员代表大会负责并报告工作，接受会员监督。会员大会和会员代表大会有权撤换或者罢免其所选举的代表、工会委员会组成人员。

（5）工会各级委员会，实行集体领导和分工负责相结合的制度。凡属重大问题的，由委员会民主讨论并作出决定，委员会成员根据集体的决定和分工，履行自己的职责。

（6）工会各级领导机关，经常向下级组织通报情况，听取下级组织和会员的意见，研究和解决他们提出的问题。下级组织向上级组织请示报告工作。

20. 中国工会为什么要坚持党的领导?

党的十九大报告指出，党政军民学，东西南北中，党是领导一切的。坚持党的领导，是工会的政治立场和政治原则。中国工会自觉接受党的领导是《宪法》《工会法》和《中国工会章程》等明确规定的，各级工会组织和广大工会干部必须始终不渝地自觉遵循，任何情况下都不能动摇。工会自觉接受党的领导，必须始终同党中央在思想上、政治上、行动上保持高度一致，从自身的性质和特点出发，把自觉接受党的领导同坚决按照法律和工会章程独立自主创造性地开展工作紧密结合起来，把对党负责与对职工负责紧密结合起来，把贯彻党的主张和反映职工群众的愿望紧密结合起来。在政治上坚持党指引的方向，在思想上以党的理论武装头脑，在组织上接受党的领导，充分发挥工会中党组织的领导核心作用、战斗堡垒作用和党员的先锋模范作用，通过工会的决议、政策等，把党的理论和路线方针政策以及党委决策部署真正转化为工会组织和广大职工的自觉行动，把职工群众紧密团结在党的周围，始终做党联系职工群众的桥梁和纽带。

坚持党的领导，是工会的工作准则和具体要求。工会所有活动最终都要体现到教育引导职工群众自觉坚持党的领导和社会主义制度上来。如果通过工会扎实有效的工作把坚持党的领导和社会主义制度落实到广大职工群众中去，生根发芽、落地开花，那工会工作在政治上就是合格的。工会必须切实承担起组织动员广大职工坚定不移听党话跟党走的政治责任。这是工会组织同一般社会组织的根本区别，也应该成为衡量工会组织工作做得好不好的政治标准。如果口号喊得很响，实际上不落实，流于形式，那也不能算是坚持了党的领导，至少是坚持得不好、不得力。工会要在党的领导下，积极主动、富有特色、创造性地开展工作，充分发挥党联系职工群众的桥梁纽带作用，把广大职工和自己的先锋队紧密联系在一起，让党的领导具体而深入地落实到职工群众中去。

21. 怎样理解中国工会与党组织的关系？

中国共产党是中国工人阶级的先锋队，同时是中国人民和中华民族的先锋队，是中国特色社会主义事业的领导核心，坚持党的领导是做好工会工作的根本保证。工会是党领导的工人阶级的群众组织，是党联系职工群众的桥梁和纽带，是国家政权的重要社会支柱。工会在党的统一领导下，遵循党的基本路线，围绕党在每个时期的中心任务进行工作。同时，党组织应当支持工会依照法律和工会章程，执行工会上级组织的决议，独立自主地、创造性地开展工作。这样，工会才能更好地体现出自己组织的性质和特点，才能广泛地吸引和团结广大职工群众。实现党的领导，应当通过工会内党组织的活动和党员的模范作用，使党的主张经过工会的民主程序，变成工会的决议和职工的自觉行动，以此得到贯彻落实。

工会接受同级党组织和上级工会的双重领导，并以同级党组织领导为主。当党组织的意见和上级工会的意见不一致时，党组织可以根据实际情况作出决定，工会应按同级党组织决定执行，同时可向上级工会反映。

22. 怎样理解中国工会与政府的关系?

中国工会与政府之间的关系是《工会法》调整和规范的主要内容之一。根据《宪法》中“中华人民共和国是工人阶级领导的、以工农联盟为基础的人民民主专政的社会主义国家”的规定，工会与政府之间的关系，实际上是作为领导阶级自己的组织，即工会与自己的政府之间的关系，两者都是在党的领导下各司其职，在根本利益一致的基础上两者互相支持、互相尊重。因此，工会与政府的关系应当是伙伴关系。工会应当支持政府，维护国家政权，做人民政权的坚强社会支柱。政府要保护工会，支持工会代表职工参政议政和对政府工作的民主参与、社会监督。

工会组织和教育职工依照《宪法》和法律的规定行使民主权利，发挥国家主人翁的作用，通过各种途径和形式，参与管理国家事务、管理经济和文化事业、管理社会事务；协助政府开展工作，维护工人阶级领导的、以工农联盟为基础的人民民主专政的社会主义国家政权。

工会和政府性质虽然不同，但彼此是平等的。工会是群众组织，作为社会团体，具有独立的利益和地位。政府是行使国家行政管理权力的机构。两者之间没有组织上的隶属关系。从法律地位上看，双方是平等的。要处理好双方的关系，就必须互相尊重，平等合作。这是正确处理工会与政府关系的基本原则。

工会和政府在社会生活中的作用和活动方式既有联系又有差异。政府通过制定经济和社会发展计划及各种政策、法规，运用具有强制力的行政手段（也可以运用非强制性的手段）来管理和组织社会生活。工会则是在政府行使行政管理权力的过程中，发挥民主参与和社会监督的作用。工会不是政权组织，不实行行政管理的办法，而是以通过履行维护、参与、建设、教育等职能来团结动员广大职工群众。工会和政府都要依法办事，不能超越自己的职权去支配对方。

23. 怎样理解工会与企事业、社会组织等单位行政的关系?

企事业、社会组织等单位行政承担着单位生产经营、行政管理的全部责任，既要对出资者负责，又要对职工负责；企事业、社会组织等单位工会是社团法人，在切实履行代表和维护职工利益基本职责的同时，还负有支持行政依法行使管理权力，组织职工参加民主管理和民主监督，与行政建立平等协商制度，调动职工的积极性，促进企事业等单位和职工共同发展的职责。因此，企事业、社会组织等单位的工会和行政是职能有所不同，但法律地位平等的合作关系。

行政应尊重法律规定的工会的地位和权利，主动协调配合工会，支持和保障工会依法维护职工的合法权益，支持工会共同做好职工代表大会的日常工作，按照法律法规规定，向工会拨缴经费，为工会开展活动提供场所和设施，保障工会行使职权，在决定涉及广大职工切身利益的问题时应当征求工会的意见。

工会要在协调企事业等单位的内部利益关系、促进单位发展中发挥重要作用，积极支持行政依法行使经营管理决策和生产指挥权。

24. 没有建立党组织的企事业等单位工会如何接受党的领导?

中国工会实行同级党组织和上级工会双重领导，以同级党组织为主的原则。如果企事业等单位没有建立党组织，企事业等单位工会接受党领导下的上级工会的领导，以此实现接受党的领导。同时，上级工会和企事业等单位的工会应当主动服务于党建工作，积极推进企事业等单位党组织的建立，体现“党工共建”。

25. 如何理解“党建带工建，工建服务党建”?

党建带工建，就是以党的基层组织建设带动工会基层组织建设，进一步加强和改进党对工会工作的领导，完善基层工会组织设置，扩大组织覆盖，加强班子建设，提高队伍素质，改进工作方式，强化组织功能，促使基层工会组织努力实现“五个好”要求，即领导班子好、干部队伍好、工作机制好、工作业绩好、职工群众反映好。工建服务党建，就是要充分发挥工会密切联系职工群众的桥梁和纽带作用，抓好联合建设、创新服务载体、搭建服务平台、健全服务机制，提高服务中心、服务基层、服务职工的能力，建设和谐劳动关系。

26. 新形势下工会为什么要进行改革?

新形势下推进工会改革，是工会组织和工会工作保持和增强政治性、先进性、群众性，在党和国家工作大局中更好发挥作用的内在要求；是激发工会组织活力，推进工会工作全面创新的强大动力；是工会解决自身突出问题，更好地服务基层、服务职工群众的迫切需要。新形势下进行工会改革十分必要。

27. 新形势下为什么要加强基层工会建设?

基层工会组织处在群众工作第一线，离职工最近，联系职工最直接，服务职工最具体，是工会工作的基础和关键，也是工会实践活动的直接组织者。

新形势下加强基层工会建设，是巩固党执政的阶级基础和群众基础的必然要求，是动员广大职工积极投身改革、实现中国梦的迫切需要，是服务职工、维护职工合法权益、构建和谐劳动关系的重要保障，是加强工会自身建设、增强工会组织活力、推进国家治理体系和治理能力现代化的客观需要。

28. 习近平总书记关于加强基层工会建设“三个着力”重要批示的具体内容是什么?

2014 年 9 月 8 日，习近平总书记对加强基层工会建设作出重要批示，要求各级工会始终坚持正确方向，不断创新工作方法，着力扩大覆盖面、增强代表性，着力强化服务意识、提高维权能力，着力加强队伍建设、提升保障水平，切实增强工会组织的凝聚力。

29. 如何理解把基层工会建设成为职工群众信赖的“职工之家”，把广大基层工会干部锤炼成为听党话、跟党走、职工群众信赖的“娘家人”?

把工会建设成为“职工之家”，这是党对工会工作的一贯要求。1983 年 3 月 14 日，中国共产党中央书记处在听取全国总工会党组工作汇报时首次提出，工会组织和工会干部要真正成为“职工之家”“工人之友”，之后又对建家工作作出一系列重要指示。

2013年10月23日，习近平总书记在同全国总工会新一届领导班子集体谈话时指出，工会干部特别是领导干部，要更多地到职工群众中去，依靠职工群众开展工作，要把工会组织建设成为广大职工群众信赖的“职工之家”，把工会干部锤炼成为听党话、跟党走、职工群众信赖的“娘家人”。

“职工之家”和“娘家人”这些称呼，生动形象地体现了我国工会的性质、宗旨和特点，承载着党对工会的重托，表达了职工群众对工会的期望和信赖，既生动形象，又具有强大的感召力。第一，坚持党的领导是加强“职工之家”建设的政治保证。只有坚持党的领导，才能确保工会沿着正确的方向发展，为“职工之家”建设提供人、财、物等方面的大力支持，增强可持续发展能力。第二，坚持围绕中心、服务大局是加强基层工会建设的根本任务。只有紧紧围绕党和国家的中心工作，围绕全面深化改革、促进经济社会持续健康发展、实现中华民族伟大复兴的中国梦开展建家工作，把党政所需、职工所盼、工会所能的事情做好，才能把广大职工更加紧密地团结在党和政府周围，发挥好工会的桥梁纽带作用和国家政权的重要社会支柱作用。第三，坚持依靠职工群众是加强“职工之家”建设的内在要求。只有突出职工群众的主体地位，充分依靠职工群众加强“职工之家”建设，把职工和会员群众是否满意作为衡量“职工之家”建设成效的主要标准，才能使工会工作具有深厚的群众基础，真正把建成会员满意之家的目标落到实处。第四，坚持抓好工会自身建设是加强基层工会建设的关键环节。只有着眼于抓基层、打基础，把建会、建制、建家紧密结合起来，不断推进工会建设规范化、制度化、科学化，切实转变工作作风，才能不断扩大工会工作的覆盖面、增强工会组织的凝聚力。

30. 工会组织工作的主要任务是什么？

工会组织工作的主要任务是：加强工会领导班子和干部队伍建设，抓好工会组织建设工作，抓好工会干部的教育培训工作，做好会员会籍管理工作，做好职工之家创建工作等。

（二）会籍管理

31. 加入工会应具备什么条件？

《中国工会章程》第一条规定：凡在中国境内的企业、事业单位、机关和其他社会组织中，以工资收入为主要生活来源或者与用人单位建立劳动关系的体力劳动者和脑力劳动者，不分民族、种族、性别、职业、宗教信仰、教育程度，承认工会章程，都可以加入工会为会员。根据这一规定，加入工会成为会员，应当具备三个条件：一是法律意义上的劳动者，二是以工资收入为主要生活来源或者与用人单位建立劳动关系，三是承认《中国工会章程》。

32. 工会会员会籍管理的原则是什么？

工会会员会籍管理，随劳动（工作）关系流动而变动，会员劳动（工作）关系在哪里，会籍就在哪里，实行一次入会、动态接转。

33. 工会会员享有哪些权利和义务？

依据《中国工会章程》的规定，工会会员享有以下权利：

（1）选举权、被选举权和表决权；（2）对工会工作进行监督，提出意见和建议，要求撤换或者罢免不称职的工会工作人员；（3）对国家和社会生活问题及本单位工作提出批评与建议，要求工会组织向有关方面如实反映；（4）在合法权益受到侵犯时，要求工会给予保护；（5）工会提供的文化、教育、体育、旅游、疗休养事业、互助保障、生活救助、法律服务、就业服务等优惠待遇，工会给予的各种奖励；（6）在工会会议和工会媒体上，参加关于工会工作和职工关心问题的讨论。

依据《中国工会章程》的规定，工会会员应履行以下义务：

（1）认真学习习近平新时代中国特色社会主义思想，学习政治、经济、文化、法律、科学、技术和工会基本知识；（2）积极参加民主管理，努力完成生产和工作任务，立足本职岗位建功立业；（3）遵守宪法和法律，践行社会主义核心价值观，弘扬中华民族传统美德、恪守社会公德、职业道德、家庭美德、个人品德，遵守劳动纪律；（4）正确处理国家、集体、个人三者利益关系，同危害国家、社会利益的行为作斗争；（5）维护中国工人阶级和工会组织的团结统一，发扬阶级友爱，搞好互助互济；（6）遵守工会章程，执行工会决议，参加工会活动，按月缴纳会费。

34. 职工入会的方式有哪些？加入工会如何办理入会手续？

根据《中国工会章程》和《工会会员会籍管理办法》规定，职工申请加入工会的方式主要有两种：一是口头或书面申请入会。即由职工本人通过口头或书面形式提出入会申请，填写《中华全国总工会入会申请书》和《工会会员登记表》，报基层工会委员会批准并发给会员证。二是网上申请入会。即由职工通过网站、微博、邮件等网络渠道向工会组织提供相关信息，表达自己的入会愿望；工会按照线上申请、线下受理、分级审核、全程跟踪等程序，及时受理职工需求，办理相关审批手续。

职工加入工会的具体程序是：一是本人自愿申请。即由要求入会的职工本人通过口头或书面形式及互联网等渠道提出入会申请，填写《中华全国总工会入会申请书》和《工会会员登记表》，报基层工会委员会。二是基层工会委员会批准并发给会员证。基层工会委员会接到职工入会申请后，应及时召开会议研究审查吸纳职工入会事项。凡符合条件并办理入会手续的，应当予以批准，并在批准后发给其工会会员证，通知申请人从何时缴纳会费。

35. 上海职工如何网上申请入会？网上申请入会需要多长时间？申请网上入会的流程是怎样的？

在上海工作的未加入工会的职工，如单位尚未建立工会，可以在上海市总工会“申工社”APP客户端点击进入“我要入会”栏目，填写提交《申请入会信息登记表》，按照网上申请入会流程逐级审核，通过后依照入会程序办理入会手续。

根据《上海市总工会“网上入会”工作管理办法（试行）》的有关规定，职工网上申请入会一般需要15个工作日。职工本人填写入会信息需完整、真实，以便有效审核，并及时吸纳入会。

网上申请入会实行“线上申请、线下受理、分级审核、各司其职、全程跟踪、闭环管理”的办法，其工作流程有“提交申请、平台分拣、信息初审、接续受理、身份审核、吸纳入会”六个步骤。职工本人也可在“申工社”APP客户端查看入会流程，动态了解审核进展情况。

36. 会员身份凭证有哪些？

会员证是全国统一的由全国总工会监制并盖章的会员凭证，具有法律赋予的重要地位。工会会员卡可以作为会员身份证明，但不能完全替代会员证。各级工会应结合卡证双重优势，切实增强会员对工会组织的认同感和荣誉感，规范会籍管理工作，启发会员意识，维护工会组织的团结和统一。上海工会会员服务卡是上海市总工会委托上海农商银行制作的电子化的会员身份标识。

37. 在中国境内工作的外籍职工可以加入中国工会吗？

根据全国总工会1979年1月23日下发的《中华全国总工会关于外籍职工参加工会的意见》（工发总字〔1979〕9号）规定，凡在我国厂矿、企业、事业单位和学校从事体力或脑力劳动的外籍员工，自愿申请参加中国工会，符合会员条件的，可按照工会章程的规定，同意其加入工会，但不公开宣传动员。外籍职工工作期满回国时，收回其会员证，不转会员组织关系，可由省、区、市总工会发给其参加过中国工会的证明信。

外籍职工只要符合《中国工会章程》规定的入会条件，均可申请加入中国工会。

38. 现役军人可以加入工会吗？

现役军人不可以加入工会。军人有其特殊性，不属于职工范畴，部队不属于劳动用工主体，军人所从事的工作不属于劳动法律法规调整范围。

39. 自由职业者可以加入工会吗？

自由职业者因为其未与用人单位建立劳动关系，也不是以工资收入为主要生活来源，一般不加入工会。但在社会主义市场经济发展阶段，鉴于就业灵活、用工多样、身份多元、劳动关系模糊等现状，为扩大和巩固党的阶级基础和群众基础、最大限度地团结凝聚广大职工群众，可以探索与之相适应的建会、入会方式。

40. 私营企业主可以加入工会吗？

私营企业主不可以加入工会，因为其是资本所有者，主要收入属于资本收入而不是工资收入；在劳动关系中，其身份是经营者和管理者，是劳动力的使用者，不具备劳动关系中劳动者的身份。加入工会不符合《工会法》和《中国工会章程》的规定。

41. 试用期职工可以加入工会吗？

试用期包含在劳动合同期限内。只要是与用人单位订立劳动合同或者建立劳动关系的职工，处于试用期也可以加入工会。用人单位不应人为设置各种门槛，阻挠和限制具备入会条件的职工加入工会。

42. 退休人员可以加入工会吗？

退休人员不可以加入工会，因为其办理了退休手续后，领取的是养老金而非工资，不存在劳动关系。即使退休后再返聘参加工作，其与务工单位建立的也只是劳务关系，而非劳动关系。会员退休后，一般不具备恢复会籍的条件，故其保留会籍不作变动。

43. 尚未建立工会的用人单位职工可以加入工会吗？如何办理入会手续？

尚未建立工会的用人单位职工有意愿可以加入工会，按照属地管理原则，职工可以向用人单位所在地工会或通过互联网渠道提交入会申请，在地区工会的帮助指导下加入综合分工会或楼宇、村居、街面、市场、商圈等联合工会。用人单位建立工会后，应及时转接相关会员的会籍。

44. 农民工如何加入工会？会籍如何管理？

农民工是工人阶级的新鲜血液和重要组成部分，只要与用人单位建立劳动关系或具有事实劳动关系，符合《中国工会章程》规定，均可申请加入工会。任何单位不得以户籍或工作时间长短为由限制其加入工会。农民工入会程序与其他职工入会程序一致，但入会方式上又有其特殊性。例如，可以在农民工集中的劳务市场建立入会窗口，直接发展农民工加入工会。

鉴于建筑工地农民工流动频率高，通常采用工会建在项目上，通过“联建式推进、项目化运作、区域性服务”的方式，发挥总承包方、监理方、专业外包方、劳务外包方及地区工会等各方优势和作用，大力推进建筑工人加入工会。原则上，农民工会员劳动（工作）关系在哪里，会籍就在哪里。建筑工地农民工会籍也可以通过项目工会联合会，隶属于工地所在地区工会管理。

45. 劳务派遣工、项目外包工如何加入工会？会籍如何管理？

劳务派遣工可以在劳务派遣单位加入工会，也可以在用工单位加入工会。劳务派遣单位没有建立工会的，劳务派遣工在用工单位加入工会。劳务派遣工在派遣期间，劳务派遣单位工会可以与用工单位工会签订管理协议，明确双方对会员组织活动、权益维护及工会经费等方面的责任与义务。加入劳务派遣单位工会（含委托用工单位管理）的会员，其会籍由劳务派遣单位工会管理。加入用工单位工会的会员，其会籍由用工单位工会管理。

项目外包工一般遵循“会员劳动（工作）关系在哪里，会籍就在哪里”的原则，加入项目外包单位工会，会籍由项目外包单位工会管理。

46. 会员劳动（工作）关系发生变化，会员工会组织关系如何办理接转手续？

会员劳动（工作）关系发生变化，应按规定办理会籍接转手续，即由调出单位工会填写会员证“工会组织关系接转”栏目中有关内容。会员的《工会会员登记表》随个人档案一并移交。会员以会员证或会员卡等证明其工会会员身份，新的用人单位工会应予以接转登记。

47. 已与用人单位解除劳动（工作）关系的会员，会籍如何处理？

已与用人单位解除劳动（工作）关系并实现再就业的会员，其会员会籍应转入新的用人单位工会。如新的用人单位尚未建立工会，其会员会籍原则上可暂时保留在会员居住地工会组织，也可以参照企业体制外入会程序，将会籍转移到单位所在地综合分工会或社区、村居、楼宇、商圈、街面等联合工会，待所在单位建立工会后，再办理会籍接转手续。

已与用人单位解除劳动（工作）关系而未实现再就业的会员，会籍由原用人单位办理保留会籍手续。原用人单位关闭或破产的，可将其会籍转至其居住地工会，保留会籍。

48. 临时借调到外单位工作的会员，会籍如何处理？

临时借调到外单位工作的会员，其会籍一般不作变动。如借调时间在六个月以上，借调单位已建立工会的，可以将会员关系转到借调单位工会管理。借调期满后，会籍转回所在单位。

49. 严重违法犯罪并受到刑事处分的会员，会籍如何处理？

对严重违法犯罪并受到刑事处分的会员，应予以开除会籍。开除会员会籍，须经会员所在工会小组讨论提出意见，由工会基层委员会决定，并报上一级工会备案，同时收回其会员证或会员卡。

50. 保留会籍有哪些情况？

保留会籍的情况有：

（1）会员已办理离退休手续的，办理保留会籍手续；（2）会员失业的，如尚未安置就业或实现再就业，由原用人（工作）单位办理会员保留会籍手续；（3）离开工作岗位长期不能参加工会组织生活的，如参军、离职上学、长期病休、出国等，由原单位办理保留会籍手续；（4）已经与用人（工作）单位解除劳动（工作）关系并已实现再就业的会员，如其再就业的单位尚未建立工会组织，本人未申请企业体制外入会的，由会员居住地工会组织办理保留会籍手续；（5）加入工会组织的轮换工、季节工因季节性离开工作单位，以及因劳动合同期满终止劳动关系尚未就业的，由原用人（工作）单位办理保留会籍的手续；（6）援外人员，由原单位办理保留会籍手续。

51. 如何办理保留会籍手续？

办理保留会员会籍，由会员所在工会小组或车间（科室）工会书面报告基层工会核准，由基层工会在其《工会会员登记表》和《工会会员证》备注栏内注明该会员办理保留会籍的时间，由工会小组或车间（科室）工会负责人通知其本人从何时起停止缴纳会费。会员办理保留会籍手续后，离退休人员的会员证可由本人保存；其他保留会籍的职工的会员证由本人保管，待其再就业时再办理工会会员组织关系接转手续。保留会籍的会员，免交会费，不再享有工会会员的选举权、被选举权和表决权。基层工会应充分运用网络信息技术和平台（如“上海工会网上工作平台”），做好工会会员数据信息实时更新，实现网上网下深度融合、紧密联动。

52. 离退休的会员保留会籍后，能否参加工会组织的活动、享受工会组织的有关福利？会员退休后返聘参加工作的，其会籍如何处理？

离退休的会员在原单位保留会籍。保留会籍后，免交会费，一般不再参加工会的组织生活，不再享有工会会员的选举权、被选举权和表决权。

离退休会员保留会籍后不再享有工会福利。是否享有工会组织的有关福利待遇，主要依据工会经费来源确定。单位行政每月按照职工工资总额 2% 拨缴的工会经费基数，不包括离退休职工的养老金。为离退休人员举办的福利待遇，应当由离退休职工服务部门负责。按照相关法律法规要求，工会组织要关心离退休会员的生活，积极向有关方面反映他们的愿望和要求，这体现了工会组织应有的社会责任和对职工的关心关爱，但不能因此模糊了保留会籍的离退休人员和在职会员的界限。

会员退休后返聘参加工作的，因其与务工单位建立的是劳务关系，故其保留会籍不作变动。

53. 会员内部退养或在本单位下岗后待岗，离开工作岗位脱产学习或服兵役，会籍如何处理？

会员内部退养或在本单位下岗后待岗的，由于其劳动（工作）关系没有变动，其工会会员会籍暂不作变动或处理，待其按国家有关规定正式办理退休手续后，再办理会籍保留手续。

会员离开工作岗位脱产学习的，如其与单位仍有劳动（工作）关系，其会员会籍不作变动。

已经加入工会的职工，在服兵役期间保留会籍，免交会费，不再享有选举权、被选举权和表决权。服兵役期满，复员或转业到用人单位并建立劳动关系的，应及时办理会员会籍接转手续，并自恢复会籍之日起缴纳会费。

54. 怎样处理会员要求退会和会员自动退会的问题？

会员有退会自由。对于要求退会的会员，工会组织应做好思想工作。对经过做思想工作仍要求退会的，由会员所在的基层工会讨论后，宣布其退会并收回其会员证或会员卡。

会员没有正当理由连续六个月不缴纳会费、不参加工会组织生活，经教育拒不改正，应视为自动退会。由会员所在的基层工会讨论后，宣布其退会并收回其会员证或会员卡。

55. 怎样做好会员实名制管理工作？

基层工会应建立会员档案，实行会员实名制，动态管理会员信息，保障会员信息安全。所有入会的会员都应实名登录，提供准确可靠的基本信息。新增和转入会员时应按照初次入会信息采集的要求及时采集；因转出、退休、离职等原因减少会员，应及时按照《工会会员会籍管理办法》的有关规定进行变更并记录相关信息，建立会员组织关系随劳动（工作）关系流动接转的机制，实现工会会员实名制、动态化、规范化管理。会员的基本信息一般包括姓名、性别、身份证号码、联系方式、户籍类型等。各级工会组织应加大信息化建设，推进会员实名入库，会员会籍信息化接转。

56. 如何办理恢复会籍手续？

当保留会籍的会员情况发生变化需要恢复会籍时，基层工会应当根据会员的不同情况，采取不同方式，及时办理会员恢复会籍手续。对于仍回原单位工作的，其恢复会籍的手续应通过其所在工会小组进行申报，由基层工会在该职工的工会会员登记表和会员证上注明恢复会籍日期，通知其从何时起继续参加活动并缴纳会费；对在原单位保留会籍而后到外单位工作的会员，需持会员证或会员卡证明其工会会员身份，新的用人单位工会组织应当予以登记接纳，承认其会员资格，并在一个月内通知其恢复会籍，开始缴纳会费。同时，做好工会会员网上工作平台数据信息实时更新维护。

57. 会员遗失会员证后如何办理补证手续？

会员遗失会员证后应主动报告基层工会，并说明原因。基层工会按有关规定，可予办理补发会员证手续。基层工会应在会员名册上注明补发日期。

58. 会员为什么要缴纳会费？会员缴纳会费的数额有何规定？

会费是工会经费的来源之一。缴纳会费是每个会员的义务。建立会员个人定期缴纳会费制度，有利于会员在履行义务中增进会员意识。同时，由于会费用于直接惠及会员的项目，其形成与非会员的区别效应，有利于更好地调动职工入会积极性。在上海市宝山区顾村镇开展的非公企业工会改革试点中，当地工会积极推行以会员会费的150%用于直接惠及会员项目，增加了职工入会的获得感。

根据全国总工会的相关规定，会员每月按本人工资收入的0.5%计算缴纳会费，工资尾数不足10元部分以及各种奖金、津贴、稿费收入等，均不计算缴纳会费。

59. 上海工会会员服务卡有哪些功能？怎样进行注册？遗失或损坏后如何处理？

上海工会会员服务卡有五项基本功能：（1）工会会员身份标识；（2）工会会员专享基本保障；（3）工会服务设施优惠；（4）工会会员

团购优惠；（5）金融服务功能。

上海工会会员服务卡实行年度注册，每年 3 月至 5 月，由所在工会组织到所在区工会职工援助服务中心或所属局（产业）工会集体注册。

上海工会会员服务卡遗失，因工会会员服务卡和银行卡捆绑，应立即拨打上海农商银行客服电话 021－962999 办理紧急挂失，并在 5 日内到办卡区域内上海农商银行任意营业网点办理正式挂失手续。

上海工会会员服务卡损坏，应到办卡区域内上海农商银行任意营业网点办理换卡手续。

上海工会会员在工会会员服务卡的使用过程中如有疑问，可拨打上海市总工会 24 小时职工援助服务热线 021－12351 进行查询，全年无休；或在上海工会会员服务卡网站 http：//www. sh12351card. org 进行自助查询。

（三）工会组建

60. 为什么要建立工会？建立工会的原则有哪些？

工会是劳动关系的产物，是劳动关系的有机组成部分。组建工会是巩固党的阶级基础和执政地位，密切党与人民群众的血肉联系的需要；是促进经济社会和谐持续发展的需要；是保障劳动者合法权益的需要；是协调稳定劳动关系，促进企业发展的需要；是完善现代企业管理制度的需要。

《中国工会章程》规定，工会各级组织按照民主集中制原则建立。建立工会的基本原则主要有：坚持党的领导；坚持哪里有职工，哪里就要建立工会组织；坚持依法建会；坚持依靠职工群众建会；全国建立统一的工会组织；坚持属地管理。

61. 建立工会组织的法律法规依据主要有哪些？

《工会法》第三条规定，在中国境内的企业、事业单位、机关中以工资收入为主要生活来源的体力劳动者和脑力劳动者，不分民族、种族、性别、职业、宗教信仰、教育程度，都有依法参加和组织工会的权利。任何组织和个人不得阻挠和限制。

《工会法》第十一条规定，基层工会、地方各级总工会、全国或者地方产业工会组织的建立，必须报上一级工会批准。上级工会可以派员帮助和指导企业职工组建工会，任何单位和个人不得阻挠。

《工会法》第五十条规定，违反本法第三条、第十一条规定，阻挠职工依法参加和组织工会或者阻挠上级工会帮助、指导职工筹建工会的，由劳动行政部门责令其改正；拒不改正的，由劳动行政部门提请县级以上人民政府处理；以暴力、威胁等手段阻挠造成严重后果，构成犯罪的，依法追究刑事责任。

《中国工会章程》第二十五条规定，企业、事业单位、机关和其他社会组织等基层单位，应当依法建立工会组织。社区和行政村可以建立工会组织。有会员 25 人以上的，应当成立工会基层委员会；不足 25 人的，可以单独建立工会基层委员会，也可以由两个以上单位的会员联合建立工会基层委员会，也可以选举组织员或者工会主席一人，主持基层工会工作。

《外商投资法》第八条规定，外商投资企业职工依法建立工会组织，开展工会活动，维护职工的合法权益。外商投资企业应当为本企业工会提供必要的活动条件。

《上海市工会条例》第九条规定，企业、事业单位在筹建的同时应当支持职工筹建工会。已经开业尚未建立工会组织的企业、事业单位，应当从开业之日起六个月内支持、帮助职工建立工会。上级工会应当帮助、指导未建立工会的企业、事业单位的职工组建工会，企业、事业单位应当予以支持，并提供必要的条件。

《上海市工会条例》第十条规定，任何单位和个人不得干扰、阻挠职工依法组建工会，不得随意撤销工会组织，不得将工会的办事机构归属于其他工作部门。有关部门在批准合同、章程或者进行注册登记和执行劳动监察时，应当督促企业、事业单位支持职工建立工会组织。对没有建立工会组织的企业、事业单位，有关部门要积极支持、配合上级工会组织，指导职工建立工会，对于干扰和阻挠组建工会的违法行为，应当依法予以纠正。

62. 什么是“双措并举、二次覆盖”？

“双措并举、二次覆盖”，其内涵是在县级工会与小型非公有制企业工会之间建立多种形式的区域性、行业性基层工会联合会，面向社会公开招聘基层工会联合会主席候选人或专职工会工作者，通过“双措并举”实现工会组织和工会工作对众多小型非公企业的“二次覆盖”。“双措并举”是前提、是关键，“二次覆盖”是目的、是效果。

“双措并举、二次覆盖”的关键是根据区域或企业特点，将相近或相似的小企业工会组织起来，组建成区域性、行业性基层工会联合会，实现对所有企业和职工的“二次覆盖”。即便某个基层工会因企业停业、关闭等原因而不复存在，职工依然可以依托所在基层工会联合会寻求帮助。

63. 合伙制企业是否应建立工会?

合伙制企业是指自然人、法人和其他组织依法设立的普通合伙企业和有限合伙企业。合伙制企业在经营过程中，也会雇用劳动者，也会产生劳动关系矛盾。因此，依照《工会法》《中国工会章程》的规定应建立工会组织。

64. 什么是实地实体型企业？推进实地实体型企业建会的责任主体是谁?

实地实体型企业是指具有实际从业人员和经营地址的正常开业经营企业法人。企业注册地与生产经营地不一致的，由于实际经营地在组织发动职工、指导建会和开展工作、协调劳动关系方面更加便利，原则上由企业实际经营地负责建会。实地实体型企业建会责任主体包括：企业上级主管单位是区局（产业）的，由区局（产业）工会负责；其他由企业经营地所在的乡镇街道、园区（开发区）总工会负责。鉴于现实中存在注册型企业或企业注册地与生产经营地不一致等情形，上海工会从2014年起，一直致力于推进实地实体型企业建会工作。

65. 什么是产业工会?

根据《中国工会章程》的规定，产业工会是指同一行业或性质相近的几个行业，根据需要建立的全国或地方产业工会组织。产业工会全国委员会的设立由全国总工会确定，并受其领导。

地方产业工会是在同级地方总工会领导下的一级工会组织。各级地方产业工会的设置由同级地方总工会根据本地区的实际情况确定。地方产业工会可以召开代表大会选举工会委员会，也可以按照联合制、代表制原则组成工会委员会。任期与同级地方总工会委员会相同，每届任期五年。

66. 什么是地方工会?

地方工会是指按照行政区划，在省、自治区、直辖市，设区的市和自治州、县（旗）、自治县、不设区的市建立的地方总工会。

乡镇、街道可建立地方总工会，承担地方工会和基层工会双重职责。企业100家左右、职工5000人左右的乡镇、街道以及具备政府管理职能的园区（开发区）可以设立总工会，作为一级地方工会组织，履行地方工会领导职责。上海的乡镇、街道已全部建立总工会，承担地方工会和基层工会双重职责。

67. 地方工会与产业工会有什么关系？

根据《中国工会章程》的规定，地方总工会是当地地方工会组织和产业工会地方组织的领导机关。除少数行政管理体制实行垂直管理的产业，其产业工会实行产业工会和地方工会双重领导，以产业工会领导为主，其他产业工会均实行以地方工会领导为主，同时接受上级产业工会领导的体制。

68. 什么是乡镇街道、园区（开发区）“小三级”工会？

乡镇街道、园区（开发区）“小三级”工会是指乡镇街道、园区（开发区）工会—区域（行业）工会—实地实体型单位基层工会所构成的三级基层工会组织体系。乡镇街道、园区（开发区）“小三级”工会是工会组织体制的重要基础，是工会履行维护职能的重要阵地，是工会参与社会治理、促进社会和谐的重要力量。

69. 联合制、代表制的特点和基本内容有哪些？

联合制、代表制的基本特点：民主、联合、代表。其基本内容和要求：一是工会基层组织由会员（代表）大会选举本级工会领导人。二是基层以上的各级工会是下一级工会组织的联合体，其领导机构主要由下一级工会民主选举产生的主要领导人组成，是下一级工会的领导机关和代表机关。三是参加上级工会领导机构的成员可以实行替补制，当其不再担任工会组织的领导职务时，即自然失去代表身份，其所担任的上级工会领导机构职务，由其工会组织新当选的主要领导人，经过一定的民主程序予以替补。四是根据工作需要，按照联合制、代表制原则组成的领导机构可以吸收党委政府相关部门人员、社会化工会工作者等参加。作为一级工会组织，依照法律和工会章程的规定，享有工会组织的权利、义务，工会主席是本级工会组织的社团法人代表。

按照联合制、代表制原则组成的工会领导机构，能较好地体现工会组织的民主性和代表性，理顺了工会组织内部的领导关系，实现上级工会代表下级工会、工会代表职工、各级工会为基层（职工）服务的要求。

70. 基层工会的组织形式有哪几种?

基层工会的组织形式主要有以下几种:

(1)基层工会委员会。一般是指企业、事业单位、机关及其他社会组织中有会员25人以上,经上级工会批准,由会员或会员代表选举产生的基层工会组织;或者会员不足25人,经上级工会批准,由会员大会选举产生的基层工会组织。

(2)基层工会。会员不足25人,经上级工会批准,由会员选举组织员或者工会主席一人主持工作的基层工会组织。

(3)联合基层工会委员会。因两个以上由于各自会员人数少,不能单独成立基层工会委员会的单位,以及非正规就业、企业外入会的会员,就近按地域或按行业联合建立的基层工会组织。联合基层工会所辖单位一般不超过50家。

(4)基层工会联合委员会。是指企业、事业单位、机关和其他社会组织,在各自成立基层工会组织并民主选举产生工会委员会的基础上,在一定的区域或行业范围内,按联合制、代表制原则,建立的区域或行业性基层工会组织。基层工会联合会所辖成员单位一般不超过50家。比如,楼宇、商圈、市场、街面等按联合制、代表制原则,不分企业单位所有制性质,建立的基层工会联合会。基层工会联合会委员由本级党组织、上级工会委派、推荐的专兼职工会干部和成员单位工会主席担任,也可吸收工商、税务、劳动保障等部门人员参加。

71. 联合基层工会和基层工会联合会两者的区别是什么?有何关系?

基层工会联合会所属工会组织是单独的基层工会,联合基层工会所属工会组织不是单独的基层工会,只可称为工会分会或工会小组。联合基层工会是最基层的工会组织形式之一,可以作为基层工会联合会的下级工会。

72. 什么是区域性、行业性工会联合会?

区域性工会联合会是指按照联合制、代表制和地域相近的原则,不分单位所有制性质，在一定区域内建立的一级工会组织。

行业性工会联合会是指按照联合制、代表制和行业相同（相近）的原则，不分单位所有制性质、不分单位隶属关系，在一定区域内建立的以职业、行业性质为属性的一级工会组织。

73. 什么是基层工会委员会?

基层工会委员会是由基层工会会员代表大会或会员大会选举产生的。在基层工会会员代表大会或会员大会闭会期间，负责执行会员代表大会或会员大会的决议和上级工会的决定，主持工会基层组织的日常工作，承担企业、事业单位、机关和其他社会组织职工代表大会工作机构的职责，代表本单位职工同行政签订集体合同或专项协议。

74. 什么是工会经费审查委员会?

工会经费审查委员会是对同级工会及其直属企业、事业单位的各项经费的收支和财产管理情况进行审查监督的组织。各级工会经费审查委员会应根据全国总工会《关于地方工会召开代表大会及组成工会委员会、经费审查委员会的若干规定》或《工会基层组织选举工作条例》进行组建。工会各级经费审查委员会均由同级工会会员（代表）大会选举产生，与各级工会委员会同级同届。

75. 什么是工会女职工委员会?

工会女职工委员会是在同级工会委员会领导下的具有民主性、代表性的女职工组织，是代表和维护女职工合法权益及特殊利益的内部专门委员会。女职工是职工队伍的重要组成部分，女职工工作是工会工作不可分割的重要组成部分。女职工工作既体现工会工作的一般规律，又有自身的一些特点。建立女职工委员会是为了更好地表达和维护女职工的合法权益。

76. 什么是工会工作委员会? 工会工作委员会与工会委员会有何区别? 哪些情况下可建立工会工作委员会?

根据工作需要，省、自治区总工会可在地区设派出代表机关。直辖市和设区的市总工会可在区建立区一级工会组织或设派出代表机关。县和县以上各级地方总工会委员会，根据工作需要可以派出代表机关。

工会工作委员会与工会委员会的区别体现在以下三个方面：

（1）工会工作委员会的领导成员可由上级指派。工会委员会的领导成员必须经过民主程序选举产生。

（2）工会工作委员会对指派机关负责并报告工作。工会委员会对同级会员（代表）大会负责，定期报告工作。

（3）工会工作委员会不能召开会员（代表）大会。工会委员会应当每三年或五年举行一次会员（代表）大会，审议和批准同级工会委员会和工会经费审查委员会的工作报告，讨论并决定本工会的工作任务；选举新一届工会委员会和工会经费审查委员会。

设立工会工作委员会适用于暂不具备条件建立一级工会委员会的地区、部门，在一定时期内，负责这些地区、部门工会工作的开展，实施对基层工会的工作指导和服务。

77. 建立工会基层组织的程序是什么？

建立工会基层组织的程序主要有：

（1）建会申请。已经建立党组织的基层单位，由党组织提出工会筹备组的组成人选，向上级工会提出建会申请。没有建立党组织的单位，可在上级工会指导下，由职工推选出自己的代表作为工会筹备组人选提出建会申请；或者由单位和职工协商，提出工会筹备组人选及建会申请；或者是单位体制外入会会员达到一定数量后，在上级工会指导下，提出筹备组人选及建会申请。

（2）组织筹备。工会筹备组经上一级工会审查同意后，即可开展工会组织的筹建工作。其主要任务包括：做好工会宣传发动工作、发展工会会员（包括转入已是会员的会籍、恢复会籍）、建立工会小组或工会分会并选举会员代表、组织工会委员会和经费审查委员会委员候选人推荐以及大会筹备工作等。

（3）大会选举。召开会员大会或会员代表大会，民主选举产生工会委员会、经费审查委员会。

（4）结果报批。选举结果的报告由工会筹备组报上一级工会审查批准。上级工会收到选举结果的报告后，应在15日内完成审查并批复。

78. 什么是“三先三再”工会组建方法？

“三先三再”工会组建方法：先服务职工再发展会员、先活动覆盖再组织覆盖、先体制外入会再单独建会，通过“三先三再”建会方式广泛组织非公小微企业职工加入工会，推进非公企业和社会组织建立工会。

79. 撤销工会组织应履行什么手续？

任何组织和个人不得随意撤销、合并工会组织。基层工会所在的企业终止，或者所在事业单位、机关和其他社会组织被撤销，该工会组织相应撤销，并书面报告上级工会。工会组织撤销或解散，其经费财产由上一级工会处置。

上级工会应做好工会经费审计等工作，并督促基层工会及时做好注销工会法人资格和公章等相关手续。

80. 建立工会组织的申请应具备哪些内容？工会委员会的任期多长？

建立工会组织的申请应具备的内容包括：

（1）所在单位名称，主营业务；（2）所在单位职工人数；（3）职工组建工会的意愿；（4）经协商产生的工会筹备组成员名单及简况。

基层工会委员会每届任期三年或五年。各级地方总工会委员会或产业工会委员会每届任期五年。

81. 如何变更基层工会组织的名称？

工会组织的名称，一般应与所在单位名称相一致。如所在单位更名，工会组织也应相应更名。工会更名须报经上一级工会批准，更名后的工会委员会届次与组成人员不变。

82. 什么是工会筹备组？其主要职责是什么？

工会筹备组是指为新建基层工会组织，负责选举筹备工作而建立的领导

（工作）班子。负责发展工会会员（包括恢复会员会籍、转入单位体制外入会会员会籍）；负责组织推选工会委员会委员和主席、副主席以及经费审查委员会委员、主任候选人；负责组织基层工会选举工作的具体实施；主持召开会员大会或会员代表大会进行选举，推荐一名新当选的委员主持工会委员会第一次全体会议；负责工会筹备期间的其他各项具体工作。一般情况下，工会筹备组成立半年内应当正式成立工会，上一级工会要加强督查，防止筹而不建。

工会筹备组成员一般由同级党组织代表和职工（会员）代表组成。同级党组织代表应在筹备组中发挥主导作用，把好工会筹建工作的政治方向。工会筹备组也可以吸收用人单位管理人员参加，但中层及以上管理人员一般不超过 20%。

上级工会应当指导工会筹备组建立和开展工作，必要时也可以派人参加筹备组。

83. 企业（单位）经营地变更后，工会组织关系如何变更？

按照属地管理原则建立的工会组织，当其所在单位经营地发生变更后，为了便于工会能有效得到上级工会的管理和指导，可由该工会提出，其原经营地的乡镇街道、园区（开发区）总工会向该单位新经营地的乡镇（街道）、园区（开发区）总工会发出关于该工会组织关系转移的函，由接受单位复函同意后，报相关区总工会备案，完成工会组织关系转接。

转移函主要内容包括单位性质、工会名称、成立时间、职工数、会员数、工会主席姓名、联系电话、工会经费拨缴情况等。

上海地区的企业（单位）在经营地变更后可以运用上海工会网上工作平台实现工会组织关系的转接。

84. 企业集团公司工会与子公司工会组织关系如何处理？

企业集团公司工会委员会对地处本市范围内的子公司工会一般实行直接管理；对不在本市的子公司实行由子公司所在地方工会与企业集团公司工会的双重领导，以子公司所在地方工会领导为主。集团公司与子公司工会可建立联合议事机制，搭建沟通交流协商平台，拓展职工利益诉求渠道，推进企业职工文化建设，提升工会服务大局能力，维护职工整体权益。

企业集团公司和跨地区子公司所在地方工会的职责划分如下：

（1）企业集团工会的主要职责有六个方面：指导成员单位建立职工代表大会制度，组织职工代表参与企业集团重大经营决策，反映成员单位职工的意愿和要求；指导所属工会组织建立平等协商和签订集体合同制度，协调企业劳动关系，依法维护职工合法权益；开展具有集团特点的群众性经济技术创新活动，促进集团公司发展；组织各成员单位工会开展扩大企业影响的重大社会活动和具有增进企业集团凝聚力的文化体育活动，树立企业集团形象；交流工会工作经验，指导成员单位工会工作；协助企业集团党委管理成员单位工会主席，组织工会干部培训，提高工会干部素质。

（2）地方工会的主要职责有五个方面：传达全国总工会关于工会工作的方针政策和重要会议精神，组织企业工会参加地区性活动；负责企业工会组织状况有关数据的统计和重要信息的收集；负责劳动模范、模范集体、五一奖和模范职工之家等的推荐和管理；指导企业工会做好劳动关系的协调和仲裁，做好职工社会保障等工作，维护企业和职工队伍的稳定；负责企业工会换届选举工作的审批。

85. 非法人分公司可建会吗？建会后与其法人公司工会组织关系如何处理？

法人公司下属分公司（非法人公司）可以建立工会基层组织，25 人以上的建立工会委员会，25 人以下的建立工会小组。法人公司及其分公司（非法人公司）均在本市的，可以接受法人公司工会领导；分公司不在本市的，分公司（非法人公司）工会一般实行所在地工会和法人公司双重领导，以所在地工会领导为主。

86. 连锁经营门店（快递、中介、便利店等）工会由谁管理？

直营连锁门店总部在本市的，会员人数 25 人以上的，应建立基层工会委员会，由总部企业工会直接领导。会员人数不足 25 人的，可单独建会或与总部下属直营连锁门店组成联合工会，接受总部企业工会领导；也可加入区域联合工会，接受所在地方工会领导。

直营连锁门店总部不在本市的，实行所在地工会和总部企业工会双重领导，以所在地工会领导为主。

加盟连锁门店，实行属地管理，接受所在地方工会领导。总部企业工会和加盟连锁门店工会可以建立联合议事制度，加强工会工作交流，发挥工会作用，维护职工权益。

87. 上海本市企业在境外经营的项目工作人员能否在境外建立工会?

随着我国“一带一路”建设的不断推进，上海本市企业在境外经营的项目越来越多。这些企业派赴境外工作人员的工会会籍关系、会员管理仍在本企业工会，不再单独建立工会组织。本企业工会要通过工会小组、工会分会做好这些人员的管理工作。可在党组织的领导下，以工会小组、工会分会的方式开展工会活动，加强职工小家建设。

88. 怎样处理被兼并、收购企业的工会?

被兼并企业在体制上作为兼并企业下属的非独立法人分公司或分厂、车间或科室建制的，应报经上级工会批准，撤销原工会组织建制，改建为分公司、分厂、车间或科室一级工会。被兼并企业的体制解体，人员重新进行分配的，应报经上级工会批准，撤销原工会组织建制。在处理被兼并企业工会组织的同时，要妥善做好被兼并企业工会干部的工作交接和工会经费及工会财产的分割、移交等工作。

被收购企业在体制上仍保持独立法人地位，其工会组织关系分两种情况：收购企业与被收购企业是本市市（区）管企业的，可由收购企业工会领导；收购企业非市（区）属企业或被收购企业不在本市的，实行双重领导原则，以属地管理为主。

89. 怎样理顺跨省市兼并、收购企业的工会组织关系?

跨省市兼并、收购企业，理顺其工会组织关系可以按以下四项原则来进行：

（1）在组织关系上，按照全国总工会的规定，实行属地原则。即被兼并、收购的外省市企业的工会隶属于该企业所在地地方工会领导。

（2）在工作关系上，实行双重领导原则。即兼并、收购单位工会可以协同当地地方工会对被兼并单位工会加强管理和业务指导。

（3）在人事关系上，实行协商一致原则。即工会主席的人选按党管干部原则，由同级党委、当地地方工会和收购方工会共同协商，达成一致。

（4）在工会经费上，实行按原渠道解缴原则。即被兼并、收购单位工会的经费仍按规定上缴该企业所在地地方工会组织。

90. 转制、改制过程中，原为车间（部门）整建制的从母体单位剥离后建立新的企业，如何处理其工会隶属关系？

在转制、改制过程中，一些原为车间（部门）的，整建制从母体单位剥离后建立新的企业，其新建立的企业工会组织的隶属关系原则上跟随企业党组织的隶属关系。

尚未建立党组织的，一般实行属地管理。

91. 基层工会为何需要办理法人资格登记？应具备哪些条件？

基层工会法人资格登记管理是工会的一项重要的基础性工作，是依法建会、依法管会的具体体现。加强基层工会法人资格登记与管理工作，对促进基层工会规范化建设、贯彻落实“组织起来、切实维权”工作方针、依法保护好工会财产等都具有重要意义。基层工会取得工会法人资格不以所在单位是否具有法人资格为条件。

基层工会申请取得工会法人资格应当具备以下条件：一是依照《工会法》和《中国工会章程》的规定成立，二是工会经费来源有保障，三是有组织机构和办公场所，四是能够依法独立承担民事责任。

92. 什么是分厂、车间（部门）工会委员会？什么是工会小组？

基层工会委员会根据工作需要，可以在分厂、车间（部门）建立工会委员会。分厂、车间（部门）工会委员会由分厂、车间（部门）工会会员（代表）大会选举产生，是分厂、车间（部门）工会的领导机构。分厂、车间（部门）工会委员会接受上一级工会委员会的领导，在分厂、车间（部门）工会会员（代表）大会闭会期间，负责主持工会的日常工作。分厂、车间（部门）工会委员会的任期与工会基层委员会相同。

工会小组是按照行政生产班组或部门科室建立的工会组织的基础单位，它依托行政生产班组或部门科室而存在。工会小组是工会组织的细胞，是会员工作、学习、生活的基本单位，是会员直接行使权利和履行义务的最基层组织，是工会组织联系群众、开展各项活动的基础和落脚点。

会员不足3人的，可将生产、工作性质相近的班组合建为一个工会小组。工会小组由小组会员民主选举的工会小组长组织日常活动，在工会基层委员会或车间、科室工会委员会的领导下工作。

93. 什么是基层工会专门委员会？其一般设立哪些专门委员会？

基层工会专门委员会，是基层工会委员会根据工作需要而设立的专门机构。基层工会委员会可以根据需要设立各种专门委员会或各种专门小组。

各专门委员会由基层工会委员会选聘工会积极分子组成，设主任一人，必要时可增设副主任一人。专门委员会主任，通常由分管此项工作的工会委员兼任。

基层工会委员会可以根据工作需要设立各种专门委员会（小组），一般可设立组织工作委员会、宣传工作委员会、群众生产工作委员会、生活福利工作委员会、劳动保护监督检查委员会、财务工作委员会、民主管理工作委员会、工会劳动法律监督委员会等。

94. 各级工会组织印章的式样、所刊组织名称、规格有什么要求？

根据《中华全国总工会关于各级工会组织印章的规定》的规定，各级工会组织的印章一律为圆形，宽边内加一细线，中间刊五角星，星外刊单位名称，文字自左而右环排。

印章所刊工会组织的名称一般用全称，如文字过多，可采用通用的简称。印章的文字用宋体字和国务院公布实行的简化字。民族自治地方工会的印章，应当并刊汉字和当地通用的民族文字，民族文字刊左，汉字刊右。

工会印章的刻制应与工会组织的名称相一致。若是建立工会委员会的，应刻制“××工会委员会”；若会员人数不足25人，只是选举主席或组织员

1 人的，应刻制“××工会”。

中华全国总工会的印章，直径 5cm，边宽 0.15cm，五角星直径 2cm。各省、自治区、直辖市总工会及全国产业工会、全国总工会部委办一级组织的印章，直径 4.6cm，边宽 0.12cm，五角星直径 1.8cm。其他各级工会组织及工会组织所属的部门、企事业单位的印章直径均为 4.2cm，边宽 0.12cm，五角星直径 1.6cm。

95. 刻制工会组织的印章有什么手续？基层工会所属部门、车间工会能否刻制印章？

刻制工会组织的印章，须凭上级工会的批复并详细写明印章的名称、式样和规格，到公安部门指定的单位刻制，承制单位和刻制者都不准留样和仿制。

基层工会所属各工作部门（委员会）、车间（科室）工会，如工作确实需要，可以刻制印章。各工作部门（委员会）、车间（科室）工会的印章，原则上只限于基层工会内部使用。上述印章的直径尺寸为 3.8cm，其质料、式样、文体按相关规定办理。

96. 如何管理工会组织印章？工会组织印章的启用或停用有什么规定？

工会组织的印章，由该组织的负责人或指定人员保管。使用印章须经该组织负责人批准，每次用印应进行登记，大批印发的且印有文件头的工会内部文件可不盖印章。

根据《中华全国总工会关于各级工会组织印章的规定》的规定，工会组织印章的启用或停用应及时通知有关单位。印模在本单位存档；印章因受损坏或机构变动而停止使用后，应及时上缴原制发单位，收回的旧印章应区别情况予以封存或销毁。销毁旧印章，应经本组织负责人批准，2 人监销。

97. 工会会徽是由什么组成？可以在什么场合使用？

中国工会会徽为圆形，红色底，选用汉字“中”“工”两字组成金色主体图案，并在两字外加一圆线，象征中国工会和中国工人阶级的团结统一。佩戴的工会徽章的规格为：直径 20mm，金色“中”“工”图案的线条宽度为 1.4mm，其他部分尺寸按所附图形规格为准。

中国工会会徽可在工会办公地点、活动场所、会议会场悬挂，可作为纪念品、办公用品上的工会标志，也可以作为徽章佩戴。

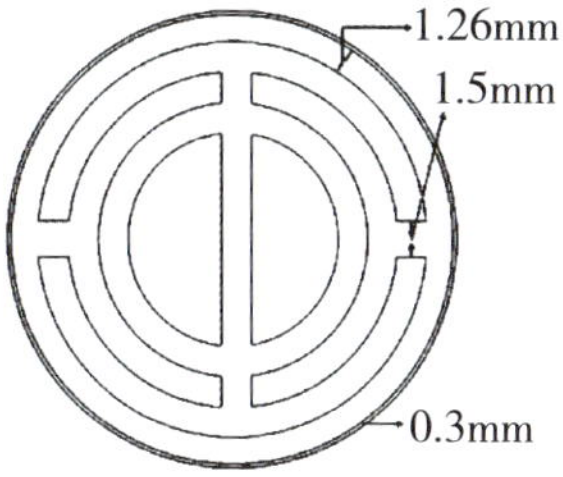

工会会徽规格

（四）会员（代表）大会

98. 什么是会员（代表）大会？其性质是什么？

会员大会是指全体工会会员参加的会议，会员代表大会是指会员民主选举产生的代表参加的会议。

会员大会或会员代表大会是工会的一项根本性制度。各级工会会员大会或会员代表大会是同级工会的最高领导机关，是工会讨论、决定工会重大事项和选举工会领导机构的权力机关。基层工会的领导机关是基层工会会员大会或会员代表大会和它所产生的基层工会委员会。

会员大会或会员代表大会作出的决定、决议，工会委员会必须认真贯彻执行；工会委员会作出的决议、决定，会员大会或会员代表大会有权修改或否定。

99. 为什么要定期召开工会会员（代表）大会？如何界定召开会员大会还是会员代表大会？

工会是党领导下的工人阶级自愿结合的群众组织，实行民主集中制的组织原则。因此，工会的一切重大方针政策、决定和任务，都应当听取会员的意见，体现会员的意愿和要求；工会的领导班子由会员（代表）大会民主选举产生；工会干部和工会的一切工作都应接受会员监督。所以，根据《中国工会章程》的规定，各级工会都应定期召开会员（代表）大会，这是工会的一项重要民主制度，是加强工会建设的一项根本措施，是充分发扬民主的一项重要内容。坚持和健全工会会员（代表）大会制度，对于加强工会组织建设，实现工会组织的民主集中制，推进工会组织的群众化、民主化、法治化具有十分重要的意义。

会员不足 100 人的基层工会组织，应召开会员大会；会员 100 人以上的基层工会组织，应召开会员大会或会员代表大会。

100. 基层工会会员（代表）大会的职权有哪些？

基层工会会员大会或会员代表大会的职权是：

（1）审议和批准基层工会委员会的工作报告；（2）审议和批准基层工会委员会的经费收支预算决算情况报告、经费审查委员会工作报告；（3）开展会员评家，评议基层工会开展工作、建设职工之家情况，评议基层工会主席、副主席履行职责情况；（4）选举和补选基层工会委员会和经费审查委员会组成人员；（5）罢免其所选举的代表、基层工会委员会组成人员；（6）选举和补选出席上一级工会代表大会的代表；（7）讨论决定基层工会工作的重大问题。

101. 基层工会会员（代表）大会多长时间召开一次？

会员代表大会每年至少召开一次。经基层工会委员会、三分之一以上的会员或三分之一以上的会员代表提议，可以临时召开会员代表大会。基层工会会员大会或会员代表大会每届任期三年或五年，具体任期由会员代表大会决定。

102. 召开会员（代表）大会应做好哪些筹备工作？

召开会员（代表）大会应做好以下筹备工作：

（1）起草召开会员（代表）大会的请示，分别报经同级党组织和上级工会批准；

（2）组织选举会员代表，会员代表的产生一般应以工会小组为单位推荐，并以该级工会的直属下级工会为选区，选举产生该级工会代表大会的代表，如是100人以下的单位，应召开全体会员大会；

（3）成立代表资格审查委员会（小组）审查会员代表资格，审查代表的产生是否符合《中国工会章程》的有关规定，是否符合代表条件，并写出书面报告；

（4）酝酿工会委员会、经费审查委员会委员候选人和出席上一级工会代表大会代表候选人的预备名单，以及大会主席团成员和秘书长建议名单；

（5）拟写工会委员会工作报告、工会委员会的财务工作报告、经费审查委员会工作报告和大会决议草案，以及大会表决办法、选举办法等文件；

（6）认真做好各项会务组织工作，主要包括大会议程和日程安排、证件制作、文件印制、准备选票、会场布置等；

（7）召开会员（代表）大会预备会议。

103. 怎样确定基层工会会员代表大会代表名额及其在会员中的比例？

基层工会会员代表大会的代表名额，按会员人数确定：

会员100人至200人的，设代表30至40人；会员201至1000人的，设代表40至60人；会员1001至5000人的，设代表60至90人；会员5001至10000人的，设代表90至130人；会员10001至50000人的，设代表130至180人；会员50001人以上的，设代表180至240人。

会员代表的组成应以一线职工为主，体现广泛性和代表性，中层正职以上管理人员和领导人员一般不得超过代表总数的20%。女职工、青年职工、劳动模范（先进工作者）等会员代表应占一定比例。

104. 怎样确定区、局（产业）工会代表大会的代表名额？

为了体现民主集中制的原则，根据《中国工会章程》《关于地方工会召开代表大会及组成工会委员会、经费审查委员会的若干规定》等有关规定，结合本市工会的具体情况，区、局（产业）、集团公司工会会员代表大会的代表名额可按以下比例确定：

（1）省、自治区、直辖市工会代表大会的代表，一般为400人至900人；

（2）设区的市、自治州工会代表大会的代表，一般为200人至500人；

（3）县（旗）、自治县、不设区的市和市辖区工会代表大会的代表，一般为100人至400人。

各地根据工会会员和工会组织数，经上一级工会同意，可适当增加或减少代表名额。

上海市的乡镇（街道）、园区（开发区）工会代表大会的代表名额可参照上述（3）标准执行。2015年，上海市总工会改革实施方案明确：上海市工会代表大会、全委会、常委会的组成人员应充分体现广泛性和代表性，提高基层工会工作者、先进模范人物、生产和工作一线人员的比例。基层一线人员在上海市工会代表大会代表中占80%以上，在上海市总工会全委会委员中占40%以上，在上海市总工会常委会委员中占15%以上。

105. 会员代表大会代表应具备什么条件？怎样做好会员代表的选举工作？

会员代表大会代表应具备以下条件：本人为中国工会会员，遵守工会章程，按期缴纳会费；拥护党的领导，有较强的政治觉悟；在生产、工作中起骨干作用，有议事能力；热爱工会工作，密切联系职工群众、热心为职工群众说话办事，在会员群众中有一定的威信，受到会员群众的信赖。

做好会员代表的选举工作应把握以下环节：

（1）拟定会员代表的条件。拟定条件时，要走群众路线，组织会员群众广泛讨论，集中正确的意见。

（2）确定代表名额及其分配方案。代表名额由工会基层委员会根据实际情况确定。代表名额的分配要有广泛的代表性。代表候选人要在充分讨论酝酿的基础上，根据民主集中制的原则来提出。

（3）拟定选举办法和选举代表。会员代表的选举，一般以分厂（分公司）、车间（部门）工会组织为单位推荐，由会员采用无记名投票方式差额选举产生。没有分厂（分公司）、车间（部门）建制的基层企业，以工会小组为单位，由会员采用无记名投票方式差额选举产生。

（4）审查代表资格。工会基层委员会成立代表资格审查委员会（小组），具体负责这项工作。

106. 会员（代表）大会要有多少会员（代表）出席方为有效？

出席基层工会会员代表大会或会员大会的代表或会员人数，必须超过应到会代表或全体会员人数的三分之二，会议方为有效。

地方工会召开代表大会的，出席会议的代表人数必须超过应到会代表人数的二分之一，会议方为有效。

107. 为什么要对工会代表进行资格审查？审查工作包括哪些内容？

为了保证工会代表在政治上、组织上的纯洁性以及代表的广泛性、先进性，各选举单位在选举产生代表后，必须对代表进行资格审查。

代表资格审查工作的主要内容有：

（1）代表是否符合规定的代表条件；（2）代表产生办法是否符合工会章程规定的民主程序；（3）代表名额和比例是否符合规定要求，在此基础上写出代表资格审查报告。

108. 代表资格的审查工作由谁负责？代表资格审查委员会或小组如何产生？

基层工会会员（代表）大会的代表资格审查工作，由召集代表大会的同级工会委员会或代表资格审查小组负责。基层工会召开会员代表大会时，代表资格审查委员会或小组一般由本届工会委员会全体会议选举产生。

地方工会召开会员（代表）大会时，应成立代表资格审查委员会负责代表资格的审查工作。代表资格审查委员会人选由地方总工会委员会提名，提交大会预备会议表决产生，设主任 1 人，副主任 1 人至 2 人，委员若干人。

109. 代表资格审查委员会应向谁作代表资格审查报告？在代表资格审查中，如发现不符合相关规定的怎么办？

基层工会召开会员代表大会时，代表资格审查委员会（小组）应在预备会议上作代表资格审查报告。

地方工会召开会员代表大会时，代表资格审查委员会召开全体会议审议通过代表资格审查报告后，提交大会主席团第一次全体会议审议通过，确认代表资格。

在代表资格审查中，如发现代表的产生不合乎规定的程序，或代表不符合资格的，可建议原选举单位（部门）重新进行选举或撤销个别代表人选。凡要撤销代表资格的，必须由原选举单位（部门）的工会会议决定，并报召集代表大会的工会委员会备案。撤销代表资格后，所缺代表名额，由原选举单位视情况补选。

110. 会员（代表）大会的列席代表、特邀代表可邀请哪些人员参加？

召开会员代表大会时，未当选会员代表的经费审查委员会委员、女职工委员会委员应列席会议，也可以邀请有关方面的负责人或代表列席会议。

可以邀请获得荣誉称号的人员、需经作出突出贡献的人员作为特邀代表参加会议，列席人员和特邀代表仅限本次会议，可以参与分组讨论，不承担具体工作，不享有选举权、表决权。

111. 会员（代表）大会预备会议的任务和议程是什么？

正式举行会员代表大会或会员大会前，一般应召开由本届工会委员会主要负责人主持，由全体代表或会员参加的预备会议。

预备会议的主要任务和议程是：

（1）由本届工会委员会（工会筹备组）作大会（筹备）工作报告；（2）代表资格审查委员会（小组）作关于代表资格的审查报告；（3）审议通过大会表决办法；（4）审议通过主席团、秘书长名单（限于代表大会）；（5）审议通过大会的议程；（6）审议通过有关确认的事项。

112. 基层工会召开会员（代表）大会是否也要设立主席团？大会主席团成员如何产生？

基层工会在召开会员大会时，不设主席团，由上届工会委员会或工会筹备组主持会议和选举；不设委员会的基层工会由上届工会主席或组织员主持。

基层工会召开会员代表大会时，可以设主席团。会议由大会主席团主持，也可以由上届工会委员会或工会筹备组主持。大会主席团成员由上届工会委员会或工会筹备组根据各代表团（组）的意见提出建议名单，提交代表大会预备会议表决通过。

113. 地方工会代表大会主席团由哪些人员组成？

大会主席团应由地方总工会委员会和经费审查委员会负责人，地方总工会所属产业工会负责人，地方总工会部门、直属单位负责人，各代表团（组）长，部分下级地方总工会负责人，部分基层工会负责人和工人代表，与工会工作联系密切的部分单位的负责人等组成。大会主席团中要有一定数量的先进模范人物、少数民族、妇女、民主党派、无党派人士和群众，其成员名额由地方总工会常务委员会确定。

114. 基层工会会员代表大会主席团如何组成？

基层工会会员代表大会主席团成员的名额，可根据大会的规模和代表的总数，由召集会员代表大会的上届工会委员会或工会筹备组确定。主席团成员应是本次会员代表大会的代表，一般包括上届工会主席、副主席，常务委员会委员，经费审查委员会主任，工会筹备组成员，新提名的主席、副主席候选人，各代表团团长，先进人物代表，一线职工代表和女职工代表等。

工会换届选举的，大会主席团建议名单由上届工会委员会提名，经会员代表酝酿讨论后，由上届工会委员会初步确定，提交会员代表大会预备会议表决通过。大会主席团设主席 1 人，副主席若干人，秘书长 1 人。秘书长一般由负责大会筹备工作的工会副主席担任，大会根据工作需要可以设副秘书长，副秘书长一般由负责大会筹备工作的人员担任，副秘书长可以不是主席团成员。新建立工会的，会员代表大会的主席团名额和人选可由同级党组织、工会筹备组协商确定。

115. 大会主席团的任务是什么？

大会主席团的任务包括：

（1）按照大会预备会议通过的议程主持大会；（2）审议通过代表资格审查报告，确认代表资格；（3）组织代表讨论、审议和修改大会的有关报告；（4）组织代表讨论、确定新一届工会委员会委员和经费审查委员会委员候选人建议人选。如需选举出席上一级工会代表大会的代表，还应组织讨论、确定其代表候选人建议人选；（5）主持大会选举；（6）组织代表讨论大会的决议草案，提请大会审议通过；（7）分别委托一名新当选的工会委员会委员和经费审查委员会委员主持本届委员会第一次全体会议；（8）研究决定会议期间的其他重要事项。

116. 大会主席团常务主席怎样产生，由哪些人组成？常务主席和执行主席有何区别？

大会主席团设常务主席若干人，由本届工会委员会提名，经大会主席团第一次全体会议推选产生。常务主席一般应由本届工会主席、副主席和拟任的下届工会主席、副主席组成。地方总工会代表大会主席团常务主席一般由地方总工会委员会负责人和经费审查委员会主要负责人担任。

大会主席团常务主席的职责，主要是研究处理大会的有关重大问题和主持召开主席团会议；大会执行主席的职责，是在大会主席团领导下，按照大会日程和议程主持代表大会。

117. 地方工会代表大会的秘书长、副秘书长如何设置？其职责是什么？

地方工会代表大会设秘书长 1 人，副秘书长若干人。秘书长一般由地方总工会主要负责人担任，由地方总工会常务委员会在代表中提名，经大会主席团第一次全体会议表决产生。秘书长是大会期间日常工作的组织者，其主要职责是：在大会主席团的领导下，负责处理大会事务性工作；副秘书长的主要职责是：协助秘书长做好大会的相关工作。大会秘书长必须是本次代表大会的正式代表。大会副秘书长可以不是本次代表大会的代表。

118. 地方工会代表大会秘书处工作机构如何设置？这些机构的任务是什么？

召开工会会员代表大会时，可在原筹备机构的基础上设立大会秘书处。秘书处下设若干工作机构，承担大会的工作。大会秘书处一般设有秘书组、组织组、宣传组、会务组、生活保卫组等。秘书处的工作主要由秘书长负责组织、指导和协调。

（1）秘书组的主要任务。负责大会记录，收集和整理代表讨论情况及意见、要求，修改工作报告及决议等大会文件，编写会议简报，负责起草领导讲话、上报文件、大会总结报告，整理大会文件的归档事宜等。

（2）组织组的主要任务。认真听取和收集代表对工会委员会委员候选人和经费审查委员会委员候选人的意见，起草选举办法；组织好大会的正式选举工作；组织好第一次工会委员会会议和第一次经费审查委员会会议的选举工作等。

（3）宣传组的主要任务。负责会前的宣传教育、大会的新闻报道和文娱活动等。

（4）会务组的主要任务。按照大会日程安排，负责设计和布置会场，管理音响设备，代表签到、统计和大会的有关通知工作；分发大会文件和资料；安排主席团的座位秩序；处理会议期间的有关事项等。

（5）生活保卫组的主要任务。编制会议预决算，安排代表食宿、保健医疗及交通工具，负责大会会场和代表驻地的安全保卫工作等。

119. 会员（代表）大会开幕式议程主要有哪些？

会员（代表）大会开幕式的议程主要有：

（1）宣布大会开幕；（2）全体起立，奏唱国歌；（3）致开幕词；（4）来宾致辞；（5）作工会工作报告、工会财务工作报告（可书面）、经费审查委员会工作报告（可书面）；（6）领导讲话。

120. 大会主席团第一次全体会议一般在什么时候召开？主要内容是什么？

在大会预备会议以后，应立即召开主席团第一次全体会议，会议由本届工会委员会（筹备组）负责人主持。会议的主要内容是：

（1）审议通过代表资格审查报告；

（2）推选大会主席团常务主席；

（3）审议通过大会日程；

（4）审议通过大会副秘书长名单；

（5）通报大会有关事项。

121. 大会主席团第二次全体会议一般在什么时候召开？主要内容是什么？

在代表对工会工作报告、财务工作报告、经费审查工作报告进行充分讨论以后，主席团应召开第二次全体会议。会议主要内容有：

（1）听取各代表团（组）关于开幕式领导讲话精神学习、三个工作报告讨论情况的汇报；

（2）审议提交各代表团（组）讨论的《大会选举办法》（草案）；

（3）审议提交各代表团（组）讨论的工会委员会委员候选人建议名单和工会经费审查委员会委员候选人建议名单。

122. 大会主席团第三次全体会议一般在什么时候召开？主要内容是什么？

在代表对《大会选举办法》（草案）、工会委员会委员候选人建议名单、经费审查委员会委员候选人建议名单进行充分讨论以后，主席团应召开第三次全体会议，会议的主要内容是：

（1）讨论确定提交大会表决的《大会选举办法》（草案）；

（2）听取各代表团（组）讨论工会委员会委员候选人建议名单、经费审查委员会委员候选人建议名单的情况；

（3）讨论确定提交大会选举的“工会委员会委员候选人名单（草案）”和“工会经费审查委员会委员候选人名单（草案）”；

（4）讨论确定提交大会表决的总监票人、监票人名单（草案）；

（5）布置大会的选举工作。

123. 大会主席团第四次全体会议一般在什么时候召开？主要内容是什么？

大会选举结束，要召开最后一次主席团全体会议，其主要内容是：

（1）审议提请代表大会全体会议表决的关于工会工作报告、财务工作报告和经费审查委员会工作报告的决议（草案）；

（2）审议提请大会表决的大会其他重要决议（草案）；

（3）讨论确定大会闭幕式议程；

（4）听取大会总监票人报告大会选举结果；

（5）推举工会委员会和经费审查委员会第一次全体会议的主持人（也可

在第一次全体委员会议上由同级党组织和上级工会协商提名产生会议主持人）。

124. 会员（代表）大会如何形成大会决议？

大会决议的形成，大致经过以下三个步骤：

（1）准备决议草案。大会前，在广泛听取会员群众的要求和向同级党组织请示汇报的基础上，由工会委员会讨论研究，提出意见和方案，草拟大会决议。

（2）讨论修改决议草案。在大会召开期间，召集会员（代表）充分讨论，集中意见和建议，修改完善决议草案。

（3）对决议进行表决。表决时，基层工会会员大会或会员代表大会出席人数为应到会人数的三分之二以上，方能表决；地方工会代表大会出席人数必须超过全体代表的二分之一，方能表决。赞成票超过应到人数的半数，方能通过大会决议。

125. 会员（代表）大会闭幕式议程主要有哪些？

会员（代表）大会闭幕式的议程主要有：

（1）宣布大会选举结果；（2）表决工会工作报告决议；（3）表决工会财务工作报告决议；（4）表决经费审查委员会工作报告决议；（5）表决其他重大问题的决议；（6）领导讲话；（7）致闭幕词；（8）宣布大会结束，奏唱国际歌。

126. 基层工会代表的职责是什么？

基层工会代表的主要职责有：

（1）带头执行党的路线、方针、政策，自觉遵守国家的法律和本单位的规章制度，努力完成生产、工作任务。

（2）在广泛听取会员意见和建议的基础上，向会员代表大会提出提案。

（3）参加会员代表大会，听取基层工会委员会和经费审查委员会的工作报告；讨论和审议代表大会的各项议题，提出审议意见和建议。

（4）对基层工会委员会及代表大会各专门委员会（小组）的工作进行

评议，提出批评、建议；对基层工会主席、副主席进行民主评议和民主测评，提出奖惩和任免建议。

（5）保持与选举单位会员群众的密切联系，热心为会员说话办事，积极为做好工会工作献计献策。

（6）积极宣传贯彻基层工会代表大会的决议精神，对工会委员会落实会员代表大会决议情况进行监督检察，团结和带动会员群众完成会员代表大会提出的各项任务。

127. 基层工会会员代表大会代表常任制的含义是什么?

基层工会会员代表大会代表实行常任制，是《中国工会章程》规定的一项重要的组织制度。基层工会会员代表大会代表常任制，是指基层工会会员代表大会的代表在规定的任期内，始终具有代表资格、履行代表权利和义务的制度。会员代表的任期与基层工会代表大会届期一致，即从每届工会会员代表大会第一次会议开始，至下届本级工会会员代表大会选举工作完成后为止，会员代表可以连选连任。

128. 为什么要推进基层工会会员代表常任制?

实行会员代表常任制，使会员代表在任期内始终具有代表资格，便于会员代表在工会会员代表大会闭会期间仍能够履行会员代表的职责，更好地行使代表权利，履行代表义务。会员代表常任制从制度上保证会员代表经常地参与工会事务决策，使工会的工作和活动都置于会员的监督之下，实现工会工作的群众化、民主化。因此，基层工会会员代表大会的代表常任制是一项重要的基层工会组织制度。具体地讲，其意义在于：

（1）确保会员代表的稳定性和基层工会工作的连续性。会员代表的任期与基层工会会员代表大会届期一致。只有在会员代表大会换届时选举会员代表，而不是每年召开会员代表大会都重新选举会员代表，从而保证会员代表的稳定性。工会的重大事项都要经过会员代表大会的代表讨论决定。会员代表全程参与工会工作决策，可以保持工会工作的连续性。

（2）加强会员群众对基层工会委员会的监督。基层工会委员会每年必须向代表大会报告工作，听取批评，回答代表提出的问题。会员代表代表会员对工会委员会的工作进行监督，认真听取和审议工会委员会的工作报告，对工会委员的失职行为提出批评，向工会委员会提出会员普遍关心的问题，使会员代表成为会员群众监督工会委员会工作的桥梁和纽带。

（3）密切基层工会与会员群众的联系。会员代表生活在职工群众之中，最熟悉职工群众。常任制的会员代表不仅要在会员代表大会召开时履行选举、审议、评价等权利，在会员代表大会闭会期间也要履行联系沟通群众、监督工会工作、参与工会事务等职责，这样可以更好地行使会员代表的权利，履行会员代表义务。

基层工会应该在保障会员民主权利的同时，充分发挥会员代表的作用，采取多种方式为他们参与工会事务创造条件，充分调动他们的工作积极性，切实把工会的事情办好，更加密切工会与会员群众的联系。

129. 基层工会会员代表调离原工作单位或退休应该怎么办？

会员代表因故调离原工作单位或退休等原因，不能继续履行会员代表职责时，代表资格自然免除。原选举单位出现的会员代表缺额，由原选举单位另行选举，并报经基层工会审批。如会员代表在任期内只是在原工作单位内部调整了工作部门，会员代表资格仍然有效，待召开工会代表大会换届时，再按照分配的名额进行选举。

130. 基层工会会员代表违法乱纪、严重失职应该怎么办？

基层工会会员代表大会的代表实行常任制，任期内会员代表对原选举单位会员负责，接受原选举单位的监督。会员和原选举单位对违法乱纪和严重失职的会员代表，有权提出罢免的要求。

代表的罢免必须经过原选举单位全体会员过半数通过，经会员代表大会代表资格审查委员会审查，工会委员会审批。

131. 工会代表大会与工会代表会议有什么不同？

《中国工会章程》第十二条规定，县和县以上各级工会委员会，在两次代表大会之间，认为有必要时，可以召集代表会议，讨论和决定需要及时解决的重大问题。

工会代表大会和工会代表会议，都是工会体现民主集中制原则的一种重要方式，但它们的职权、期限和代表产生的方法等都有很大不同。

（1）职权、任务不同。工会各级代表大会是各级工会组织的最高领导机关。它的职权是：审议和批准同级工会委员会和经费审查委员会的工作报告，讨论并决定本地区工会工作任务，选举产生同级工会委员会和经费审查委员会。工会代表会议是在两次代表大会之间，为讨论和决定需要及时解决的重大问题或选举出席上级工会代表大会或代表会议的代表，在各级工会委员会领导下召开的重要会议。

（2）开会期限不同。工会各级代表大会有任期的限制，必须按工会章程规定的期限定期举行。工会代表会议，是在两次代表大会之间根据工作需要由工会委员会临时决定召开的重要会议，它没有任期的限制。

（3）代表产生的方法不同。工会各级代表大会的代表，是根据会员人数和分布情况确定名额、条件，全部是由下级工会会员大会、会员代表大会或工会代表会议选举产生的。而工会代表会议的代表名额和产生办法，是由召集代表会议的总工会根据任务需要确定代表名额，出席会议的代表一部分是该级委员会委员，下级工会领导机关负责人，另一部分是由下级工会会员代表会议或委员会扩大会议选举产生的各方面会员代表。

（4）领导、批准期限不同。工会各级代表大会的召开，是由上级工会批准，受上级工会领导。而工会代表会议的召开，则由同级工会委员会决定和领导。

132. 工会会员代表大会与职工代表大会有何区别？能否“两会结合”？

工会是职工自愿结合的群众组织，工会会员代表大会是工会的权力机构。职工代表大会是企事业单位实行民主管理的基本形式，是协调劳动关系的重要制度，是职工行使民主管理权利的机构。两者性质、任务不尽相同，代表的构成也不同，所以在有条件的单位中，工会会员代表大会、职工代表大会应分别召开。

但是，两者在发展生产、搞活企业、监督企业行政领导和维护职工合法权益等方面的任务是相同的，而且领导机构和工作机构也相同。《企业法》

第五十条规定，职工代表大会的工作机构是企业的工会委员会。《上海市职工代表大会条例》第五条规定，企事业单位的工会是职工代表大会的工作机构，承担职工代表大会的日常工作。又因为企业绝大多数职工是工会会员，有的职工代表同时是会员代表，所以，必要时工会会员代表大会与职工代表大会也可以结合举行，按会议议程分段召开。

133. “两会结合”应注意哪些问题?

“两会结合”应注意以下几方面问题：

（1）“两会结合”的代表大会，会标应写明“××工会第×届第×次会员代表大会暨×届×次职工代表大会”，或者按会议性质分别用工代会和职代会的会标。

（2）“两会结合”召开时，会员代表和职工代表任期一般一致。

（3）“两会结合”时，会议应分阶段进行，工会代表大会在通过工会工作报告、民主选举新的工会委员会时，非会员代表的职工代表只能作为列席代表，没有表决权、选举权和被选举权。

（4）“两会结合”的“两会”，因各自的具体职责范围不同，所以应分别作决议。

（五）换届选举

134. 什么是工会换届选举？为什么要进行换届选举？

工会换届选举是指各级工会委员会按照《工会法》的规定，在本届工会委员会和经费审查委员会任期届满时，组织召开新一次会员（代表）大会，选举新一届工会委员会和经费审查委员会。

换届选举是工会组织的基本民主制度，是根据《中国工会章程》作出的一项制度性安排；是贯彻民主集中制原则，确保会员对他们选举出的工会领导班子进行考核、监督和重新选择的权利；是调整、充实和加强工会领导班子的重要方法。各级工会组织必须遵守这一基本制度。

135. 工会换届选举工作由谁来负责？

工会委员会的换届选举工作，在同级党组织和上一级工会的领导下，由上届工会委员会负责筹备；召开会员大会进行选举时，由上届工会委员会主持；不设工会委员会的基层工会组织进行选举时，由上届工会主席或组织员主持；召开会员代表大会进行选举时，可以由大会主席团主持，也可以由上届工会委员会主持。

136. 怎样拟订工会换届选举的请示？

根据中华全国总工会《关于地方工会召开代表大会及组成工会委员会、经费审查委员会的若干规定》和《工会基层组织选举工作条例》的规定，在同级工会委员会做出换届选举的决定后，必须写出书面请示，报同级党组织和上级工会同意后，方可进行。请示的内容应包括大会指导思想、任务、议程、时间，代表的名额、条件、产生办法，下届委员会、常委会、经费审查委员会的组成人数和比例要求、差额率，以及主席、副主席和经费审查委员会主任、副主任设置名额，同时附上代表名额分配方案。

137. 工会组织需提前或延期换届选举的如何处理？

根据《关于地方工会召开代表大会及组成工会委员会、经费审查委员会的若干规定》和《基层工会选举工作条例》的规定，遇有特殊情况，经同级党组织和上一级工会批准，可以提前或延期换届，地方工会延期时间一般不超过一年，基层工会延期时间一般不超过半年。

138. 工会会员（代表）大会的次数和工会委员会的届数应怎样排列？

各级地方工会组织换届选举时召开的会员（代表）大会，以“次”数累计排列。每次代表大会选举产生的委员会，以“届”数累计排列。每届委员会任期内所举行的全体委员会会议，以×届×次全体委员会议累计排列。根据《中国工会章程》有关工会基层组织“会员代表大会的代表实行常任制”的规定，工会成立时召开的会员（代表）大会，称为第一届第一次会员（代表）大会；本届期内以后一般每次召开的会员（代表）大会，则称为第一届第二次、第一届第三次……以此类推。

139. 工会选举工作的原则是什么？正式选举的具体形式有哪几种？

《工会基层组织选举工作条例》规定，选举工作应坚持党的领导，坚持民主集中制，遵循依法依规、公开公正的原则，尊重和保障会员的民主权利，体现选举人的意志。

工会正式选举的具体形式有两种：一种是可以直接采用候选人数多于应选人数的差额选举办法进行正式选举；另一种是可以先采用差额办法进行预选产生候选人名单，然后进行等额正式选举。

140. 什么叫预选？怎样进行预选？

在正式选举前，通过无记名投票方式，从候选人预备名单中差额选举产生正式候选人名单。预选前，先要通过酝酿讨论，产生候选人预备名单。候选人预备名单按相应规定的差额比例确定，应多于应选人数，然后提交大会进行差额预选。预选后根据得票多少取足正式候选人名额；候选人得票数不超过应到人数半数的，不能当选为正式候选人；正式候选人缺额时，可酌情补选。正式候选人产生后，再用等额选举的办法正式选举。

141. 为什么要实行差额选举？差额选举的差额率有何规定？

实行差额选举，可以使选举人有更大范围的选择，同时也可以使选举人更严肃、认真地对待选举，有利于发扬民主，更充分地体现选举人的意志。

根据中华全国总工会《关于地方工会召开代表大会及组成工会委员会、经费审查委员会的若干规定》的规定，代表大会的代表差额率不低于15%，工会委员会委员的差额率不低于8%。根据《工会基层组织选举工作条例》的规定，基层工会委员会委员的差额率不低于5%，常务委员会委员的差额率不低于10%。

142. 基层工会委员会主席、副主席产生方式有哪些？

基层工会委员会主席、副主席可以由会员大会或会员代表大会直接选举产生，也可以由基层工会委员会选举产生。

143. 什么是直接选举？直接选举工会主席、副主席是否要设候选人？是否必须同时选举工会委员会委员和主席、副主席？

基层工会直接选举是针对工会主席、副主席产生方式而言的，是指基层工会通过召开会员大会或会员代表大会，由会员或会员代表直接投票选举产生工会主席、副主席的选举方式。

根据《中国工会章程》的规定，工会主席、副主席不论直接选举还是间接选举，都要设候选人。《工会基层组织选举工作条例》第十条规定：基层工会委员会委员、常务委员会委员和主席、副主席的选举均应设候选人。

根据《中国工会章程》等的规定，基层工会可由会员大会或会员代表大会直接选举主席、副主席。当选的主席、副主席为当然委员或常委，其余委员或常委另行选举产生。也可由会员大会或会员代表大会选出工会委员会，再在当选的委员会委员中产生候选人，由会员大会或会员代表大会直接选举主席、副主席。

144. 怎样在选举中充分体现选举人的意志？

工会各级代表大会的代表和委员会的产生，要坚持民主集中制，遵循依法依规、公开公正的原则，充分体现选举人的意志。按照《中国工会章程》的规定，候选人名单要反复酝酿，充分讨论；选举采用无记名差额选举办法，尊重和保障选举人的选择权；任何组织和个人，不得以任何方式强迫选举人选举或不选举某人。

145. 基层工会委员会委员候选人应具备什么条件？

基层工会委员会委员候选人应信念坚定、为民服务、勤政务实、敢于担当、清正廉洁，热爱工会工作，受到职工信赖。

146. 基层工会委员会委员、常务委员会委员和主席、副主席候选人有什么限制性规定？

单位行政主要负责人、法定代表人、合伙人以及他们的近亲属不得作为本单位工会委员会委员、常务委员会委员和主席、副主席候选人。

工会和行政分别代表劳动关系的劳资双方，在市场经济条件下，工会代表和维护的是职工的合法权益，而单位法人代表、主要负责人代表的是用人（用工）单位的利益。如果由法定代表人、主要负责人担任工会委员会委员、常务委员会委员和主席、副主席，他们既要代表用人（用工）单位的利益，又要代表劳动者利益，势必发生角色的冲突，无论他们是否能够加入工会，都应当任职回避。

合伙人通常是指以资产进行合伙投资，参与合伙经营，依协议享受权利，承担义务，并对企业债务承担无限（或有限）责任的自然人或法人。合伙人其实是用人单位的投资人，是资产所有者的组成人员。这些人不是劳动法意义上的劳动者，是不能加入工会的，自然不应成为基层工会委员会委员、常务委员会委员和主席、副主席候选人。

单位行政主要负责人、法定代表人、合伙人是用人单位的行政方代表，他们的近亲属担任工会委员会成员难免会让职工产生不信任感，因此，根据《工会法》的有关规定，他们应任职回避。根据《民法总则》的规定，近亲属包括配偶、父母、子女、兄弟姐妹、祖父母、外祖父母、孙子女、外孙子女。

147. 基层工会经费审查委员会委员候选人有什么限制性规定?

基层工会的主席、分管财务和资产的副主席、财务和资产管理部门的人员，不得担任同级工会经费审查委员会委员。

148. 外籍职工能否担任工会主席?

2007 年，全国总工会基层组织建设部《关于外籍员工是否担任基层工会主席问题的答复》规定，为维护外籍员工在华工作期间的合法权益，可以允许其加入工会组织，但外籍员工不宜担任基层工会主席。实践中，主要有三方面考虑：一是中国工会作为党领导下的工人阶级群众组织，有其特定的政治属性；二是外籍员工在绝大多数单位中所占比例较低，代表性不强；三是由于语言文化背景、生活习惯等方面差异，外籍员工担任工会主席不利于职工的沟通交流。

各级工会要加强引导和人选把关，如外籍职工成功当选的，上级工会要教育引导，基层工会要遵守中国法律法规，在促进企业发展、维护职工合法权益中作出积极贡献。

149. 工会选举中的候选人名单怎样产生?

工会选举中候选人名单的产生，一般都要经过推荐提名、酝酿讨论、初步确定、组织考察、正式确定等阶段。这是选举中一项重要的工作，必须充分发扬民主，认真细致地做好。

基层工会委员会委员、常务委员会委员及主席、副主席候选人，可以由上届工会委员会或工会筹备组根据多数工会分会或工会小组的意见提出建议名单，报经同级党组织和上一级工会审查同意后提出；也可以由同级党组织与上一级工会协商提出建议名单，经工会分会或工会小组酝酿讨论后，由上届工会委员会或工会筹备组根据多数工会分会或工会小组的意见，报经同级党组织和上一级工会审查同意后提出。

根据工作需要，经上一级工会与基层工会和同级党组织协商同意，上一级工会可以向基层工会推荐本单位以外人员作为工会主席、副主席候选人。

工会选举必须充分体现选举人的意志。任何组织和个人，不得以任何理由指定候选人。

150. 工会委员会和经费审查委员会的委员候选人是否必须是工会代表大会的代表？

根据《中国工会章程》的规定，会员有选举权、被选举权和表决权，所以，工会委员会和经费审查委员会的委员候选人不限于工会代表大会的代表。

151. 如何向会员或会员代表介绍候选人情况？

选举前，上届工会委员会或工会筹备组或大会主席团应将候选人的名单、简历及有关情况向选举人进行介绍。介绍应实事求是，以事实为依据，不得弄虚作假，应一视同仁、公平公正，不能夹带任何倾向或误导性的语言，应详细介绍，不能一带而过。对选举人提出的询问应作出负责的答复，不能敷衍了事，也可以组织候选人与选举人见面，由候选人进行自我介绍，回复选举人提出的问题。为了使选举人全面了解候选人情况、更好地选择自己信赖的人，可对候选人姓名、性别、出生日期、民族、参加工作时间、政治面貌、文化程度、专业职称、工作单位及职务、个人简历及奖惩等情况进行公示。

152. 会员（代表）大会为什么要拟定表决办法，其主要包括哪些内容？如何通过？

在会员（代表）大会期间，会员（代表）要对若干事项，特别是选举过程中的若干事项进行表决。为了对表决做出规范，需要拟定表决办法。

表决办法主要内容是：规定谁有表决权、表决的形式和要求、表决前是否要征求意见、如何宣布表决结果、表决通过所需赞成数、表决办法如何通过等。

表决办法（草案）拟出后，事先要交给会员（代表）充分讨论，然后在大会预备会议上提交全体会员（代表）举手表决通过后实施。

153. 工会选举时为什么要制定并通过选举办法，其主要包括哪些内容？如何通过？

选举办法对选举过程中每个具体事项依据有关规定予以规范，是确保选举依法顺利进行的重要保证。所以，工会进行选举时，一定要有选举办法，会员（代表）在选举时必须共同遵守。选举办法根据有关规定草拟后要广泛听取意见，在选举会议上表决通过后才能实施。

选举办法的主要内容有：

（1）制定选举办法的依据；（2）规定选举的任务；（3）确定候选人产生的办法；（4）选举的方式（预选或正式选举）；（5）选举的办法及差额要求；（6）画写选票的要求，选举的有效性和有效票的规定；（7）确定当选的计票原则；（8）总监票人、监票人和选举工作人员的产生办法；（9）计票结果、选举结果宣布办法；（10）其他有关注意事项；（11）选举办法如何通过等。

选举办法（草案）应事先交会员（代表）认真讨论、修改，由主席团审议通过（不设主席团的，可由本届工会委员会审议通过），然后在大会正式选举前提交全体会员（代表）大会表决通过。

154. 工会选举时，要起草并通过哪几种选举办法？

工会换届选举时，一般应起草并通过三种选举办法：一是会员（代表）大会选举工会委员会和经费审查委员会的选举办法；二是工会委员会第一次全体会议选举主席、副主席、常委的选举办法；三是工会经费审查委员会第一次全体会议选举主任、副主任的选举办法。如果直接选举主席、副主席、经审主任、副主任，只需要起草并通过一个选举办法。

155. 总监票人、监票人的条件及产生办法是什么？有哪些职责？

大会总监票人、监票人必须是大会的正式代表，但候选人不得担任。总监票人、监票人应能秉公办事、熟悉选举工作。监票人由各代表团（组）推选，总监票人由大会主席团从监票人中提名。总监票人和监票人经大会主席团审议同意后，提交大会表决通过。

总监票人的职责包括以下内容：

（1）领导监票人按照选举办法负责监督选举全过程；

（2）对领票、发票、投票、点票进行监督，负责剩余选票的处理，根据大会授权宣布发出选票数及收回选票数的统计结果；

（3）负责监督计票并鉴别和解决选票中的问题，审查并宣布选举计票结果，签字后报大会主持人。

监票人的职责包括以下内容：在总监票人的领导下，按照各自分工，负责监督本选区的领票、发票、投票、点票和计票等工作。

156. 计票工作人员的产生办法及其职责是什么？

计票工作人员一般由大会秘书处指定。计票工作人员在监票人监督下进行工作，其职责是：

（1）负责清点核实人数；

（2）按照大会选举办法的要求，对选票进行清点和计算；

（3）准确无误地进行计票；

（4）计票结束后，将计票结果报告总监票人。

157. 大会工作人员和监票小组人员可否合二为一？

一般情况下，大会工作人员是在大会筹备组（秘书处）安排下开展一些指定的服务工作，在正式选举工作中，主要负责发票、开箱清点选票、唱票、计票等工作。而监票人员是经大会主席团提名由大会表决通过的正式代表组成，主要负责选举工作全过程的监督，两者有明确的分工。但是，在一些单位会员人数较少的情况下，经会员或全体正式代表同意，两者可以合二为一，其前提必须是监票人员兼大会工作人员。

158. 工会选举有哪些主要程序？

工会选举的主要程序有：

（1）宣布参加选举的人数和选举任务；（2）表决通过《大会选举办法》；（3）介绍候选人，表决通过正式候选人名单；（4）表决通过总监票人、监票人名单；（5）清点核实出席会议的选举人数；（6）检查票箱、贴封条；（7）发放选票并报告发出选票数；（8）宣布填写选票注意事项；（9）写票；（10）宣布投票顺序、要求；（11）投票；（12）清点选票，并宣布选举是否有效；（13）计票；（14）宣布选举计票结果和当选人名单。

159. 大会选举过程中应特别注意哪些问题？

为了保证选举工作的顺利进行，在选举过程中应特别注意以下几个问题：

（1）要保证出席率；

（2）选举工作人员一定要认真清点人数，确保无误；

（3）选举工作人员要认真清点选票，使领到的选票数与应到选举人数相符，发出选票数与实到人数相符，未发出的选票数与缺席人数相符，收回的选票要等于或少于发出的选票数；

（4）填写选票时，应按照要求认真填写，字迹要清楚，符号要准确；

（5）计票人员要认真负责，严肃细致，在监票人的指导和监督下，准确、迅速地做好计票工作；

（6）除监票、计票和负责选举工作的人员外，任何人不得进入计票室；

（7）要保管好有关的选举资料，根据档案工作要求做好重要资料的归档准备工作。

160. 工会在印制选票时要注意哪些问题？应加盖什么印章？

在印制选票时要注意以下问题：

（1）在印制选票时，一定要注意选票的规范化，要有名称、候选人名单、符号格、另选他人格、日期、印章和注意事项等；

（2）注意区分不同选票的颜色；

（3）一定要有预备票，当出现需要重新选举的情况时，可以备用。

工会选票一般加盖工会委员会的印章。新建工会选票可加盖工会筹备组印章或由同级党组织、上级工会代章。

161. 工会在选举时，对选票中候选人名单的排列有什么规定？

根据全国总工会《关于地方工会召开代表大会及组成工会委员会、经费审查委员会的若干规定》和《工会基层组织选举工作条例》的规定，选票上工会委员会委员和常务委员会委员、经费审查委员会委员和常务委员会委员候选人名单，按姓氏笔画为序排列。

地方工会委员会主席、副主席和经费审查委员会主任、副主任候选人名单，按提名的顺序排列。

162. 大会选举时，需要准备哪些报告单及统计表？

根据选举程序的要求，一般工会选举时需要准备以下报告单、统计表：

（1）出席选举大会清点人数报告单和统计表；（2）发出各类选票报告单；（3）收回各类选票报告单；（4）计票结果报告单；（5）选举结果报告单。

163. 选举人写票时要注意哪些事项？

选举人在写票时，要注意以下事项：

（1）不要急于写票，首先要看清楚写票说明；（2）所选人数应等于或少于应选人数；（3）要按规定的符号书写，符号要准确；（4）字迹要清楚，不要涂改；（5）写票时只能用黑色钢笔、水笔、圆珠笔（计算机计票只能用选举专用书写笔）；（6）另选他人时，在指定空格内填上被选人的姓名，并在其姓名上方空格内写上规定的赞成符号。

164. 什么是无记名投票？工会选举为什么要采取无记名投票的方式？

所谓无记名投票，是指选举人投票时，选票上不标注自己的姓名，而且可以在秘密写票处填写选票，填好后由本人亲自投进票箱，别人不得打探其意向的一种投票方式。

工会选举采用无记名投票方式，有利于发扬民主，有利于充分反映选举人的意志，有利于保障选举人的民主权利。

165. 工会选举时，能否设流动票箱？

根据《工会基层组织选举工作条例》第二十四条的规定，会员或会员代表在选举期间，如不能离开生产、工作岗位，在监票人的监督下，可以在选举单位设立的流动票箱投票。但实际工作中应注意：

（1）流动票箱只能作为投票的一种辅助形式不能作为主要形式；

（2）流动票箱应当由两名以上专人负责；

（3）流动票箱的选票应和会员大会或会员代表大会现场的选票一起在监票人、计票人及有关人员在场的情况下，同时开箱，一并计票。

166. 选举人因故不能出席，能否委托他人投票？

根据《工会基层组织选举工作条例》第二十三条的规定，不能出席会议的选举人，不得委托他人代为投票。

167. 什么是应到人数和实到人数？

应到人数是指应该参加会议的会员、会员代表或委员的人数。具体来说，选举各级工会委员会和经费审查委员会，直接选举工会主席、副主席和常委及经费审查委员会主任、副主任的应到人数指的是应参加会员大会或会员代表大会的全体会员或全体会员代表数；间接选举工会主席、副主席和常委及经费审查委员会主任、副主任的应到人数指的是全体工会委员数、全体经费审查委员会委员数。

实到人数是指实际参加会议的会员、会员代表或委员的人数，没有选举权的邀请人员等不包括在内。

168. 工会选举时，对出席会议的人数有什么规定？

根据全国总工会《关于地方工会召开代表大会及组成工会委员会、经费审查委员会的若干规定》，地方工会代表大会、工会委员会、经费审查委员会选举时，参加选举的代表、委员须分别超过应到会代表、委员的半数，方可进行。

《工会基层组织选举工作条例》第十七条规定，基层工会参加选举的人数为应到会人数的三分之二以上时，方可进行选举。

169. 工会选举时，候选人获多少同意票数方能当选？

根据全国总工会《关于地方工会召开代表大会及组成工会委员会、经费审查委员会的若干规定》和《工会基层组织选举工作条例》的规定，候选人获得同意或赞成票超过应到人数的半数，方能当选。

170. 工会选举计算应到人数，可否减去其中的长病假、产假、长休假等人数?

工会选举时，为了充分体现选举人的意愿，应尽可能通知所有的应到会员、会员代表或委员参加，保留会籍者除外。如有些长病假、产假、长休假的会员、会员代表或委员确有困难不能参加选举时，可通过设流动票箱来让他们行使民主权利。因此，工会选举计算应到人数时，一般不应减去其中的长病假、产假、长休假等人数。

171. 在会员（代表）大会期间，会员如没有行为能力，是否还要统计在应到人数内?

在会员（代表）大会期间，患病的会员（代表）如果病假已六个月以上，已办理保留会籍手续，不作统计；若未办理保留会籍手续，应统计在内。如果确实没有行为能力的（如精神病患者或植物人），可以不作统计；若还能写、能说，有意识行为者，仍应统计在内，会前应将会议内容通知本人，并征求其意见。

172. 差额选举时，得票超过半数的候选人超过或少于应选名额时怎么办?

根据《工会基层组织选举工作条例》的规定，得票超过半数的候选人超过应选名额时，得赞成票多的当选。

在选举中，如果得赞成票超过半数的候选人少于应选名额时，对不足的名额可以另行选举。可以由本次会员大会或会员代表大会对获得赞成票未过半数的候选人重新选举；也可以重新推荐提名候选人，另行召开会员大会或会员代表大会进行补选。如果接近应选名额且符合委员会组成规定，也可以由大会征得多数会员或会员代表的同意减少名额，不再进行选举。

173. 选举时，选举人是否可以投票选自己？

在选举时，选举人有选举权和被选举权，可以投别人的赞成票，也可以投自己的赞成票。

174. 差额选举时，最后几名候选人得票数相同而不能确定当选人时怎么办？

根据《基层工会组织选举工作条例》的规定，差额选举时，最后几名候选人得票相同且超过应到人数半数而不能确定当选人时，应对票数相等的被选举人（包括“另选他人”的被选举人）再次投票，得赞成票多的当选。再次投票结果应当场宣布。

175. 怎样确定选举是否有效？

确定选举是否有效，主要有两方面考虑：

（1）工会选举时，参加选举的会员、会员代表或委员数符合要求，选举方能举行；（2）选举时，收回的选票数等于或少于发出的选票数，选举有效；多于发出的选票数，选举无效。

176. 选举时，非候选人得票超过半数能否当选？

《中国工会章程》规定，工会会员享有选举权、被选举权。所以，是会员的非候选人，在正常选举中得赞成票超过半数，按得票多少顺序排列，在应选名额之内者可以当选。选举要充分体现选举人的意志，切实保障会员民主权利的要求，任何组织和个人都要尊重民主选举结果。

177. 选举计票结果由谁宣布，如何宣布？

选举计票结果一般应由总监票人宣布。宣布时按候选人得票多少为序排列；候选人以外的另选他人计票结果，也应按得票多少顺序排列；得票相等的按姓氏笔画为序排列。

178. 选举结果由谁宣布？如何宣布？

选举结果一般应由大会主持人或执行主席根据选举计票结果和选举办法的有关规定，按当选人姓氏笔画为序排列，宣布选举结果。

179. 工会委员会主席、副主席应如何产生？

工会主席、副主席的人选，在广泛听取意见的基础上，由同级党组织与上级工会充分协商，经取得一致意见后提出，然后由工会委员会选举产生。基层工会主席、副主席可以由会员大会或会员代表大会直接选举产生，也可以由工会委员会选举产生。

180. 非中共党员可否担任工会主席？

非中共党员者，只要是工会会员，可以担任工会主席。《中国工会章程》规定，会员都有选举权和被选举权，所以只要是经过民主选举产生的，不论是否是中共党员，均可担任工会主席。对于当选的主席，组织上应当为他们创造必要的工作条件，在工作上给予更好的支持和帮助。

181. 工会经费审查委员会的主任、副主任如何产生？

工会经费审查委员会的主任、副主任人选在广泛听取意见后，由同级党组织与上级工会充分协商，在取得一致意见的基础上提出候选人建议名单。工会经费审查委员会主任、副主任可以由工会经费审查委员会全体会议选举产生，也可以由会员大会或会员代表大会直接选举产生。

182. 工会委员会第一次全体会议是否要等上级工会对该届工会委员会批复同意后才能召开？

工会委员会第一次全体会议，在大会选举产生该届工会委员会后即可召开，不需要等上级工会对该届工会委员会批复同意，但应在同级党组织和上级工会的指导下召开。

183. 工会委员会第一次全体会议的主要内容是什么？由谁主持？其程序有哪些？

工会委员会第一次全体会议的主要内容是：选举产生主席、副主席，设常务委员会的还要选举产生常务委员会委员。

召开基层工会委员会第一次全体会议选举常务委员会委员、主席、副主席时，由上届工会委员会、工会筹备组或大会主席团推荐一名新当选的工会委员会委员主持。

工会委员会第一次全体会议主要有以下程序：

（1）审议通过选举办法；（2）同级党组织和上级工会在广泛听取意见协商一致后，提名推荐主席、副主席、常务委员会委员候选人人选；（3）审议通过主席、副主席、常务委员会委员候选人名单；（4）表决通过监票人名单；（5）选举；（6）宣布计票和选举结果；（7）新当选的工会主席讲话；（8）同级党组织和上级工会领导讲话。

184. 工会经费审查委员会第一次全体会议的主要内容有哪些？

经费审查委员会第一次全体会议一般在工会第一次全委会召开后举行，主要内容是选举经费审查委员会主任、副主任。

185. 工会会员（代表）大会和第一次全委会的文件、资料及选票等如何保存？

工会会员（代表）大会期间和全委会期间所形成的各种文件、资料等都应汇编成册，移交档案室妥善保存。所用的各类选票、计票统计表、各类报告单等，都应整理存档。

186. 选举产生的工会领导班子在上级工会未批复前能否履行职责？

工会是职工自愿结合的群众组织。基层工会民主选举，可以看作是会员、会员代表把管理和处理工会事务的权力授权给了工会委员会。基层工会委员会的任期自选举之日起计算。选举产生的工会委员会委员和工会主席、副主席、常务委员会委员，工会经费审查委员会委员和主任、副主任在上级工会未批复前可以履行职责。

187. 如何确定地方工会委员会委员和经费审查委员会委员名额?

根据《关于地方工会召开代表大会及组成工会委员会、经费审查委员会的若干规定》的规定，各级地方总工会委员会委员和经费审查委员会委员名额，按照下列规定确定：

省、自治区、直辖市总工会委员会委员，一般为91人至181人。设区的市、自治州总工会委员会委员，一般为41人至101人。县（旗）、自治县、不设区的市和市辖区总工会委员会委员，一般为27人至51人。各地根据工会会员和工会组织数，经上一级工会同意，可适当增加或减少委员名额。

各级地方工会经费审查委员会委员人数，应不少于同级工会委员会人数的20%，县级总工会经费审查委员会委员人数应不少于5人。

188. 如何确定基层工会委员会委员和经费审查委员会委员名额?

根据《工会基层组织选举工作条例》的规定，基层工会委员会委员名额，按会员人数确定：

不足25人，设委员3人至5人，也可以设主席或组织员1人；25人至200人，设委员3人至7人；201人至1000人，设委员7人至15人；1001人至5000人，设委员15人至21人；5001人至10000人，设委员21人至29人；10001人至50000人，设委员29人至37人；50001人以上，设委员37人至45人。

大型企事业单位基层工会委员会，经上一级工会批准，可以设常务委员会，常务委员会由9人至11人组成。

基层工会经费审查委员会委员名额一般为3人至11人。

189. 如何确定地方工会主席、副主席、常务委员会委员的名额?

省、自治区、直辖市总工会常务委员会人数一般不超过工会委员会人数的四分之一，其中主席1人，副主席3人至8人。根据工作需要，可另设兼职副主席。

设区的市、自治州总工会常务委员会委员人数，一般不超过工会委员会人数的三分之一，其中主席 1 人，副主席可设 2 人至 6 人。

县（旗）、自治县、不设区的市和市辖区总工会常务委员会委员人数，一般不超过工会委员会委员人数的三分之一，其中主席 1 人，副主席 2 人至 4 人。

各级地方总工会主席、副主席（含兼职副主席）的人数应少于常务委员会委员人数的二分之一。各级地方总工会主席、副主席配备职数，根据有关规定，由同级党委和上一级工会协商决定。

190. 工会委员会和经费审查委员会的选举结果，为什么要报上一级工会批准？

根据《中国工会章程》的规定，选举产生的工会委员会委员、经费审查委员会委员和工会主席、副主席、常务委员会委员以及经费审查委员会主任、副主任，需报上一级工会审批。这是根据工会民主集中制原则制定的必须履行的组织手续，是加强工会组织领导的重要保证。因此，工会委员会和经费审查委员会的选举结果要报上一级工会批准。

191. 工会选举结果怎样上报，报告中应包括哪些主要内容？

选举工作全部结束后，应当由新一届工会委员会尽快将大会召开情况及选举结果，以书面形式向上一级工会和同级党组织报告。

报告的内容主要有：召开会员大会或会员代表大会的时间、地点；应到会员或会员代表数、实到会员或会员代表数、参加选举的人数；选举的具体方式；选举结果；本届工会委员会任期等。报告应附录以下文件：会员大会或会员代表大会议程；选举办法和选举主持词；选票样张；计票结果报告单；当选人员登记表等。

192. 上级工会对选举结果的请示应怎样批复？上级工会对选举结果报告的批复需抄送哪些单位？

上一级工会收到下级工会的选举结果请示后，15 日内应予以批复。批复的主要内容是：

先概述同意会员（代表）大会和工会委员会、经费审查委员会第一次全体会议的选举结果，然后分述：

（1）该届工会委员会和经费审查委员会的组成情况；

（2）该届工会常务委员会的组成情况；

（3）该届工会委员会主席、副主席名单；

（4）该届经费审查委员会主任、副主任名单；

（5）注明该届工会委员会和经费审查委员会的任期；

（6）注明主送、抄送单位及批复日期等。

违反规定程序选举的，上一级工会不得批准，应重新选举。

上级工会对下级工会选举结果报告的批复，按干部管理权限分别抄送下级工会所在单位的党组织、同级党组织干部部门。

193. 工会干部在任期内是否可以调动？

工会主席、副主席、委员任期未满的，不得随意调动其工作，因工作需要调动的，应当事先征得本单位工会委员会的同意，工会主席、副主席的调动，还应当征得上一级工会的同意。

194. 工会委员会委员、常务委员会委员、工会经费审查委员会委员在任期内工作调动，其委员、常委职务如何处理？

工会委员会的委员、经费审查委员会委员，在任期内工作调动，调出选举单位的，应免去其委员职务。在选举单位内工作调动，调离工会的，可视实际情况决定是否免去他们的委员职务。各级工会委员会常务委员会委员，在任期内调离工会工作岗位的，应免去其常务委员会委员职务。

195. 替补或增补工会委员会委员、常务委员会委员应在什么范围内进行？

按照《工会基层组织选举工作条例》选举产生的基层工会，在届期内因工作需要或其他原因委员空缺时，应经会员大会或会员代表大会补选产生，报上一级工会审批。

按照《关于地方工会召开代表大会及组成工会委员会、经费审查委员会的若干规定》选举产生的工会委员会，工会代表大会闭会期间，选举常务委员会委员、主席、副主席须在工会委员会全体会议上进行。如果候选人人选不是本届工会委员会委员，应先在工会委员会全体会议上替补或增补为工会委员会委员，然后再进行选举。其委员和常务委员会委员职务同时报上一级工会审批并在下一次工会代表大会上予以确认。

196. 替补或增补工会经费审查委员会委员应在什么范围内进行?

基层工会在届期内因工作需要或委员会委员缺额，替补或增补经费审查委员会委员，应在会员代表大会或会员大会上选举产生。

按照《关于地方工会召开代表大会及组成工会委员会、经费审查委员会若干规定》选举产生的工会经费审查委员会，工会代表大会闭会期间，因工作需要或委员缺额，替补或增补经费审查委员会委员，可在工会委员会全体会议上选举产生，报上一级工会审批并在下一次工会代表大会上予以确认。

197. 基层工会主席、副主席空缺该如何处理?

基层工会主席、副主席缺额时，应当及时补选，空缺时间不超过半年。补选主席前征得同级党组织和上一级工会同意，可暂由一名副主席或委员主持工作，期限一般不超过半年。

198. 基层工会主席、副主席出现空缺时如何进行补选?

基层工会委员会补选主席、副主席如候选人是委员的，可以由工会委员会选举产生，也可以由会员大会或会员代表大会选举产生；如候选人不是委员的，可以经会员大会或会员代表大会补选为委员后，由工会委员会选举产生，也可以由会员大会或会员代表大会直接选举产生。补选主席的任期为本届工会委员会尚未履行的期限。

199. 地方工会补选工会主席或副主席应按哪些程序进行?

地方工会补选主席或副主席应按以下程序进行：

不设常务委员会委员的工会，党委和上一级工会协商一致后推荐的工会主席或副主席人选是本届工会委员会委员的，可在工会委员会全体会议上选举产生，报上一级工会审批；工会主席或副主席人选不是本届工会委员会委员的，应先在工会委员会全体会议上替补或增补为工会委员会委员，然后选举产生。委员和主席或副主席职务同时报上一级工会审批，在全委会上选举产生的委员职务应在下一次工会代表大会上予以确认。设常务委员会委员的工会，党委与上级工会协商一致后推荐的工会主席或副主席人选，是本届工会委员会委员和常务委员会委员的，可在工会委员会全体会议上选举产生，报上一级工会审批；工会主席或副主席人选不是委员和常委，或是委员不是常委的，应先替补或增补其为委员和常委，然后选举产生；替补或增补的职务一并报上一级工会审批，并在下一次工会代表大会上予以确认。

200. 在全委会上被免去的委员和被补选上的委员是否有选举权?

地方工会在届内任免委员可在工会的全委会上进行。被补选上的委员，在上级工会未批复前可以履行职责。因此，在全委会上被免去的委员没有选举权；被补选上的委员，有选举权。

201. 工会领导班子成员退休后，其职务如何处理?

各级工会委员会委员、常务委员会委员、主席、副主席和经费审查委员会委员、主任、副主任在任期内到达退休年龄，按有关规定办理退休手续后，应免去他们所担任的上述职务。

202. 撤换或罢免基层工会委员会委员、常务委员会委员、主席、副主席应履行哪些程序?

会员或会员代表有权对工会工作进行监督，提出意见和建议，有权要求撤换或者罢免不称职的工会工作人员。《工会基层组织选举工作条例》规定：经会员大会或者会员代表大会民主测评和上级工会与同级党组织考察，需撤换或罢免工会委员会委员、常务委员会委员和主席、副主席时，须依法召开会员大会或者会员代表大会讨论，非经会员大会全体会员或会员代表大会全体代表无记名投票过半数通过，不得撤换或罢免。

203. 基层工会经费审查委员会与同级工会委员会有哪些联系和区别?

基层工会经费审查委员会行使基层工会内部审计职权，是基层工会组织的重要组成部分，与同级工会委员会既有联系又有区别。

（1）两者的联系在于：均由同级会员大会或会员代表大会选举产生；均向同级会员大会或会员代表大会负责并报告工作；基层工会经费审查委员会与同级工会委员会任期相同。

（2）两者的区别在于：一是地位不同，在工会会员大会或会员代表大会闭会期间，同级工会委员会和基层工会经费审查委员会在组织关系上是领导和被领导的关系；职责不同，基层工会经费审查委员会和同级工会委员会在经费收支和财务管理上是监督和被监督的关系。

204. 建立女职工委员会有何规定?

企业、事业单位、机关和其他社会组织等工会基层委员会有女会员 10 人以上的，建立女职工委员会；不足 10 人的，设立女职工委员。女职工委员会与基层工会委员会同时建立。

205. 基层工会女职工委员会如何产生?

基层工会女职工委员会有两种产生途径。一是协商产生。由同级工会委员会提名，在充分协商的基础上产生。二是选举产生。可召开女职工大会或女职工代表大会，选举产生女职工委员会；可以与会员大会或会员代表大会安排在同一时间召开，在会员大会或会员代表大会完成选举任务后继续召开女职工大会或女职工代表大会，选举女职工委员会；也可以单独召开女职工大会或女职工代表大会，选举产生女职工委员会、主任、副主任。

206. 配备基层工会女职工委员会主任有何规定?

基层工会女职工委员会主任由同级工会女主席或女副主席担任，也可经民主协商，按照相应条件配备女职工委员会主任。女职工委员会主任应提名为同级工会委员会或常务委员会委员候选人。

如女职工委员会主任由同级工会女主席或女副主席担任的，自然享受同级工会主席或副主席待遇，且自然成为同级工会委员会或常务委员会委员。如女职工委员会主任候选人不是同级工会主席、副主席的，为了更好地维护女职工的合法权益，经民主协商按照相应条件产生女职工委员会主任，应提名为同级工会委员会或常务委员会委员候选人，当选后其待遇按照《工会女职工委员会工作条例》第十七条规定执行，享受同级工会副主席待遇。

（六）自身建设

207. 工会干部的标准是什么？

工会干部是党的干部队伍的重要组成部分，是做好党的职工群众工作的重要组织保证。我们党历来重视从大大小小的“群众领袖”中培养选拔群团干部。党在新时代的干部标准也是工会的干部标准。另外，由于工会是我国工人阶级的群众组织，是党联系群众的桥梁和纽带，因此，工会干部特别是工会领导干部，除要符合德才兼备的干部标准之外，还要密切与职工群众的联系，增强与职工群众的感情，热心为职工群众说话办事，自觉接受职工群众监督。

208. 建设高素质专业化干部队伍的要求有哪些？

要坚持党管干部的原则，坚持德才兼备、以德为先，坚持五湖四海、任人唯贤，坚持事业为上、公道正派，把好干部标准落到实处。坚持正确选人用人导向，匡正选人用人风气，突出政治标准，提拔重用牢固树立“四个意识”和“四个自信”、坚决维护党中央权威、全面贯彻执行党的理论和路线方针政策、忠诚干净担当的干部，选优配强各级领导班子。注重培养专业能力、专业精神，增强干部队伍适应新时代中国特色社会主义发展要求的能力。

209. 工会干部的管理原则是什么？

中共中央明确规定工会受同级党组织和上级工会组织双重领导，以同级党组织领导为主。因此，对工会干部的管理实行党组织主管、工会协管的原则，即根据工会干部的职级，按照干部的管理权限，由管理该级干部的党组织主管，上级工会协管。党组织在工会干部的任免、调动和奖惩上，要事先征求上级工会的意见，协商一致以后，再按照工会章程和有关文件的规定办理。

210. 规范落实工会干部双重领导制度的要求有哪些?

规范落实工会干部双重领导制度有以下要求:

(1)同级党组织推荐工会领导班子人选应与上一级工会充分协商,取得一致意见;

(2)上一级工会应协助同级党组织对协管范围内的工会领导班子成员进行考察,或由同级党组织通报考察情况并征求意见;

(3)候选人名单由同级党组织发函至上一级工会,经相关程序讨论复函后,依法履行民主程序;

(4)尊重工会组织民主选举结果,保持工会领导干部任期内稳定,确因工作需要调动任期未满的工会领导干部时,同级党组织要事先征得上一级工会的同意,并同步酝酿和推荐替补人选,确保各级工会领导班子的完整性和稳定性。

211. 工会协助党委管理工会干部的主要任务是什么?

根据全国总工会《关于协助党委管理工会干部的通知》,各级工会协助党委管理工会干部的任务是:

(1)协助同级党委管理列入同级党委管理范围的工会干部;

(2)对同级党委管理范围以外的一定范围的工会领导干部进行考察了解,并对这些干部的任免、调动和奖惩向主管党委提出建议;

(3)协助同级党委做好考察了解和培养教育同级党委管理的工会后备干部的工作;

(4)有计划地做好工会干部的教育和培训工作;

(5)管理党委管理范围以外的工会机关的干部和事业单位的干部;

(6)调查研究工会干部队伍和领导班子建设方面的新情况、新问题,及时向党委和上级工会反映。

212. 中共中央在加强工会等群众组织干部队伍建设上对各级党委主要有哪些要求?

根据中共中央《关于加强和改进党的群团工作的意见》,各级党委要加强群团组织领导班子建设，努力打造政治坚定、团结务实、群众拥护的坚强领导集体。坚持德才兼备、以德为先，按照信念坚定、为民服务、勤政务实、敢于担当、清正廉洁的好干部标准，选拔群众工作经验丰富、在所联系的群众中威信高的同志，推荐作为群团组织主要负责人人选。领导班子成员人选的考察推荐应该广泛听取群众意见，结构要合理优化，工会、共青团、妇联负责人中基层一线代表人士的兼职比例应该适当增加。尊重群团组织民主选举结果，保持领导干部任期内稳定。健全县级以上群团组织领导班子中心组理论学习、党员领导干部民主生活会、新进班子成员任职培训等制度。坚持严字当头，加强党风廉政建设，探索建立符合群团工作特点的群团组织领导班子和领导干部综合考评机制。

群团干部是党的干部队伍的重要组成部分。各级党委要重视抓群团干部培养，全面加强群团干部队伍建设。将群团干部培训纳入干部教育培训总体规划，分级负责、分系统落实。重视推动群团干部到火热的实践一线摸爬滚打、锻炼成才，注重从企业、农村、城乡社区等基层一线选拔优秀人才，充实群团干部队伍。选好配强基层群团组织负责人，更多采用兼职、聘用等方式吸引优秀社会人才加入群团工作队伍。推进群团干部跨系统多岗位交流，加强群团组织与党政部门之间干部双向交流，把群团工作岗位作为提高干部做群众工作能力的重要平台。改进群团干部参照公务员法管理工作，支持群团组织根据自身工作特点按规定考录和遴选机关工作人员。群团干部要自觉加强学习，增强党性修养，提高能力素质。

213. 关于工会党员主要负责人进同级党委班子或列席党委有关会议，有哪些规定？

工会党员主要负责人进同级党委班子或列席党委有关会议，主要有以下规定：

中共中央《关于加强和改进党的群团工作的意见》（中发〔2015〕4号）规定：地方党委有关工作会议应该请工会、共青团、妇联等群团组织主要负责人参加或列席。乡镇（街道）的工会、妇联组织主要负责人可列席同级党委有关会议。工会、共青团、妇联的党员负责人应该考虑作为同级党委委员候选人提名人选。

中共上海市委《关于加强和改进工会、共青团、妇联等人民团体工作，做好新形势下党的群众工作的意见》（沪委发〔2011〕22号）规定：区县工会主席、团委书记、妇联主席是党员的，应进入同级党的委员会。企事业单位工会主席是党员的，应进入同级党的委员会。专职配备的街镇工会主席是党员的，应进入同级党的委员会或列席同级党的委员会会议。

214. 如何确定各级工会组织的专职工会干部数？

企业、事业单位有职工二百人以上的，应当配备必要的专职工会工作人员。专职工会工作人员的人数，由上一级工会与企业、事业单位协商确定。职工不足二百人的，可以配备专职或者兼职工会工作人员。

专职工会工作人员一般按不低于企业职工数的千分之三配备，具体人数由上级工会、企业工会与企业行政协商确定。

根据工作需要和经费许可，工会可以从社会聘用工会工作人员，建立专兼职相结合的干部队伍。

上海市和各区总工会的专职工作人员的编制，由上海市总工会与市、区编制管理部门协商确定。产业工会和街道、乡镇等工会专职工作人员的编制，由其上一级工会与有关方面协商确定。

215. 工会领导班子专职、挂职、兼职配备有哪些要求？

工会领导班子专职成员注重从思想素质优秀、群众工作能力强、基层经验丰富的干部中选拔推荐。上海市工会领导班子挂职成员由上海市委、区委根据群团工作特点和需求，统一选派各行各业热爱群众工作、有干劲的优秀人才，无须对应干部级别，只转组织关系，不转人事关系；挂职期满由党委组织部门会同群团党组共同考核，作为其返回派出单位后安排工作的重要依据。领导班子兼职成员由有一定参政议政能力的先进模范人物、基层一线代表人士、社会组织带头人担任，在工作决策和实施时，发挥好反映群众诉求、加强民主参与和民主监督的作用。保持群团领导班子成员任期内稳定，选举产生的干部原则上应至少干满一届。

216. 配备街道（乡镇）总工会主席、专职副主席有哪些要求？

街道（乡镇）总工会主席可以按党政同级副职专职配备，也可以由同级党委或人大的副职领导兼任，并配备正科级领导职务专职副主席及专职工会干部；专职配备的街道（乡镇）总工会主席是党员的，应进入同级党的委员会或列席党的委员会会议。

217. 配备经费审查委员会主任有哪些要求？

经费审查委员会是同级工会经费使用的监督机构，《中国工会审计条例》规定：经审会主任按同级工会副职级配备，纳入同级工会领导干部序列。地（市）级以上工会经审会主任应当专职配备。

218. 配备国有企业工会干部有哪些要求？

坚持好干部标准，选拔职工群众工作经验丰富、在职工群众中威信高的同志，推荐作为国企工会领导班子人选。优化国企工会领导班子结构。建立专职、挂职、兼职干部任用制度，各集团工会按专职、挂职、兼职干部各占一定比例配备领导班子，确保配备专职领导。按照《工会法》要求配备专职工会主席，由同级班子成员担任工会主席的，应按不低于企业中层正职配备专职工会副主席。拓宽工会领导班子的来源和发展渠道，推进工会干部与企业经营管理人员双向交流，把工会工作岗位作为培养锻炼企业各类人才和干部的重要平台。非国有控股合资企业要坚持由中方推荐工会主席，并将其纳入领导人员管理范畴。

219. 如何配备国有企业工会工作人员？

国企工会可根据自身实际情况和工作需要，对工作人员设立“2＋1”使用机制（“2”指工会专职、挂职工作人员，“1”指工会志愿者或积极分子）。工会专职工作人员一般按不低于企业职工人数的千分之三配备，具体人数由上级工会、企业工会与企业行政协商确定。建立挂职工作人员选派制度，由企业组织人事部门会同工会，选派优秀人才到工会工作，明确职责任务和履职要求。培育工会志愿者队伍，在开展职工文体活动、帮困互助、技能提升等方面，充分发挥工会积极分子作用。加强班组长、工会小组长及班组安全员等队伍建设，充分发挥其在班组建设和工会工作中的重要基础性作用。上海市有关工会挂兼职人员、志愿者等的管理和待遇，可按照上海市委组织部《关于工青妇机关和基层工作队伍管理实施办法（试行）》（沪委组〔2015〕发字93号）和市人社局、市财政局《关于群团组织挂职、兼职干部及志愿者津补贴试行意见》（沪人社资〔2015〕730号）的规定执行。

220. 怎样选优配强基层工会主席？

选优配强基层工会主席，是有效发挥基层工会作用的基础和关键。要加强对基层工会选举工作的组织领导，始终坚持党的领导，坚持民主集中制，遵循依法规范、公开公正的原则，严格把握候选人产生环节，规范基层工会民主选举程序，真正把政治素质好，知职工、懂职工、爱职工的人选到工会主席岗位上来。要强化激励机制，关心爱护基层工会主席，让他们在政治上有地位、经济上有补贴、履职上有保障、职业上有发展，不断增强工作积极性和职业荣誉感。

221. 关于非公有制企业工会主席履职津贴有哪些规定？

根据上海市总工会《关于非公有制企业兼职工会主席履职津贴实施办法（试行）》的有关规定，为调动非公有制企业工会主席履职的积极性、主动性和创造性，对合资企业中非公有制资本控股企业、私营企业、港澳台商投资企业、外商投资企业以及社会组织等单独工会中的兼职主席，以及联合工会和地区（行业）工会联合会中的兼职主席，在做到履职业绩与考核相挂钩、津贴待遇与履职情况相统一的原则上，按50元至500元每月的标准发放。可根据非公有制企业工会经费上缴、考核档次、工会组织和会员规模等情况制定具体发放标准。

222. 基层工会主席任职的劳动合同期限如何确定？

《工会法》第十八条规定：基层工会专职主席、副主席或者委员自任职之日起，其劳动合同期限自动延长，延长期限相当于其任职期间；非专职主席、副主席或者委员自任职之日起，其尚未履行的劳动合同期限短于任期的，劳动合同期限自动延长至任期期满。但是，任职期间个人严重过失或者达到法定退休年龄的除外。

223. 工会代表进董事会、监事会有哪些规定和要求?

企业设立监事会的，工会代表应作为监事会成员候选人。企业董事会中没有工会代表，董事会研究决定有关劳动报酬、生活福利、安全生产以及劳动保护、社会保险等涉及职工切身利益的问题时，应当事先听取工会的意见，并邀请工会的代表列席会议。董事会研究决定生产经营等重大问题，制定重要的规章制度时，应当听取工会的意见，取得工会的合作。

工会的代表列席董事会会议的费用，通过董事会成员的经费渠道列支。

一般来说，参加或列席董事会的工会代表是工会主席，参加监事会的工会代表是工会副主席。

224. 工会干部专业技术职务的评聘有何规定?

用人单位结合用人需求，根据职称评价结果合理使用专业技术人才，实现职称评价结果与各类专业技术人才聘用、考核、晋升等用人制度的衔接。对于全面实行岗位管理、专业技术人才学术技术水平与岗位职责密切相关的事业单位，一般应在岗位结构比例内开展职称评审。对于不实行岗位管理的单位，以及通用性强、广泛分布在各社会组织的职称系列和新兴职业，可采用评聘分开方式。坚持以用为本，深入分析职业属性、单位性质和岗位特点，合理确定评价与聘用的衔接关系，评以适用、以用促评。健全考核制度，加强聘后管理，在岗位聘用中实现人员能上能下。

225. 什么是社会化工会工作者?

社会化工会工作者，主要是指县级以上地方总工会从社会公开招聘，或通过购买岗位和购买服务等方式，定向选派到乡镇、街道、园区（开发区）工会和县以下区域性（行业性）基层工会联合会，专职从事工会工作的人员。为乡镇、街道、园区（开发区）工会和县以下区域性（行业性）基层工会联合会配备专职工会工作者，是解决目前基层工会“无人干事”问题的有效措施。

226. 什么是工会社会工作专业人才?

工会社会工作专业人才，是指具有一定的社会工作专业理念、知识和技能，面向广大职工提供工会组建、权益维护、争议调处、困难帮扶、就业援助、教育引导、人文关怀、职业发展等方面社会服务的专门人员，是国家社会工作人才队伍的重要组成部分。工会社会工作专业人才包括具备工会工作专业素质能力的工会机关、工会企事业单位人员，工会通过购买岗位和购买服务等方式使用的具备工会社会工作专业素质能力的人员。社会化工会工作者是工会社会工作专业人才队伍的组成部分。

227. 如何建设社会化工会工作者队伍?

按照社会化运作、契约化管理、专业化培训、职业化发展的思路，上海市按照每2000名至3000名会员或30家至50家工会配备一名社会化工会工作者的比例，建立来源广泛、结构合理、能力过硬、素质优良、心系职工的社会化工会工作者队伍。健全完善社会化工会工作者的招聘录用、教育培训、薪酬管理、绩效考核、职务晋升、职业发展等机制，形成工会社会工作专业人才职业体系。

228. 工会社会工作专业职称有何规定?

工会面向职工提供社会服务的岗位，可明确为工会社会工作专业岗位。工会要通过增设、调整岗位等方式，开发设置工会社会工作专业岗位，纳入专业技术岗位管理范围，明确工会社会工作岗位的专业性及其职责任务，建立相应的工会社会工作岗位等级体系，拓宽工会社会工作专业人才的职业发展空间。实行工会社会工作专业技术岗位聘用与社会工作者职业水平评价制度相衔接，规范工会社会工作岗位聘用。

鼓励工会工作专业人才参加全国社会工作者职业水平考试，将取得国家社会工作者水平评价类职业资格证书的工会社会工作专业人才纳入专业技术人员管理范围，实行国家社会工作者水平评价类职业资格与相应系列专业技术职务评聘相衔接，通过考试取得国家社会工作者职业资格证书人员，可根据工作需要，聘用（任）相应级别专业技术职务。

229. 如何打造绝对忠诚党的事业、竭诚服务职工群众的工会干部队伍？

按照习近平总书记提出的“好干部”标准，坚持德才兼备、以德为先，全面加强工会干部队伍建设。把绝对忠诚党的事业、竭诚服务职工群众作为工会干部的价值追求，打开眼界、打开思路、打开胸襟，强化服务意识，提高维权能力，使广大工会干部真正成为党的全心全意为人民服务宗旨的忠实践行者、党的群众路线的坚定执行者、党的群众工作的行家里手。

230. 如何坚持党管干部原则，深化工会干部人事制度改革？

坚持党管干部原则，深化工会干部人事制度改革，应该从以下几个方面着手：

（1）坚持民主、公开、竞争、择优方针，把握科学化、民主化、制度化的正确方向，形成充满活力的选人用人机制，促进优秀人才脱颖而出，推进工会干部知识化、年轻化、专业化；

（2）坚持德才兼备、以德为先用人标准，不断提高选人用人公信度和职工群众满意度；

（3）建立健全主体清晰、程序科学、责任明确的干部选拔任用提名制度，完善公开选拔、竞争上岗等选拔干部方式，推进干部工作信息公开，匡正选人用人风气，形成风清气正的用人环境；

（4）建立和完善工会领导班子和领导干部考核评价机制，形成各有侧重、各具特色的考核内容和考核指标体系；

（5）健全工会干部管理机制，深化干部分类管理改革；

（6）建立工会领导干部问责制度，推进工会干部对外交流及内部轮岗交流；

（7）坚持严格要求与关心爱护相结合，关心工会干部成长，为工会干部开展工作创造良好环境和条件。

231. 如何优化基层工会干部队伍结构?

建设一支专职、兼职、挂职相结合的基层工会干部队伍，不断壮大基层工会工作力量。按照《中国工会章程》的有关规定，配备专职工会主席和工会专职工作人员。通过兼职、挂职副主席和工会干部的方式，优化基层工会干部队伍结构。切实发挥兼职、挂职工会干部作用，健全议事规则，明确职责任务，使兼职、挂职工会干部组织上有身份、工作上有任务、肩膀上有责任。注重在基层一线劳模（先进工作者）和优秀职工中选配工会干部，提高一线职工所占比例，完善基层工会委员会的人员构成。加强工会积极分子和志愿者队伍建设，使其成为基层工会开展工作的积极力量。

232. 如何加强工会的党风廉政建设?

加强工会的党风廉政建设应做到：

（1）必须把加强党性修养、反对腐败、勤政廉政建设作为重大政治任务来抓，切实加强反腐倡廉工作；

（2）加强廉洁从政教育，强化工会干部党性党风党纪观念，领导干部要带头廉洁自律，严格执行党风廉政建设责任制及其他各项规定，自觉约束个人行为，自觉接受群众监督，有效预防腐败；

（3）按照节俭、高效、廉洁的原则，严格公务接待和公务消费，严格经费管理制度，进一步控制办公经费，优化工会经费支出结构，把有限的资金和资源更多地用于为基层、为职工服务；

（4）健全监督机制，开展会务公开工作，进一步加强工会经费、工会资产以及工程项目建设的审查审计监督工作，坚决查处工会经费使用、资产管理运作、工会企事业经营活动中的违法违纪行为；

（5）加强工会组织内党的建设，充分发挥工会党组的领导核心作用、基层党组织的战斗堡垒作用和党员的先锋模范作用。

233. 为什么要加强工会干部教育培训工作?

（1）加强工会干部教育培训是保持工会工作正确政治方向的内在要求。

面对复杂的国际国内形势，必须以习近平新时代中国特色社会主义思想为指导，深入学习习近平总书记系列重要讲话精神，进一步加强工会干部教育培训工作，切实增强政治意识、大局意识、核心意识、看齐意识，增“三性”、去“四化”，始终做到在思想上、政治上、行动上与以习近平同志为核心的党中央保持高度一致，自觉服从服务于党和国家工作大局，坚持走中国特色社会主义工会发展道路，确保工会工作始终沿着正确政治方向前进。

（2）加强工会干部教育培训是做好新形势下职工群众工作的迫切需要。劳动关系和职工队伍的深刻变化，对工会干部的能力素质提出了新的更高要求。加强教育培训工作，能够有效解决工会干部的“本领恐慌”问题，提高干部的能力水平，使工会工作及时有效地回应职工需求，更好地维护和发展职工群众利益，更好地服务职工群众，有效调动职工群众的积极性主动性创造性，增强工会的吸引力、凝聚力、战斗力，组织动员广大职工群众坚定不移跟党走。

（3）加强工会干部教育培训是推动工会工作改革创新的重要保证。推进全面深化改革，完善和发展中国特色社会主义制度，推动国家治理体系和治理能力现代化，给工会工作带来了新机遇，也对工会改革创新提出了新要求。加强教育培训工作，能够使工会干部更加深刻理解中央全面深化改革的精神，提高对工会工作改革创新重要性和紧迫性的认识，以职工群众满意不满意、工会作用发挥充分不充分作为标尺，积极破解工会组织体制、运行机制、活动方式、工作内容、工作制度等方面的突出问题，保障工会工作改革创新，有序推进工会工作。

234. 基层工会主席、副主席的任职培训有何规定？

基层工会主席、副主席，在任职一年内应按规定参加岗位任职资格培训。凡无正当理由未按规定参加岗位资格任职培训的，一般不再作为下届主席、副主席候选人。

235. 乡镇街道、园区（开发区）“小三级”工会干部培训主要有哪些？

乡镇街道、园区（开发区）“小三级”工会干部培训主要有：

（1）乡镇街道、园区（开发区）工会主席、副主席特色培训班；（2）乡镇街道、园区（开发区）“小三级”工会主席初任培训班；（3）世界500强和大中型企业工会主席专题培训班；（4）非公有制企业工会干部网上在线培训班；（5）社会化工会工作者封闭式一个月初任培训班、年度轮训班、特色提高班、职业资格辅导培训班及技能大比武；（6）工会积极分子实训班。

236. 如何推进工会干部教育培训工作的改革与创新?

推进工会干部教育培训工作的改革与创新，可以从以下几个方面着手：

（1）发挥工会大学校作用，全面推进工会干部教育培训理念、内容、方式和体制机制的改革创新。

（2）以岗位培训为基础，以专业人才培训为重点，贯彻理论联系实际、学用一致、按需施教的原则，切实提高工会干部把握大局、学习调研、推进改革、工作创新、群众动员、服务职工、统筹资源、抓好落实的八大本领。切实增强工会干部推动科学发展、促进社会和谐的能力，协调劳动关系、依法维权的能力，善于运用、引导新兴媒体的能力，应对和处置群体性突发事件的能力。

（3）建立自主选学与组织调训相结合的干部参训机制和干部教育培训实效考核评估制度，充分激发干部参加培训的内在动力。

（4）新任工会主席要做到当年上岗当年培训。

（5）切实加大社会化工会工作者、非公有制企业和社会组织工会干部培训工作力度，积极开展远程教育。

（6）认真总结经验，严格教学管理，加强院校建设和师资队伍建设，不断提高教学质量，充分发挥工会干部院校培养造就高素质工会干部的作用。

（7）保证工会干部教育培训经费。

237. 如何改进工会干部培训工作?

改进工会干部培训工作，应从以下几个方面着手：

（1）创新培训的方式方法，综合运用讲授式、研讨式、案例式、模拟式、体验式等教学方法，实现教学相长、学学相长；

（2）用好大数据、“互联网+”等技术手段，把实体培训和网络培训有机结合起来，为广大工会干部特别是基层工会干部提供优质的培训；

（3）增强培训工作的针对性、实效性，聚焦工会干部教育培训的主业主课，教育引导工会干部增强政治意识、大局意识、核心意识、看齐意识，切实做到忠诚、干净、担当，提升工会干部的能力素质。

238. 如何加强基层工会建设的组织领导？

加强基层工会建设的组织领导，应该从以下几个方面着手：

（1）加强统筹谋划。各级工会要站在全局和战略的高度，把加强基层工会建设列入重要议事日程，制定工作规划和具体实施办法，加强统筹协调。

（2）落实领导责任。逐级建立加强基层工会建设工作领导小组，明确各级工会主要领导为第一责任人，形成主要领导亲自抓、分管领导具体抓、职能部门共同抓、一级抓一级、层层抓落实的工作格局。

（3）强化宣传引导。精心培育打造基层工会建设的先进典型，充分发挥示范辐射和带动作用。加强舆论宣传，运用现场会、观摩会、学习交流会和网站、微博、微信、QQ 群等现代传媒手段，不断增强宣传实效，扩大工会工作影响力。

（4）改进工作作风。认真践行党的群众路线，落实“三严三实”要求，加强党风廉政建设，健全完善改进作风、联系基层、服务职工的长效机制，让职工群众真正感到工会是“职工之家”，工会干部是最可信赖的“娘家人”。

239. 基层工会建设的主要任务是什么？

基层工会建设的主要任务是：

（1）教育引导职工。培育和践行社会主义核心价值观，提高职工的道德素养，激发职工奋发向上、崇德向善的正能量。

（2）推动改革发展。引导职工群众拥护支持改革、参与推动改革，夯实全面深化改革的群众基础。

（3）履行维权职责。认真履行维护职工合法权益的基本职责，坚持以职工为本，主动依法科学维权。

（4）协调劳动关系。建立健全科学有效的利益协调机制、诉求表达机制、矛盾调处机制、权益保障机制，推动形成规范有序、公正合理、互利共赢、和谐稳定的社会主义新型劳动关系。

（5）服务职工群众。坚持全心全意为职工服务的宗旨，以服务增强工会组织的吸引力和凝聚力，以服务增强职工群众对工会组织的归属感和认同感。

240. 加强基层工会建设的方法措施有哪些？

加强基层工会建设的方法措施有：

（1）坚持分类指导。坚持从实际出发，在认真履行基本职责的基础上，针对不同性质、不同工作基础、不同组织形式的基层工会，提出不同的工作要求。

（2）完善工作格局。健全完善党委领导、政府支持、工会运作、职工参与、社会协同的工作格局。

（3）强化激励机制。关心爱护基层工会干部，按照有关规定全面落实保障待遇，让他们在政治上有关心、经济上有保障、职业上有发展，增强基层工会干部的积极性及职业荣誉感。

（4）畅通联系渠道。健全完善基层工会向同级党组织和上级工会报告工作制度。

（5）深化建家活动。职工之家建设是加强基层工会建设的本质要求和综合载体。要以职工之家建设为引领，以会员是否满意为基本标准，建立健全基层工会建设综合考核评价体系。

（6）加大经费保障。按照权随责走、费随事转原则，通过转移支付、项目化管理等方式，把工会经费向基层工会倾斜，把更多的资金用在职工身上。

241. 如何加强非公有制企业工会组织建设？

非公有制企业逐步成为社会主义市场经济的重要组成部分，非公有制企业工会组织已成为基层工会的主体。上海市总工会将非公有制企业工会改革作为深化群团改革的重要举措，坚持运用法治思维和法治方式，依法建会、依法管会、依法维权、依法履职，以宝山区顾村镇为试点，实施会员缴纳会费、依靠职工建会、经费向基层倾斜政策、加大“以上代下”维权和服务力度、明确基层工会基本职责、建立社会化工会工作者队伍等改革措施，推动非公有制企业工会建起来、转起来、活起来。主要内容如下：

（1）坚持职工主体地位，拓展依法建会路径。坚持服务为先，实施普惠性服务、精准化服务，激发职工入会愿望。实施职工自愿缴纳会费，强化职工会员意识，以会员会费150%用于直接惠及职工的项目，形成会员和非会员区别效应，变职工“被入会”为“要入会”。推进职工网上入会、企业体制外入会，拓展职工入会渠道，倒逼企业建会。

（2）加强经费使用管理，强化依法管会理念。坚持工会经费向基层和职工倾斜，将80%以上的工会经费用于基层工会。建立镇总工会财务结算中心，实现“上代下”财务集中核算。实行工会经费差异化管理，对不同发展阶段、不同经营状况的企业实施差异化政策，依法催缴企业工会经费。

（3）加强干部队伍建设，提升依法履职能力。建立社会化工会工作者队伍，破解基层工会工作力量薄弱难题，选优配强基层工会主席。建立非公有制兼职工会干部补贴制度，完善工会干部激励机制。加大工会干部培训力度，提高非公有制企业工会干部的履职能力和综合素养。

（4）加强“以上代下”工作力度，增强依法维权实效。合理界定基层工会工作职责，为非公有制企业工会瘦身减负，明确非公有制企业工会主要职责是组织职工、服务职工、协商协调、沟通报告。整合各方资源，打造职工服务阵地。建立“以上代下”维权机制，完善“四位一体”工会维权体系，破解非公有制企业工会不敢维权、不愿维权、不善维权的瓶颈。

242. 如何加强企业和机关事业单位工会组织建设?

企业和机关事业单位工会是基层工会的主体。要适应工业化、信息化、城镇化和农业现代化，依法推进各类企业和机关事业单位普遍建立工会组织，巩固建会成果，提高建会质量。国有及国有控股企业、机关、事业单位工会组建实现全覆盖，职工人数较多、规模以上企业工会组建实现全覆盖。积极推进非公有制企业、社会组织等单位建会工作。切实纠正企业和机关事业单位改革改制中撤销工会或将工会合并到党群工作部门的现象。

243. 如何加强乡镇（街道）、开发区（工业园区）工会建设？

乡镇街道、开发区（工业园区）工会承担地方工会和基层工会双重职责。积极推进乡镇街道、开发区（工业园区）组建工会，已经建立工会工作委员会的，要逐步向工会联合会、总工会等组织形式转变。企业 100 家左右、职工 5000 人左右的乡镇街道、省级以上开发区（工业园区）可以设立总工会，作为一级地方工会组织，履行地方工会领导职责。

244. 如何加强区域性（行业性）工会联合会建设？

根据产业体系、职工队伍的发展变化，按照地域相近、行业相同的原则，建立区域性（行业性）基层工会联合会，实现对中小微企业的全覆盖。工会联合会由专职工作人员和所属基层工会主席组成，也可吸收党委政府相关部门人员参加。联合会原则上至少配备 1 名专职工作人员，会员人数较多的应适当增加配备人数。加强村（社区）工会建设，努力实现对不具备单独建会条件的小微企业和零散就业人员全覆盖。规范联合基层工会组织架构，所辖单位原则上不超过 50 家。按照联合制、代表制原则，规范工会联合会组织架构，使所辖多数基层工会全部进入联合会委员会，增强联合会的代表性。加强对乡镇街道、行业工会联合会工作的指导，发挥其延伸工会工作领域、覆盖各类职工群体的作用。广泛开展“五个一”活动，即每年召开一次会员代表大会、一次职工代表大会，开展一次工资集体协商，举办一次劳动竞赛和一项职工喜闻乐见的文体活动。

245. 如何坚持分类指导，加强基层工会建设？

为加强对不同性质、不同工作基础、不同组织形式的基层工会建设的工作指导，《中华全国总工会关于新形势下加强基层工会建设的意见》提出：

（1）国有企业工会要围绕生产经营搞好服务，保障职工参与管理和监督的民主权利，组织职工为企业改革发展献力献策。

（2）非公有制企业和社会组织工会要围绕建立互利共赢的劳动关系，代表和维护职工合法权益，促进企业和社会组织科学发展、和谐稳定。

（3）机关工会要围绕机关中心工作，开展群众性精神文明创建活动，不断丰富职工精神文化生活。

（4）事业单位工会要围绕深化分类改革、促进事业发展、做好职工思想政治工作，不断提升公益服务水平。

（5）区域性、行业性基层工会联合会要有效指导所属单位工会开展工作，推动区域、行业性维权和服务机制建设。

246. 工会活动方式和工作方法如何适应互联网的发展需要？

为适应互联网发展需要，工会应不断创新工会活动方式和工作方法。

（1）合力打造工会网上工作平台。主动适应信息化和新媒体广泛应用的新趋势，积极整合工会系统网络资源，搭建网上工作平台，开展网上工会工作，让职工群众在网上找到工会组织、参加工会活动、表达利益诉求，形成网上网下深度融合、互联互动的工会工作格局。

（2）实施工会“互联网＋”行动计划，开通工会微博、微信公众号，开发移动客户端，打造“一系统多终端”的工会服务职工网络运行载体，让互联网成为了解职工、贴近职工、联系职工、服务职工的新途径，打开工会联系服务职工群众的新窗口。

（3）大力实施“互联网＋”工会普惠性服务。以会员实名制为基础，打造“互联网＋”工会普惠性服务互动平台，向工会会员发放服务卡，围绕职工医疗、职工就业、职业培训、法律援助、困难帮扶、职工文化等设立服务项目，使服务卡成为广大职工看得见、用得着、信得过的“连心卡”。

（4）按照“会、站、家”（工会、服务站、职工之家）一体化思路，加强职工服务中心和站点建设，形成网上网下相互促进、有机融合的工会服务工作新格局。着力扩大工作覆盖面和服务受众范围，实现工会服务职工从特惠到普惠的转变，实现服务对象全覆盖、服务时间全天候。

247. 工会活动方式和工作方法如何适应职工生活方式的深刻变化？

聚焦职工生活方式的深刻变化，工会活动方式和活动方法应从以下方面改进：

（1）坚持以职工需求为导向。以职工群众为中心，让职工群众当主角，开展形式多样、富有工会特色的活动，提高职工群众的参与度和获得感。把每一个基层工会都建设成为直接联系服务职工群众的基地，把工会组织建设成为职工群众信赖的“职工之家”。

（2）切实改进服务职工的方式方法。坚持统一性服务和差异化服务相结合，充实服务内容，改进服务方式，满足不同职工群体的多样化需求。按照职工的“生物钟”运转工作，开启“错峰服务”模式，在直接服务职工的工会工作站（点）实行错时上下班制度，把工会组织的服务延伸到8小时之外。

（3）建立工会服务职工满意度评价机制。通过对服务对象定期走访、发放征求意见表、进行无记名投票等多种方式，听取意见建议，回应职工诉求，提高服务水平，深入基层和职工，摸排职工需求，制定工会服务职工工作项目清单，明确服务内容和服务标准，为职工群众提供精准服务。

（4）充分发挥工会枢纽型组织的作用。培育孵化工会直接领导的劳动关系领域的社会组织和志愿者队伍，接长工作手臂，拓展服务链条。探索与共青团、妇联等群团基层组织合作建立社会组织，增强群众工作合力。探索通过服务外包、项目外包方式，引入社会力量，为职工提供专业化、高水平的服务。通过项目招标、购买服务等市场化方式，引导社会组织为职工提供专业化的服务。

248. 如何理解职工之家建设是加强基层工会建设的本质要求和综合载体？

把基层工会建设成“职工之家”是党对工会工作的一贯要求。2013年4月28日，习近平总书记专程到全国总工会机关，与全国劳动模范代表座谈，强调要顺应时代要求、适应社会变化，善于创造科学有效的工作方法，让职工群众真正感受到工会是“职工之家”，工会干部是最可信赖的“娘家人”。2013年10月23日，习近平总书记在同全国总工会新一届领导班子集体谈话时强调，工会干部特别是领导干部，要更多到职工群众中去，依靠职工群众开展工作，使工会组织真正成为广大职工群众信赖的“职工之家”。“职工之家”这个称号，形象地体现了我国工会的性质、宗旨和特点，体现了职工群众与工会的密切联系，承载着党对工会的重托，表达了职工群众对工会的期望和信赖。家是温暖的港湾，工会对于职工就应该有“家”一样的温暖、安全和幸福感。基层工会直接面向职工、联系职工、服务职工，基层工会干部同职工群众朝夕相处，工作和生活在一起。整个工会组织要成为“职工之家”，基层工会更应该成为“职工之家”，基层工会干部更应该成为职工群众最亲最近的“娘家人”。

职工之家建设经过 30 多年的发展，从以整顿基层工会组织为重点的“组织整顿建家”、以增强基层工会活力为重点的“深入推进建家”到以履行维护职工合法权益基本职责为重点的“提高水平建家”、以坚持走中国特色社会主义工会发展道路为重点的“创新发展建家”，再到以建成职工信赖的职工之家为重点的“全面深化建家”，建家活动不断向广度和深度发展，工作成效和社会影响力不断增强，成为推进基层工会组织建设的重要载体和工会工作的响亮品牌，受到各级党政的充分肯定、职工群众的广泛欢迎。

职工之家建设是加强基层工会工作的有效途径，是充分发挥工会组织作用的重要抓手，是调动和保护职工群众积极性、创造性的有效方法，是加强工会自身建设、增强基层工会活力、提高工会工作整体水平的综合性载体，是对坚持走中国特色工会发展道路的有益实践。在新时代深入开展建家活动是引导广大职工为实现全面建成小康社会宏伟目标做贡献的需要，是密切党和工会与职工群众联系的需要，是推动建立和谐劳动关系的需要，是提高工会工作整体水平的需要。

249. 开展建家活动的指导思想是什么?

新时代深入开展建家活动的指导思想是：以习近平新时代中国特色社会主义思想为指导，坚持走中国特色社会主义工会发展道路，认真落实“组织起来，切实维权”工会工作方针，紧紧围绕企业、事业单位、机关和其他社会组织的中心任务，推动党的全心全意依靠工人阶级根本指导方针的贯彻落实，依法规范工会基层组织建设，切实履行工会维护职工合法权益的基本职责，努力把工会的重点工作落实到基层，不断增强工会基层组织的凝聚力、吸引力和战斗力，提高基层工会组织的整体水平，促进企业、事业单位、机关和其他社会组织等基层单位的改革发展和谐稳定，为构建社会主义和谐社会，实现全面建成小康社会的宏伟目标做贡献。

250. 开展建家活动应遵循哪些原则?

开展建家活动应遵循以下原则：

（1）坚持服务大局。围绕中心，促进发展，正确把握开展建家活动与推进企业、事业单位、机关和其他社会组织建设发展的关系，把广大职工的智慧和力量凝聚到为搞好企业、事业单位、机关和其他社会组织建设服务上来。

（2）坚持突出维护。围绕工会履行维护职工合法权益的基本职责，把推进工会重点工作的落实，作为建家活动的重要内容。

（3）坚持依靠群众。突出职工群众在建家活动中的主体地位，充分依靠职工群众开展建家活动，把职工和会员群众是否满意作为衡量建家活动成效的主要标准。

（4）坚持创新发展。建家活动要体现时代性、把握规律性、富于创造性，尊重基层的实践，不断赋予建家新内容，拓展新领域，注入新活力。

（5）坚持齐抓共建。努力形成党组织统一领导、行政积极支持、工会具体实施、职工热情参与的合力建家工作格局。

251. 开展建家活动的目标是什么?

开展建家活动的目标是：适应工会依法履行维护职工合法权益基本职责的要求，着力加强调整劳动关系机制建设，突出抓好为职工群众办实事，大力推进基层工会的群众化、民主化、法治化，努力把基层工会建设成为组织健全、维权到位、工作规范、作用明显、职工信赖的“职工之家”。

252. 开展建设职工之家活动的基本内容有哪些?

开展建设职工之家活动的基本内容有：

（1）加强自身建设。加强基层工会建设，应坚持依法建会、依法管会、依法履职、依法维权，以组织建设为基础，以作用发挥为关键，以健全机制为保障，以职工满意为目标，不断扩大覆盖面、增强凝聚力。坚持从工会组织的性质和特点出发，密切联系职工群众，廉洁自律，以建设“六有”工会为标准，健全各项组织制度、民主制度、工作制度，努力把基层工会建设成为职工群众信赖的“职工之家”，把广大基层工会干部锤炼成为听党话、跟党走、职工群众信赖的“娘家人”。

（2）教育引导职工。培育和践行社会主义核心价值观，提高职工的道德素养，激发职工奋发向上、崇德向善的正能量。大力弘扬劳动精神、劳模精神和工人阶级伟大品格，深入开展“中国梦·劳动美”主题教育活动，倡导辛勤劳动、诚实劳动、科学劳动。加强职工思想政治工作，注重对职工的人文关怀、心理疏导和情绪引导，突出做好农民工、青年职工和知识分子等职工群体的思想工作。加强职工文化建设，广泛开展职工文化体育活动，丰富职工精神文化生活。加强普法宣传教育，提高职工法律意识。

（3）推动改革发展。引导职工群众拥护支持改革、参与推动改革，夯实全面深化改革的群众基础。深入开展多种形式的劳动竞赛活动，深化合理化建议、技术攻关、技术革新、发明创造等群众性技术创新活动。加强班组建设，广泛开展“工人先锋号”创建活动。深入实施职工素质建设工程，加大职工职业技能培训力度，建立健全技术工人培养、评价、使用、激励机制，培养造就知识型、技术型、创新型的高素质职工队伍。

（4）履行维权职责。认真履行维护职工合法权益的基本职责，坚持以职工为本，主动依法科学维权。紧紧围绕职工最关心最直接最现实的利益问题、最困难最操心最忧虑的实际问题，以一线职工、农民工、困难职工等为重点群体，以劳动就业、技能培训、收入分配、社会保障、安全卫生等为重点领域，切实维护好广大职工的各项合法权益。坚持维权与维稳相统一，引导职工依法理性表达利益诉求，维护职工队伍和社会和谐稳定。

（5）协调劳动关系。建立健全科学有效的利益协调机制、诉求表达机制、矛盾调处机制、权益保障机制，推动形成规范有序、公正合理、互利共赢、和谐稳定的社会主义新型劳动关系。引导企业开展创建和谐劳动关系活动，依法推动企业普遍开展工资集体协商，促进基础扎实、条件成熟的行业建立集体协商制度。建立健全以职代会为基本形式的企事业单位民主管理制度、厂务公开制度和职工董事职工监事制度。加强劳动争议特别是集体劳动争议调处工作。深入开展“安康杯”竞赛活动，改善劳动安全卫生条件，保障职工群众生命安全和健康权益。

（6）服务职工群众。坚持全心全意为职工服务的宗旨，以服务增强工会组织的吸引力和凝聚力，以服务增强职工群众对工会组织的归属感和认同感。深化“面对面、心贴心、实打实服务职工在基层”活动长效机制，积极为职工办实事、做好事、解难事。加快构建服务职工工作体系，按照“会、站、家”一体化的思路，把组建工会、创办职工帮扶服务中心、建设“职工之家”统一起来，着力打造基层服务型工会。大力推行会员普惠制，加大投入、创新方式、完善机制，使全体会员都能享受到工会组织提供的实实在在的服务。探索向职工服务类社会组织购买服务，推进项目制、订单式、社会化服务方式。

253. 申报评选模范职工之家对象有哪些要求？

模范职工之家的申报评选对象为基层工会委员会，区域性、行业性基层工会联合会以及乡镇（街道）、园区（开发区）总工会。申报全国模范职工之家的单位须是省（区、市）级模范职工之家，申报上海市模范职工之家的单位须是上海市各区局（产业）工会先进职工之家。特大型企业集团工会申报全国、上海市模范职工之家，其二级单位中获上海市级以上模范职工之家、上海市各区局（产业）先进职工之家称号的需达到60%以上。

254. 如何理解模范职工之家创建、申报、考核、表彰、复查等制度？

模范职工之家创建、申报、考核、表彰、复查等贯穿于建家活动全过程，是一整套环环相扣的流程，是对基层工会工作完整的考评激励体系。建立模范职工之家创建、申报、考核、表彰、复查等制度是建家活动制度化、规范化的重要体现，是激发建家活力、推动基层工会广泛深入开展建家活动的必然要求。

上海市总工会开展了上海市级模范职工之家的复查评估工作，探索建立模范职工之家退出机制。通过定期开展复查，对会员不满意的，提出限期整改要求；逾期未改或经整改仍达不到要求的，撤销其荣誉称号。

255. 如何理解联合职工之家、网上职工之家建设？

联合职工之家、网上职工之家是新形势下建家方式方法的创新，是职工之家建设与时俱进、常建常新的生动体现。

联合职工之家建设，是突破单一基层工会建家的传统模式，以区域性、行业性工会联合会为主体，联合其所属基层工会组织和会员共同开展建家活动的一种建家新形式。联合职工之家的建立，拓宽了建家领域，扩大了建家范围，实现了建家活动更广泛地向小型非公有制企业工会覆盖的转变，有利于实现职工之家建设与区域性（行业性）基层工会联合会建设、发挥作用的“双促进”“双覆盖”，不断提高基层工会联合会和小型非公有制企业工会的工作水平。

网上职工之家是基层工会充分利用网站、微博、微信、QQ 群等网络手段，搭建职工交流学习、反映诉求的平台，建立工会信息化的运行机制和活动方式。网上职工之家建设能够畅通工会服务职工群众的渠道，有效激发职工群众参与建家的热情，推动基层工会充分发挥作用。

256. 如何认识会员评家的重要意义？

会员评家，是指由会员评议基层工会开展工作、建设职工之家情况，评议工会主席、副主席的履行职责情况。会员评家是全国总工会为推进基层工会群众化民主化建设，激发基层工会活力，切实增强工会组织的凝聚力和吸引力，提高基层工会工作整体水平而开展的一项活动。

（1）会员评家是加强基层工会民主建设的重要内容。党对加强社会主义基层民主建设作出了部署，对基层工会民主建设提出了新的要求。工会本身应是民主的模范。开展会员评家活动，有利于加强基层工会民主建设，发扬会员民主，保障会员知情权、参与权、监督权的落实。

（2）会员评家是密切工会与会员群众联系的客观需要。当前，基层工会工作与党中央的新要求、职工群众的新期待还有一定距离。一些基层工会存在民主制度不健全、会员主体作用发挥不充分等问题。在会员评家中加强民主制度建设，有利于坚持完善会员（代表）大会制度和会员代表常任制，实行会务公开，推进基层工会决策的民主化科学化。

（3）会员评家是推进建设职工之家深入发展的有效机制。会员满意度是衡量基层工会工作和建设职工之家成效的根本标准。广泛开展会员评家活动，有利于创新建设职工之家工作机制，充分调动会员群众参与工会活动的热情，使基层工会工作更加富有生机和活力。

257. 会员评家的基本内容有哪些?

会员评家的基本内容包括六个方面：健全组织体系，促进科学发展，履行维权职责，实施素质工程，服务职工群众，加强自身建设。基层工会可依据《中华全国总工会关于开展会员评议职工之家活动的意见》，做好细化工作，确保评家工作在细中求落实、在细中求发展。

258. 会员评家的方式方法有哪些要求?

在具体实施评议职工之家的过程中，基层工会应从以下五个方面做好工作：

（1）在同级党组织领导和上级工会指导下，通过召开会员（代表）大会进行会员评家，每年至少评议一次。

（2）会员评家主要评议基层工会开展工作、建设职工之家情况，评议工会主席（副主席）履行职责情况。

（3）会员评家前应将评议内容、评议标准告知会员，做好组织发动和准备工作，并向上级工会报告。

（4）工会主席（副主席）在会员（代表）大会上报告工会工作及建设职工之家情况，并就个人履行职责情况进行述职。会员（代表）在对工会工作、建设职工之家情况和工会主席（副主席）进行民主评议的基础上，以无记名投票方式进行测评。测评可分为满意、基本满意和不满意三个等次，当场公开民主测评结果。

（5）会员评家的结果应报同级党组织和上一级工会，并作为考核基层工会工作和工会主席（副主席）的重要依据。对会员群众民主评议、民主测评反映的突出问题，该基层工会应向会员（代表）群众反馈整改措施。

259. 开展会员评家有哪些激励与约束措施?

（1）应把会员民主测评满意等次作为评价基层工会工作和评选先进的依据。对获得满意等次的基层工会和工会主席（副主席），可作为推荐申报本级或上级各类先进集体、先进个人的依据；对连续三年以上获得满意等次模范职工之家的基层工会和工会主席（副主席），可作为推荐申报本地或上级“五一劳动奖状”“五一劳动奖章”的依据。目前上海市总工会对年度会员评议满意的、曾获得市级及以上模范职工之家、优秀工会工作者等荣誉称号的非公有制经济兼职工会主席，每月给予200元的工作补贴。

（2）对会员民主测评不满意的基层工会，限其一年内进行整改；会员仍不满意的，对已获得合格、先进、模范职工之家称号的，上级工会可撤销其称号。对会员测评不满意的工会主席（副主席），所在单位党组织和上级工会应在核实的基础上对其进行诫勉谈话；连续两年会员仍不满意的，应按照工会章程和有关规定程序对工会主席（副主席）进行调整。

（3）基层单位及其党政负责人拟推荐申报工会系统评选表彰的各类先进，会员评家必须达到满意等次。

260. 建设职工小家有哪些基本要求、基本内容和关键环节？

建设职工小家是车间、班组（科室）开展的建设职工之家活动。广泛开展建设职工小家活动，是建家活动的延伸和发展，是加强工会分会和工会小组建设的有效形式和方法。

建设职工小家的基本要求有：

（1）加强工会分会、工会小组建设，由会员直接选举工会分会负责人和工会小组长，建立一支热心为职工群众服务的积极分子队伍。

（2）建立健全班组民主管理、民主参与、民主监督制度，定期召开民主管理会议，坚持各项公开制度，积极反映职工群众的意愿和要求。

（3）发扬团结友爱和集体主义精神，搞好互助互济，帮助职工解决实际困难。

（4）组织职工进行政治业务学习，不断提高思想觉悟和职业技能，开展群众性经济技术创新活动，努力完成生产工作任务。

（5）严格监督执行各项安全生产、劳动保护制度，不断改善职工生产工作环境，做好女职工特殊权益保护工作。

（6）加强职工小家阵地建设，因地制宜，开展形式多样、丰富多彩的文体活动，满足职工的精神文化需求。

建设职工小家的基本内容有：（1）建立民主管理制度。建设职工小家，就是要调动职工群众的生产积极性，培养职工群众的主人翁责任感。为此，要建立健全以工会小组长和民主管理员进行考核的班组民主管理机构和民主管理等制度，坚持各项制度公开，使奖金分配权、民主评议权、重大问题审议权等落实到车间（科室）和班组。通过建设职工小家，使职工直接参与民主管理，培养职工热爱企业、关心企业的良好氛围。

（2）加强思想工作和生活互助。建设职工小家要体现群众性的特点，充分发挥工会小组中的党员、团员和党小组长、班组长、工会小组长的作用，促进职工群众间的相互影响、相互启发和相互学习。要通过小组生活会、班组民主会、讲评会等各种群众自我教育的民主管理形式，沟通思想，化解矛盾，建设团结、和谐、友爱的集体。

（3）建设优美的生产生活环境。职工小家是职工群众的“第二家庭”，是职工工作、学习、活动的场所。建设职工小家，要在企业、事业和机关单位现有条件下，通过会员自己动手，自力更生，改善环境，修整休息室，建设活动室、活动角，改善生产、工作和休息条件，营造舒适、整洁、温暖、优美的环境，增强职工小家的吸引力。

建设职工小家的关键环节有：（1）搞好宣传教育。建设职工小家是一项涉及面广、难度大的工作。要通过学习典型、借鉴经验和沟通讨论，提高工会干部对建设职工小家的认识，克服不理解和畏难情绪。要宣传好建设职工小家活动对车间（科室）、班组建设等方面的积极作用，争取党政领导的支持。要通过形式多样、深入浅出的教育，提高广大职工参与建家的积极性。

（2）抓好组织建设。要把工会小组建设好，重要的是调整选配好班组长、工会小组长及班组的组织员、宣传员、民管员、安全员等“几大员”，形成建家领导核心，从组织上保证建设职工小家活动的顺利开展。

（3）严格考核验收。要健全考核细则和激励机制，坚持考核验收制度，使建设职工小家活动有章可循，不断创新发展。要采取车间（科室）工会分会、班组工会小组自检和集中检查等方式，定期对职工小家建设进行考核、检查、验收，经验收合格的职工小家要予以颁发荣誉证书。

261. 模范职工小家的申报评选对象有哪些要求?

模范职工小家的申报评选对象是基层工会委员会下属的分厂、车间（科室）、班组工会分会（小组）。上海市各级工会申报全国、市级模范职工小家，须分别具有上海市、区局（产业）模范（先进）职工小家称号。申报条件主要有：

（1）有效服务职工。密切联系职工群众，认真听取职工诉求，为职工排忧解难。立足实际改善职工的生产条件、工作和休息环境。职工小家团结友爱、温馨和谐。

（2）日常工作活跃。能够结合实际情况，因地制宜地开展形式多样的文体活动，不断丰富职工业余文化生活。积极协助有关部门组织职工开展政治、文化、业务学习，有序带领职工参加劳动竞赛和合理化建议等活动。

（3）重视自身建设。能够民主选举工会小组长（分会主席），落实会员民主权利，调动职工群众的积极性。建立健全日常工作和活动制度，各项基础工作扎实，能够及时发展工会会员，按时收缴工会会费。职工对工会小组工作满意率 90% 以上。

262. 优秀工会工作者的评选申报对象有哪些要求?

优秀工会工作者的评选申报对象是基层工会专兼挂职干部、各级工会领导机关处级（含）以下干部以及各地向社会公开招聘的社会化工会工作者。其中，各级工会领导机关处（含）以下干部的比例不超过 15%，厅局级干部不作为申报评选对象。申报评选条件为：

（1）认真学习实践中国特色社会主义工会发展道路，学习工会业务知识，政治业务素质强。

（2）热爱工会工作，忠于职守、勤奋工作、廉洁奉公、顾全大局、维护团结，在本职岗位上做出显著成绩。

（3）服务职工群众，积极帮助职工解决实际困难，主动依法科学维护职工合法权益。

（4）作风民主，密切联系职工群众，自觉接受批评监督。

263. 优秀工会积极分子和优秀工会之友的评选申报对象分别有哪些？

优秀工会积极分子的推荐申报对象为基层工会会员代表，热心从事工会工作的骨干。优秀工会之友的推荐申报对象为高度重视支持工会工作的处级（含）以下各级党政领导干部。

264. 如何理解“会、站、家”一体化建设？

推进“会、站、家”一体化，是加强服务职工工作体系建设的重要内容，是全国总工会十六届二次执委会议作出的工作部署。其主要内容是，把组建工会、创办职工帮扶服务中心、建设职工之家统一起来，为职工提供解忧愁、利发展、有实效、高水平的服务，把工会打造成枢纽型社会组织，把每一个基层工会都建设成直接为职工群众提供服务的基地，成为体现工会服务职工作风和作用的窗口。

加强“会、站、家”一体化建设，将有利于整合工会资源优势，延伸服务职工工作链条，推动职工之家实体化建设，进而形成工会联系职工、服务职工的长效机制和载体平台，更好地维护和实现职工群众的合法权益，推动建立和谐稳定的劳动关系。

265. 什么是“六有”工会？

新形势下加强基层工会建设，要坚持从工会组织的性质和特点出发，努力建设“六有”工会：

一是有依法选举的工会主席，建设心系职工、善于维权、开拓进取的骨干队伍；

二是有独立健全的组织机构，完善工会委员会、经费审查委员会、女职工委员会等组织；

三是有服务职工的活动载体，满足职工的多样化需求；

四是有健全完善的制度机制，实现工会工作的群众化、民主化、制度化、法制化；

五是有自主管理的工会经费，真正用于服务职工和工会活动；

六是有会员满意的工作绩效，切实让职工群众感受到工会是“职工之家”。

266. 什么是“双争”活动？“双争”活动的总体要求是什么？“双争”活动的具体内容有哪些？

“双争”活动是全国总工会为进一步加强基层工会建设，激发基层工会活力，发挥基层工会作用，决定在全国基层工会广泛开展“争创模范职工之家、争做职工信赖‘娘家人’”活动的简称。

“双争”活动的总体要求是紧紧围绕“四个全面”战略布局，认真贯彻习近平总书记关于加强基层工会建设“三个着力”重要指示，以加强基层工会建设为契机，通过开展“双争”活动，促进工会组织覆盖面明显扩大，服务职工能力明显提高，工会干部队伍素质明显提升，工会组织吸引力、凝聚力、战斗力明显增强，推动工会工作再上新台阶，让职工群众真正感受到工会是“职工之家”，工会干部是最可信赖的“娘家人”。

在“双争”活动中，各基层工会要立足基层工会职能，围绕七个方面加强和推进基层工会工作。

（1）做依法规范建会的模范；（2）做组织服务农民工的模范；（3）做教育引导职工群众的模范；（4）做团结动员职工群众建功立业的模范；（5）做维护职工合法权益的模范；（6）做服务职工群众的模范；（7）做“绝对忠诚党的事业、竭诚服务职工群众”的模范。

267. 什么是“双亮”？实施“双亮”的意义是什么？

“双亮”即“工会组织亮牌子、工会主席亮身份”，是全国总工会关于在企业工会实施“工会组织亮牌子、工会主席亮身份”的简称。全国总工会认为，在企业工会特别是非公有制企业工会实施“双亮”，对于提升其规范化建设水平，充分发挥其作用，促进工会工作固本强基具有重要意义。

（1）实施“双亮”是推动企业工会特别是非公有制企业工会规范化建设的客观要求，有利于职工群众进一步认识和了解工会，密切工会与职工群众的联系，逐步提升规范化建设水平。

（2）实施“双亮”是破解非公有制企业工会建设难题的实践创造，有利于从工会工作全局上夯实非公有制企业工会建设的基础，提高非公有制企业工会建设的整体水平。

（3）实施“双亮”有利于促进企业工会干部作风的转变，有利于加强和改进工会干部工作作风、树立工会组织良好形象，不断提高职工群众对工会组织和工会干部的认知度和信任感。

268. 实施“双亮”的基本要求是什么？

（1）工会组织亮牌子。企业工会要在企业门面或工会办公地点悬挂与企业名称相对应的工会组织牌匾。牌匾一般由企业工会自行制作，也可由上级工会统一配发。工会办公地点应在企业宣传橱窗、厂务公开栏、会务公开栏、企业网站、职工食堂等一处或多处明显位置公布。

（2）工会主席亮身份。企业工会主席、副主席要以佩戴胸卡、戴牌上岗、印发联系卡、设置办公桌牌等一种或多种形式亮出身份。在企业宣传橱窗、厂务公开栏、会务公开栏、企业网站、职工食堂等一处或多处显眼位置公布工会主席、副主席办公电话、手机号码等联系方式。工会换届选举后或工会主席、副主席人员变动时，要及时更新其信息。

二

工作流程模板

（一）流程

基层工会组建流程示意图

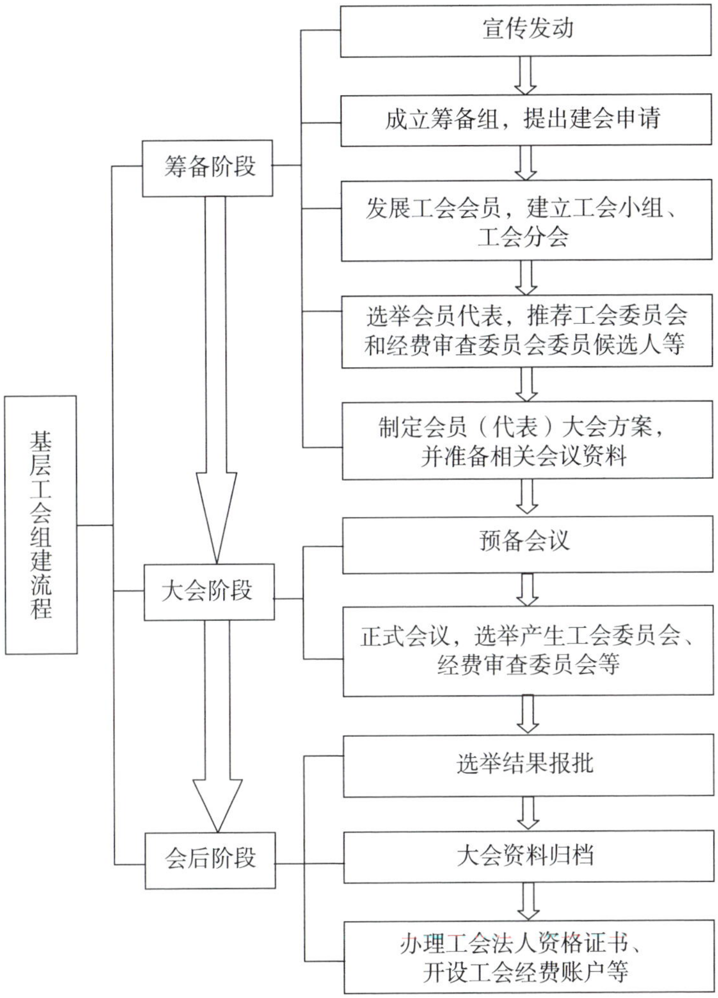

企业体制外入会流程示意图

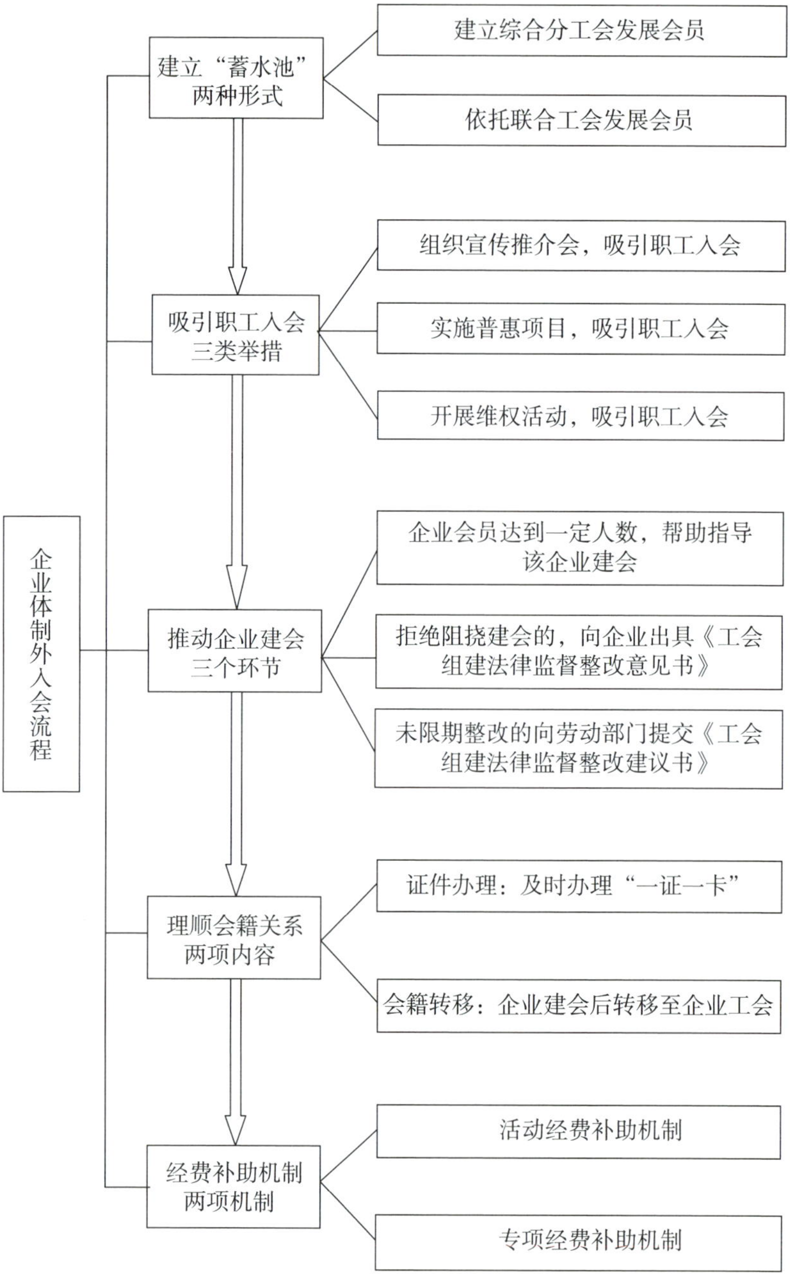

网上入会工作流程示意图

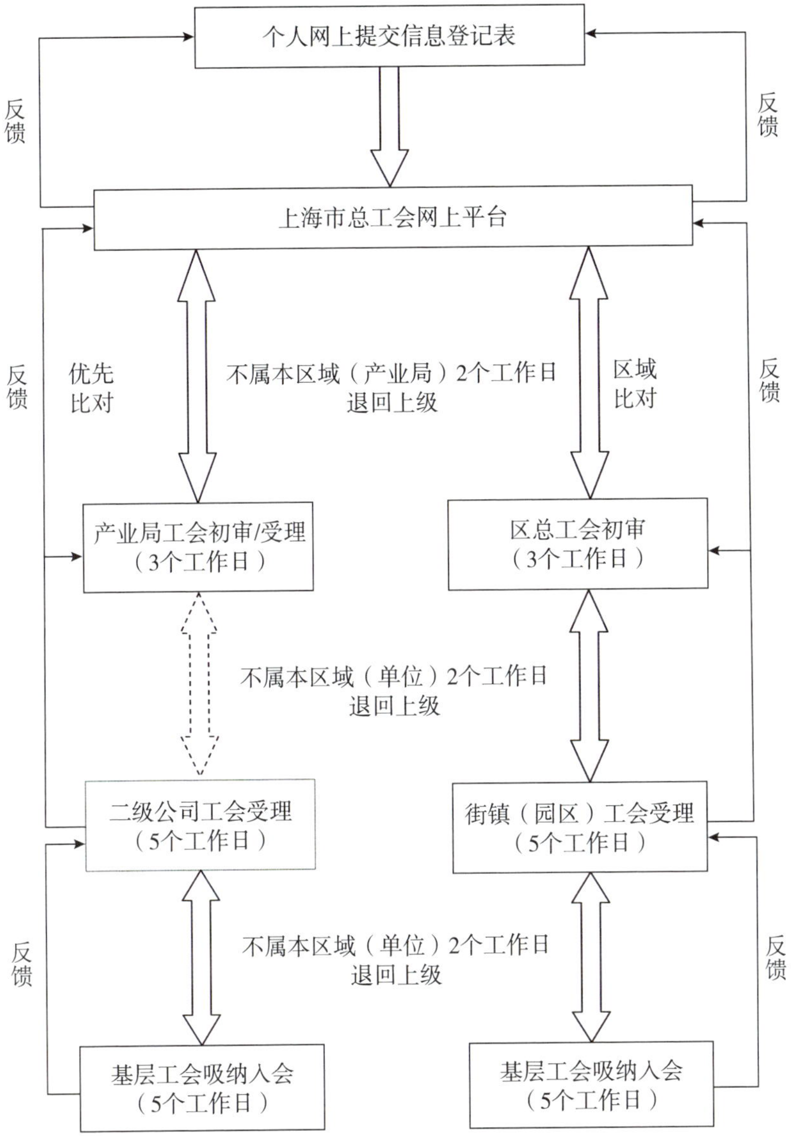

工会会员会籍取得与管理工作流程示意图

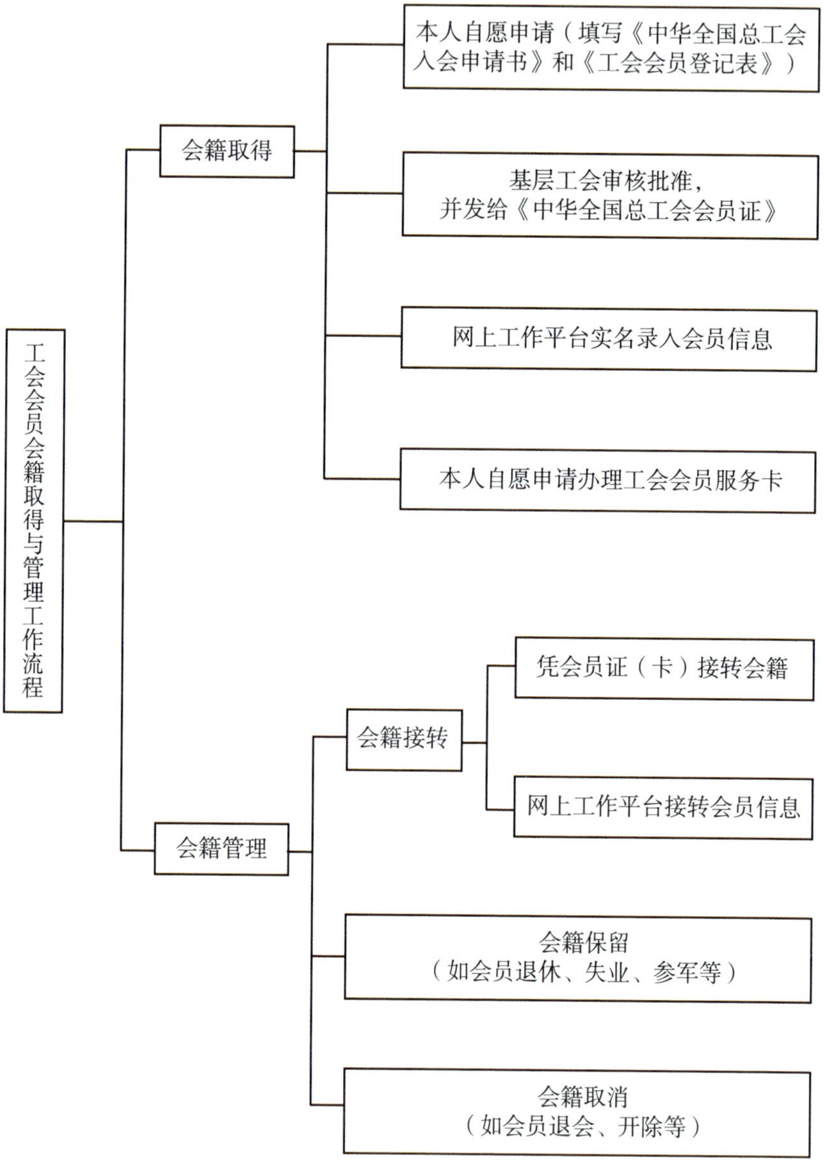

换届选举工作流程示意图

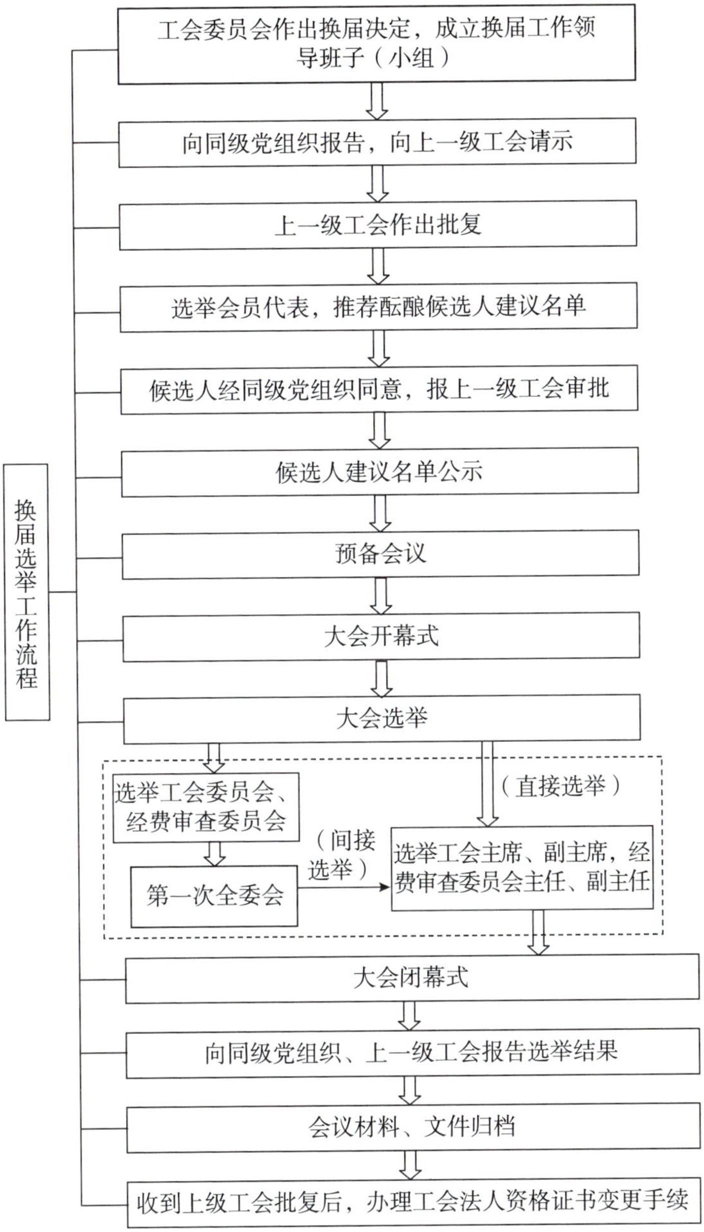

大会选举工作流程示意图

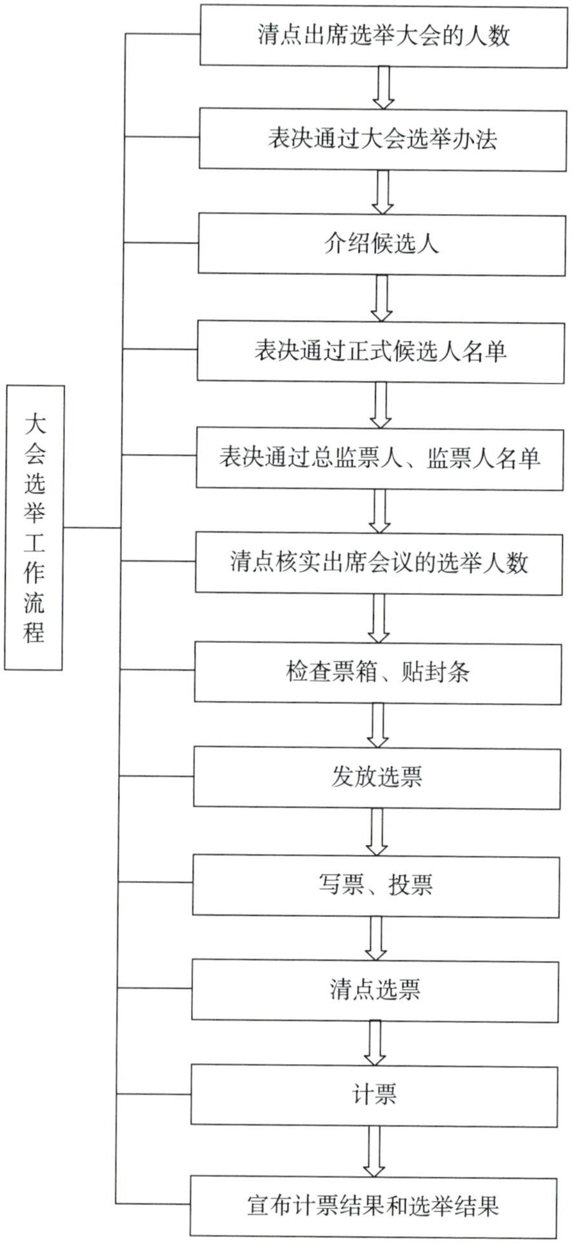

“两委”委员候选人产生流程示意图

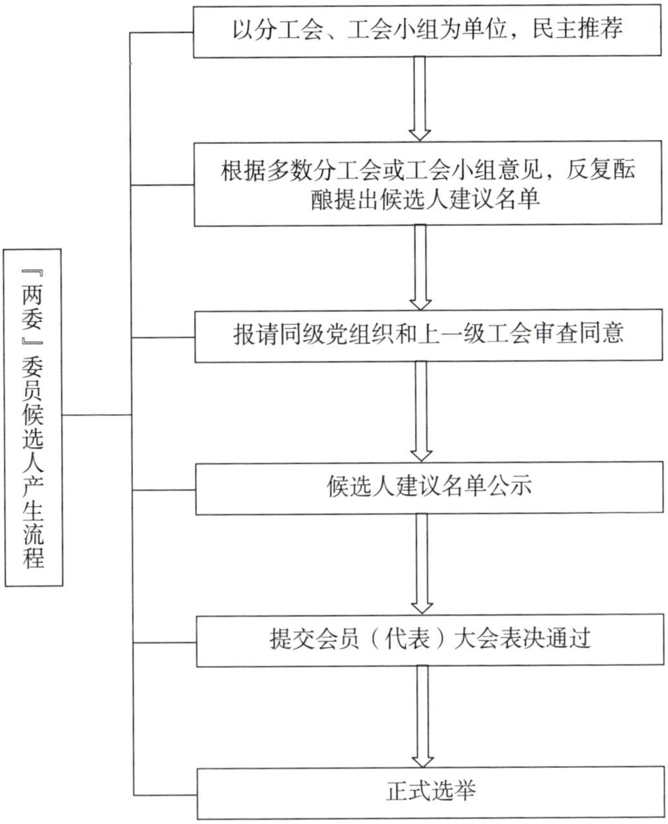

（二）模板

工会组建

关于组建××（单位）工会的请示

××（上一级工会）：

××（单位）成立于××××年××月，地址在××路××号，是××性质（单位），主营业务××××××。××（单位）现有员工××人，其中女员工××人。

根据《工会法》和《中国工会章程》有关规定，为促进××（单位）健康发展，维护职工合法权益，根据广大职工要求，经党组织同意，现申请组建××（单位）工会组织。

为做好组建工作，拟成立工会筹备组。

组长：

××，性别，政治面貌，出生年月，学历，现任职务；

成员：

××，性别，政治面貌，出生年月，学历，现任职务；

××，性别，政治面貌，出生年月，学历，现任职务；

××，性别，政治面貌，出生年月，学历，现任职务；

××，性别，政治面貌，出生年月，学历，现任职务。

以上请示当否，请批复。

××工会筹备组（代章）

××××年××月××日

联系人：××　电话：×××××××××××

关于同意组建××（单位）工会的批复

××工会筹备组：

《关于组建××（单位）工会的请示》收悉。经研究：

一、同意组建××（单位）工会；

二、同意××为筹备组组长，××、××、××、××为筹备组成员。

请按《工会法》《中国工会章程》等有关规定，认真做好各项筹备工作。

××（上一级工会）

××××年××月××日

中华全国总工会入会申请书

我自愿加入中华全国总工会，遵守工会章程，执行工会决议，积极参加工会活动，为全面建成小康社会、把我国建设成为富强民主文明和谐美丽的社会主义现代化国家、实现中华民族伟大复兴的中国梦而奋斗。

申请人：

××××年××月××日

工会会员登记表

填表日期：　　年　　月　　日

姓名		性别		民族	
学历		学位		政治面貌	
身份证号码				联系电话	
户口所在地					
现居住地					
工作单位及职务					
个人工作简历					
家庭主要成员以及联系方式					
有何特长					
工会基层委员会意见	（盖章） 年　月　日				
备注	（注：该同志于　年　月　日因　转出会员关系）				

中华全国总工会制

中华全国总工会会员证

（封皮）

（首页）

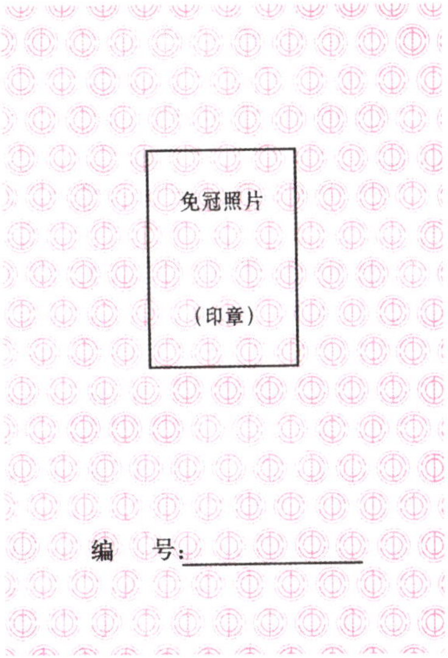
免冠照片

（印章）

编　号：________

（个人信息页）

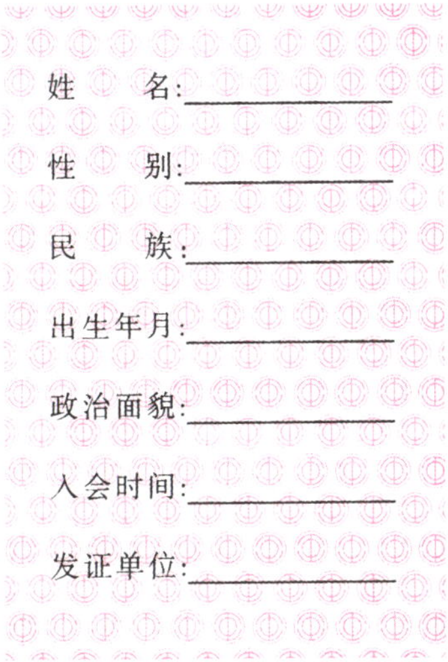
姓　　名：________

性　　别：________

民　　族：________

出生年月：________

政治面貌：________

入会时间：________

发证单位：________

（工会组织关系接转）

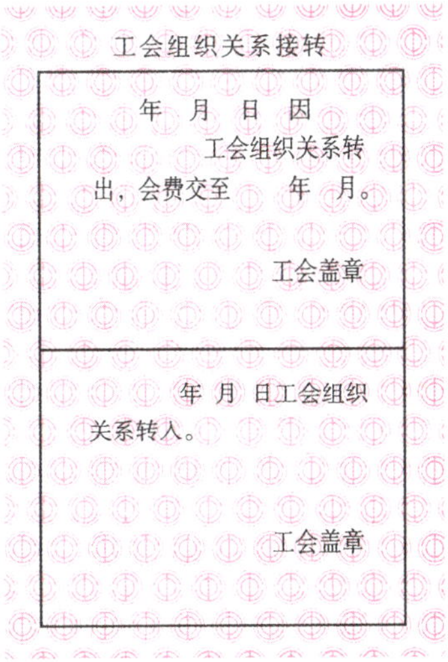
工会组织关系接转

年　月　日　因　　工会组织关系转出，会费交至　　年　月。

工会盖章

年　月　日工会组织关系转入。

工会盖章

（保留恢复会籍）

保留恢复会籍

<table>
<tr><td>年　月　因
保留会籍。

工会盖章</td></tr>
<tr><td>年　月
恢复会籍。

工会盖章</td></tr>
</table>

（会员的权利）

会员的权利

（一）选举权、被选举权和表决权。

（二）对工会工作进行监督，提出意见和建议，要求撤换或者罢免不称职的工会工作人员。

（三）对国家和社会生活问题及本单位工作提出批评与建议，要求工会组织向有关方面如实反映。

（四）在合法权益受到侵犯时，要求工会给予保护。

（五）工会提供的文化、教育、体育、旅游、疗休养、互助保障、生活救助、法律服务、就业服务等优惠待遇；工会给予的各种奖励。

（六）在工会会议和工会媒体上，参加关于工会工作和职工关心问题的讨论。

（会员的义务）

会员的义务

（一）认真学习贯彻习近平新时代中国特色社会主义思想，学习政治、经济、文化、法律、科学、技术和工会基本知识等。

（二）积极参加民主管理，努力完成生产和工作任务，立足本职岗位建功立业。

（三）遵守宪法和法律，践行社会主义核心价值观，弘扬中华民族传统美德，恪守社会公德、职业道德、家庭美德、个人品德，遵守劳动纪律。

（四）正确处理国家、集体、个人三者利益关系，向危害国家、社会利益的行为作斗争。

（五）维护中国工人阶级和工会组织的团结统一，发扬阶级友爱，搞好互助互济。

（六）遵守工会章程，执行工会决议，参加工会活动，按月交纳会费。

（使用说明）

使用说明

1．本证用作会员身份证明、会员关系接转凭证。会员组织关系发生变动，由基层工会在有关栏目内登记并加盖公章。

2．本证应妥善保管，如果遗失，应及时申请补办。

3．本证只限会员本人使用，不得转借他人。

4．本证由全国总工会组织部监制，各省、自治区、直辖市总工会印制、颁发。

中华全国总工会组织部

会员（代表）大会

××工会第N届第M次会员（代表）大会议程

一、听取和审议××工会委员会的工作报告；

二、审议××工会委员会的财务工作报告；

三、审议××工会经费审查委员会的工作报告；

四、开展会员评家；

五、其他相关工作（如有关人事变动事项、选举上一级工代会代表等）；

六、领导讲话。

××工会第N届委员会的工作报告

各位代表、同志们：

我受××工会第N届委员会的委托，向各位代表作工作报告。

一、工作回顾，取得成绩

……

二、存在问题，分析原因

……

三、工作体会，今后打算

……

“会员评家”测评表

测评项目	主要内容	满意	基本满意	不满意
健全组织体系	依法民主选举工会主席；基层工会委员会、经费审查委员会、女职工委员会组织健全，加强专兼职工会干部、积极分子队伍建设；建立工会独立账户，工会经费使用规范，职工入会率90%以上，会员会籍管理规范；依法进行工会法人资格登记。			
促进科学发展	深入开展立功竞赛，推动单位持续发展；广泛开展合理化建立、技术革新、技术协作和发明创造等群众性经济技术创新活动，激发职工创新活力；选树先进典型，注重培育劳模（职工、技师）创新工作室。			
履行维权职责	坚持和完善职工代表大会为基本形式的民主管理制度，推进厂务公开，落实职工代表大会各项职权；建立集体协商制度，协商解决涉及职工切身利益的重大问题；依法调处劳动争议，提供法律援助，构建和谐劳动关系；协助和督促行政落实国家各项涉及职工权益的法律法规。			
提高职工素质	发挥工会“大学校”作用，开展主题教育活动；弘扬劳模精神、工匠精神，以社会主义核心价值观引领职工；加强职工教育培训和技能竞赛，提高职工整体素质。			
服务职工群众	关切职工需求，倾听职工呼声，反映职工意愿；积极开展帮困送温暖，为职工排忧解难，落实服务职工实事项目。			

续表

测评项目	主要内容	满意	基本满意	不满意
加强自身建设	坚持民主集中制，廉洁自律，密切联系职工群众；有工作计划和活动纪律；有工会工作报告、委员会议事、工会与行政沟通、联系服务职工、工会学习培训等制度；每年召开会员代表大会，开展会员评家工作，接受群众监督。			
总体评价				
对工会工作的意见和建议				

填写说明：

1. 本次测评采取无记名方式，请根据测评内容，在“满意、基本满意、不满意”三项中任选一项，并在相对应的栏内打“√”；

2. 测评表一律用钢笔或水笔填写，不能用铅笔，涂改无效；

3. “意见和建议”栏可自愿填写。

工会主席民主测评表

测评内容	满意	基本满意	不满意
政治思想品德及廉洁自律情况			
完成年度建家计划及其他工会工作情况			
工会业务熟练程度及组织协调沟通能力			
维护职工合法权益，为会员群众说话、办事、服务情况			
总体评价			
对工会主席的意见和建议			

填写说明：

1. 测评采取无记名方式，请根据测评内容，在“满意、基本满意、不满意”三项中任选一项，并在相对应的栏内打“√”；

2. 测评表一律用钢笔或水笔填写，不能用铅笔，涂改无效；

3. “意见和建议”栏可自愿填写。

“会员评家”结果汇总表

××（单位）工会会员（代表）大会应到会员（代表）××名，实际到会××名，发出“会员评家”民主测评表××张，收回××张，其中有效票××张，无效票××张；发出工会主席民主测评表××张，收回××张，其中有效票××张，无效票××张。现将测评情况汇总如下：

测评对象	测评内容	满意票数	基本满意票数	不满意票数
会员评家总体评价	工会工作			
	所占比例（%）			
工会主席总体评价	履职情况			
	所占比例（%）			
备　注	1. 本表汇总总体评价得票情况，其他各分项测评得票情况不作统计，仅供分析和查找不足时提供参考依据； 2. 工会委员不得担任会员评家工作的监票员、计票员。			

监票员签名：

计票员签名：

工会（盖章）：

工会选举会前

关于召开××（单位）工会第N届第一次会员（代表）大会的请示

××（上一级工会）：

根据《工会法》《中国工会章程》《工会基层组织选举工作条例》的规定和××（上级工会）的要求，经××××（筹备组名称）会议讨论，拟定于××××年××月召开××工会第N届第一次会员（代表）大会。现将有关事项请示如下。

一、大会的指导思想和任务

（略）

二、主要议程

1. 审议并通过××工会第（N-1）届委员会的工作报告；

2. 审议并通过××工会第（N-1）届委员会的财务工作报告；

3. 审议并通过××工会第（N-1）届经费审查委员会的工作报告；

4. 选举产生××工会第N届委员会；

5. 选举产生××工会第N届经费审查委员会。

三、大会代表的名额、条件、结构及产生办法（仅适用于会员代表大会）

1. 代表名额

截至××××年××月，××（单位）共有工会会员×××人。根据全国总工会有关规定，××（单位）工会第N届第一次代表大会代表拟定为××名，特邀代表为××名、列席代表为××名。

2. 代表条件

拥护党的路线方针政策，遵守国家的法律法规，为××省（自治区、直辖市）和××（单位）经济社会发展作出成绩；热爱工会工作，善于倾听职工群众意见，热心为职工群众服务，受到职工群众信任和拥护；有一定的议事能力和工作水平，能较好地履行代表职责的工会会员。

3. 代表结构

根据全国总工会的有关规定和我单位的实际，代表结构拟定为：工会工作者××名，占××%；一线职工××名，占××%，科技人员××名，占

××%，党政领导××名，占××%。其中，女职工、劳模（先进工作者）代表占适当比例。

4. 代表产生办法

会员代表以分公司（分厂、车间、科室等）工会或工会小组为单位，由会员民主选举产生。代表候选人要反复酝酿，充分讨论，按照不低于15%的差额率确定代表候选人预备人选；报××（单位）工会审核同意后，采用无记名投票方式差额选举产生代表。

代表选举工作在××月××日前完成。

特邀代表、列席代表具体由××（单位）工会根据工作需要与有关方面协商确定。

四、××工会委员会、经费审查委员会的任期、委员名额、条件及产生办法

1. 工会委员会和经费审查委员会的任期

××工会第N届委员会和经费审查委员会的任期拟为三年（或五年）。

2. 委员名额

××工会第N届委员会拟设委员×名，其中主席1名、副主席×名；××工会第N届经费审查委员会拟设委员×名，其中经费审查委员会主任1名。

3. 委员条件

信念坚定、为民服务、勤政务实、敢于担当、清正廉洁，热爱工会工作，受到职工信赖。其中，经费审查委员会委员一般应掌握一定的财会专业知识。

4. 委员产生办法

为体现选举的民主性、群众性、广泛性，本次会员代表大会对“两委”委员候选人人选采取以下方式产生。

（1）民主推荐。“两委”委员候选人建议人选在会员推荐、组织推荐、会员自荐三种方式的基础上，经工会委员会讨论并经同级党组织同意，报××（上一级工会）批准后确定候选人建议名单，公示5个工作日。

（2）大会选举。“两委”委员候选人名单在选举前提交××工会第N届一次会员（代表）大会表决通过成为正式候选人，然后在大会上采取无记名投票方式选举产生。

××工会第N届委员会委员差额选举产生，候选人×名，选举×名，差额×名，差额率（大于或等于5%）××%。

××工会经费审查委员会委员等额选举产生（也可差额选举产生），候选人×名，选举×名。

五、工会委员会主席、副主席，经费审查委员会主任、副主任名额及产生办法

1. 工会主席、副主席名额及产生办法

××工会第N届委员会拟设主席1名，副主席×名，主席、副主席候选人人选经协商推荐产生，报（单位党组织）和（上一级工会）审定后，提交××工会第N届第一次会员（代表）大会等额（差额）选举产生［如间接选举，提交××工会第N届委员会第一次全体会议等额（差额）选举产生］。

2. 经费审查委员会主任、副主任名额及产生办法

××工会第N届经费审查委员会设主任1名，副主任×名，主任、副主任候选人人选经协商推荐产生，报（单位党组织）和（上一级工会）审定后，提交××工会第N届第一次会员（代表）大会等额（差额）选举产生［或者提交××工会第N届经费审查委员会第一次全体会议等额（差额）选举产生］。

六、女职工委员会主任、副主任、委员名额及产生办法

××工会第N届女职工委员会拟设委员×名，其中主任1名，副主任×名。女职工委员会由同级工会委员会提名，在充分协商的基础上产生（或者召开女职工代表大会选举产生）。

七、大会筹备工作

在同级党组织领导和上一级工会指导下，拟建立××（单位）工会第N届第一次会员（代表）大会筹备组，具体负责大会筹备工作。筹备组组长由×××担任，组员×××、×××、×××、×××。

八、会期和其他事项

大会为期×天。

大会将邀请党政领导和上一级工会领导出席并讲话。

以上请示妥否，请批示。

××工会筹备组（代章）（新成立）

××（单位）工会委员会（换届）

××××年××月××日

关于同意召开××（单位）工会第N届第一次会员（代表）大会的批复

××（工会筹备组）：

《××（单位）工会关于召开第N届第一次会员（代表）大会的请示》收悉。

经研究：

同意召开××（单位）工会第N届第一次会员（代表）大会。

请严格按照工会的有关规定，认真做好大会各项筹备工作，确保大会顺利召开。

特此批复。

××（上一级工会）

××××年××月××日

关于××工会第N届委员会主席、副主席和经费审查委员会主任候选人建议人选的函

××（上一级工会）：

经研究，建议：

×××同志为××工会第N届委员会主席候选人人选，×××、×××同志为副主席候选人人选；×××同志为××工会第N届经费审查委员会主任候选人人选。

当否，请函复。

附件：

×××（主席）、×××、×××（副主席）同志基本情况

×××（主任）同志基本情况

（可附考察材料）

××（同级党组织）

××××年××月××日

附件

×××同志基本情况

×××，性别，出生年月，籍贯，政治面貌，民族，学历，学位，现任职务，身体状况

简历：(从高中时起)

××××年××月至××××年××月（单位名称及主要职务）

……

关于同意××工会第N届委员会主席、副主席和经费审查委员会主任候选人建议人选的函

××（党组织名称）：

《关于××工会第N届委员会主席、副主席和经费审查委员会主任候选人建议人选的函》收悉。

经研究，同意：

×××同志为××工会第N届委员会主席候选人建议人选，×××、×××同志为副主席候选人建议人选；×××同志为××工会第N届经费审查委员会主任候选人建议人选。

特此函复。

××（上一级工会）

××××年××月××日

关于××工会第N届委员会委员、主席、副主席和经费审查委员会委员、主任、副主任候选人建议人选的请示

××（上一级工会）：

经民主推荐、协商研究，报××（单位党组织）审核同意，建议：

×××、×××……等同志为××工会第N届委员会委员候选人人选，×××同志为主席候选人人选，×××、×××同志为副主席候选人人选。

×××、×××……等同志为××工会第N届经费审查委员会委员候选人人选，×××同志为主任候选人人选，×××、×××同志为副主任候选人人选。

以上请示妥否，请批示。

附件：

1. ××工会第N届委员会候选人建议人选基本情况
2. ××工会第N届经费审查委员会候选人建议人选基本情况

××工会委员会（工会筹备组）

××××年××月××日

附件 1

××工会第 N 届委员会候选人建议人选基本情况

姓名	性别	出生年月	民族	学历	政治面貌	工作部门 及职务
其中：×××为主席候选人建议人选 ×××、×××为副主席候选人建议人选						

附件 2

××工会第 N 届经费审查委员会候选人建议人选基本情况

姓名	性别	出生年月	民族	学历	政治面貌	工作部门 及职务
其中：×××为经费审查委员会主任候选人建议人选 ×××、×××为经费审查委员会副主任候选人建议人选						

关于同意××工会第N届委员会委员、主席、副主席和经费审查委员会委员、主任、副主任候选人建议人选的批复

××工会委员会（工会筹备组）：

《关于××工会第N届委员会委员、主席、副主席和经费审查委员会委员、主任、副主任候选人建议人选的请示》收悉。

经研究，同意：

×××、×××、×××、×××、×××等同志为××工会第N届委员会委员候选人建议人选，×××同志为工会主席候选人建议人选，×××、×××同志为工会副主席候选人建议人选。

×××、×××、×××同志为××工会第N届经费审查委员会委员候选人建议人选，×××同志为主任候选人建议人选，×××、×××同志为副主任候选人建议人选。

请按照有关规定履行民主程序。

特此批复。

××（上一级工会）

××××年××月××日

关于××工会第N届委员会委员、经费审查委员会委员候选人建议名单的公示

根据《工会基层组织选举工作条例》的有关要求，在反复酝酿协商推荐的基础上，经同级党组织及上一级工会同意，确定了××工会第N届委员会委员和经费审查委员会委员候选人建议名单，现将候选人建议名单进行公示。

公示时间为：××××年××月××日至××月××日。如有疑议，可在公示期间通过来电、来信、来访等途径向×××××××（部门）反映，联系电话：×××××××××；也可向上一级工会反映，联系电话：××××××

××；或将书面意见投入设在××××××××的公示意见箱内。

附件：

1. ××工会第N届委员会委员候选人建议人选基本情况；

2. ××工会第N届经费审查委员会委员候选人建议人选基本情况。

××工会（工会筹备组）

××××年××月××日

附件1

××工会第N届委员会委员候选人建议人选基本情况

姓名	性别	出生年月	民族	学历	政治面貌	工作部门及职务

附件2

××工会第N届经费审查委员会委员候选人建议人选基本情况

姓名	性别	出生年月	民族	学历	政治面貌	工作部门及职务

工会选举会中

××工会第N届第一次会员（代表）大会日程

（适用于不设主席团）

时间	会议名称	内容
××：××—××：××	××工会第N届第一次会员（代表）大会预备会议	1. 听取大会筹备工作报告； 2. 听取大会代表资格审查报告； 3. 审议通过大会表决办法； 4. 审议通过大会议程。
××：××—××：××	××工会第N届第一次会员（代表）大会正式会议	1. 听取和审议工会委员会工作报告； 2. 听取和审议工会委员会财务工作报告； 3. 听取和审议工会经费审查委员会工作报告； 4. 审议通过大会选举办法； 5. 审议通过工会委员会委员、主席、副主席候选人名单，经费审查委员会委员、主任、副主任候选人名单（如间接选举，则在××工会第N届委员会第一次全体会议上审议通过工会主席、副主席候选人名单；在××工会第N届经费审查委员会第一次全体会议上审议通过主任、副主任候选人名单）； 6. 审议通过大会总监票人、监票人名单； 7. 选举工会委员会委员、主席、副主席和经费审查委员会委员、主任、副主任（如间接选举，则在××工会第N届委员会第一次全体会议上选举产生主席、副主席；在××工会第N届经费审查委员会第一次全体会议上选举产生主任、副主任）； 8. 宣布计票结果； 9. 宣布选举结果； 10. 审议通过大会决议； 11. 领导讲话。

××工会第N届第一次会员（代表）大会日程

（适用于设主席团）

时间	会议名称	会议内容	会议地点
××月 ××日	各代表团（组）会议	1. 召开各代表团（组）召集人会议； 2. 通报大会筹备情况； 3. 推选各代表团（组）长； 4. 对有关事项进行说明。	
	预备会议	1. ×××作筹备工作报告； 2. ×××作代表资格审查报告； 3. 通过大会主席团和秘书长名单； 4. 通过大会议程。	
	主席团第一次会议	1. 通过大会执行主席名单； 2. 通过大会日程。	
	开幕式	1. 上级领导致辞； 2. ×××作工会工作报告； 3. 财务、经费审查工作报告（书面）。	
	主席团第二次会议	1. 审议通过大会选举办法（草案）； 2. 审议通过各委员会候选人建议名单（草案）； 3. 审议通过总监票人、监票人名单（草案）； 4. 审议并通过关于三个工作报告的决议（草案）。	
	选举会议	1. 表决通过大会选举办法（草案）； 2. 表决通过民主推荐的“三委”候选人名单； 3. 表决通过总监票人、监票人名单； 4. 主席、副主席候选人发表竞职演说； 5. 选举产生××工会第N届委员会、经费审查委员会。	
	闭幕式	1. 通过关于三个工作报告的决议； 2. 新当选的工会主席讲话； 3. 闭幕。	

上海市××工会第N次代表大会日程

（适用于地方工会）

日期	时间	会议名称	主持人	地点	会议内容
××月××日星期×	××：××－××：××	代表团召集人会议	×××	×××	布置相关工作。
	××：××－××：××	代表报到分团会议	各代表团召集人	各代表团讨论室	1. 推选代表团团长、副团长； 2. 审议大会表决办法（草案）； 3. 审议大会议程（草案）； 4. 审议大会主席团、秘书长名单（草案）； 5. 审议代表资格审查委员会名单（草案）。
	××：××－××：××	代表团团长会议	×××	×××	听取各代表团讨论情况的汇报。
	××：××－××：××	预备会议	×××	×××	1. 听取大会筹备工作报告； 2. 审议通过大会表决办法； 3. 审议通过大会议程； 4. 审议通过主席团、秘书长名单； 5. 审议通过代表资格审查委员会名单。
	××：××－××：××	代表资格审查委员会会议	代表资格审查委员会主任	×××	1. 审查代表资格； 2. 审议代表资格审查报告。
	××：××－××：××	主席团第一次会议	×××	×××	1. 审议通过主席团常务主席名单； 2. 审议通过主席团执行主席名单； 3. 审议通过大会副秘书长名单； 4. 审议通过大会日程； 5. 审议通过提交各代表团审议的大会选举办法（草案）； 6. 审议通过提交各代表团审议的上海市××工会第N届委员会和经费审查委员会委员候选人建议名单； 7. 听取代表资格审查报告。

续表

日期	时间	会议名称	主持人	地点	会议内容
××月××日星期×	××：××－××：××	开幕式	×××	×××	1. 宣布大会开幕（唱国歌）； 2. 群众团体代表致贺词； 3. ×××作工会工作报告； 4. ×××作工会财务工作报告（或书面）； 5. ×××作工会经审工作报告（或书面）； 6. 领导讲话。
	××：××－××：××	第一次分团讨论	各代表团团长	各代表团讨论室	1. 审议工会工作报告、财务工作报告、工会经审工作报告； 2. 讨论×××（上级有关部门）领导讲话； 3. 审议大会选举办法（草案）； 4. 讨论上海市××工会第N届委员会和经费审查委员会委员候选人建议名单； 5. 推荐大会监票人建议人选。
	××：××－××：××	代表团团长会议	×××	×××	听取各代表团讨论情况汇报。
	××：××－××：××	主席团第二次会议	×××	×××	1. 听取领导讲话和工会工作报告、财务工作报告、工会经审工作报告分团讨论情况的汇报； 2. 审议通过提交各代表团审议的工会工作报告的决议（草案）； 3. 审议通过提交各代表团审议的工会财务工作报告的决议（草案）； 4. 审议通过提交各代表团审议的工会经审工作报告的决议（草案）； 5. 审议通过提交大会表决的大会选举办法（草案）； 6. 审议通过提交大会表决的上海市××工会第N届委员会和经费审查委员会委员候选人名单（草案）； 7. 审议通过提交大会表决的大会总监票人、监票人名单（草案）。

续表

日期	时间	会议名称	主持人	地点	会议内容
××月××日星期×	××：××－××：××	第二次分团讨论	各代表团团长	各代表团讨论室	审议关于工会工作报告、财务工作报告和工会经审工作报告的决议（草案）。
	××：××－××：××	监票人会议	大会组织组	×××	选举工作业务培训。
	××：××－××：××	选举大会	×××	×××	1. 审议通过大会选举办法； 2. 审议通过上海市××工会第N届委员会和经费审查委员会委员候选人名单； 3. 审议通过大会总监票人、监票人名单； 4. 选举上海市××工会第N届委员会和经费审查委员会委员。
	××：××－××：××	计票代表休息		×××	1. 工作人员计票； 2. 代表休息。
	××：××－××：××	主席团第三次会议	×××	×××	1. 听取关于各代表团审议工会工作报告、财务工作报告和工会经审工作报告的决议（草案）情况的报告； 2. 审议通过提交大会表决的工会工作报告、财务工作报告和工会经审工作报告的决议（草案）； 3. 听取总监票人关于选举上海市××工会第N届委员会委员计票结果的报告； 4. 听取总监票人关于上海市××工会第N届经费审查委员会委员计票结果的报告； 5. 推举上海市××工会第N届委员会第一次全体会议主持人。
	××：××－××：××	闭幕式	×××	×××	1. 宣布选举计票结果； 2. 宣布当选的上海市××工会第N届委员会和经费审查委员会委员名单； 3. 审议通过工会工作报告的决议； 4. 审议通过工会财务工作报告的决议； 5. 审议通过工会经审工作报告的决议； 6. 新当选的××工会委员代表讲话； 7. 致闭幕辞； 8. 宣布大会闭幕（奏国际歌）。

续表

日期	时间	会议名称	主持人	地点	会议内容
××月××日星期×	××：××－××：××	××工会第N届委员会第一次全体会议	主席团会议推举的会议主持人	×××	1. 审议通过上海市××工会第N届第一次全体会议表决办法； 2. 审议通过上海市××工会第N届第一次全体会议选举办法； 3. 党委组织部门作关于上海市××工会第N届委员会常委、主席、副主席候选人人选提名情况的说明； 4. 审议通过上海市××工会第N届委员会常委、主席、副主席候选人名单； 5. 审议通过上海市××工会第N届第一次全体会议总监票人、监票人名单； 6. 选举上海市××工会第N届委员会常委； 7. 选举上海市××工会第N届委员会主席、副主席； 8. 新当选的××工会主席讲话； 9. 领导讲话。
	××：××－××：××	××工会第N届经费审查委员会第一次全体会议	××工会第N届委员会第一次全体会议选举产生的工会主席或副主席	×××	1. 审议通过上海市××工会第N届经费审查委员会第一次全体会议表决办法； 2. 审议通过上海市××工会第N届经费审查委员会第一次全体会议选举办法； 3. 审议通过上海市××工会第N届经费审查委员会主任候选人名单； 4. 审议通过上海市××工会第N届经费审查委员会第一次全体会议监票人名单； 5. 选举上海市××工会第N届经费审查委员会主任。

××工会第N届第一次会员（代表）大会筹备工作报告

各位会员（代表）、同志们：

我受××工会第N届第一次会员（代表）大会筹备组的委托，向各位会员（代表）报告工会第N届第一次会员（代表）大会筹备工作情况。

在单位党组织和上一级工会领导和指导下，××工会第N届第一次会员（代表）大会经过××（时间）的精心筹备，各项工作已基本就绪。

现将筹备工作情况报告如下。

一、关于组织工作

1. 选举产生××工会第N届第一次会员代表大会代表的情况。

……

2. 推荐产生××工会第N届“两委”委员候选人建议人选的情况。

……

二、关于××工会三个工作报告起草工作

……

三、关于会务准备工作

……

报告完毕。

大会筹备组

××××年××月××日

××工会第N届第一次会员代表大会代表资格审查报告

各位代表、同志们：

我受××工会第N届第一次会员代表大会代表资格审查委员会（小组）的委托，现就代表资格审查情况报告如下：

根据有关规定，经×××（上一级工会）同意，××工会第N届第一次会员代表大会正式代表名额为××名。

一、关于代表的产生

……

二、关于代表的结构分析

……

三、关于代表资格的认定

××工会第N届第一次会员代表大会代表资格审查委员会对××名正式代表的代表资格进行了认真审查，认为所有当选的正式代表均符合××工会第N届第一次会员代表大会有关代表条件和代表产生办法的规定，××名正式代表的资格全部有效。

特此报告。

大会代表资格审查委员会（小组）

××××年××月××日

××工会第N届第一次会员（代表）大会表决办法（草案）

一、××工会会员有表决权（或××工会第N届第一次会员代表大会正式代表有表决权）。

二、大会表决采取举手方式。会员（代表）在每次大会表决中，对“同意”“不同意”“弃权”的三项表决意见，应当而且只能行使一项权利。

三、大会每次表决按“同意”“不同意”“弃权”三类统计表决结果。表决结果由大会工作人员统计，报大会主持人当场宣布。

四、大会表决以获得应到会员（代表）半数以上的同意为通过。

五、大会表决时，会员（代表）不能随意走动。

六、本办法经大会通过后施行。

××工会第N届第一次会员（代表）大会议程（草案）

一、审议并通过××工会第（N－1）届委员会的工作报告；

二、审议并通过××工会第（N－1）届委员会的财务工作报告；

三、审议并通过××工会第（N－1）届经费审查委员会的工作报告；

四、选举产生××工会第N届委员会委员、主席、副主席；

五、选举产生××工会第N届经费审查委员会委员、主任、副主任。

（备注：如间接选举，工会主席、副主席和经费审查委员会主任、副主任在××工会第N届委员会和经费审查委员会第一次全体会议上选举产生）

××工会第N届第一次会员（代表）大会预备会议主持稿

各位会员（代表）：

现在举行××工会第N届第一次会员（代表）大会预备会议［今天大会应到会员（代表）××人，因病、因事请假××人，实际到会××人，超过应到会人数的三分之二，根据规定，今天的大会可以进行］。

今天的大会一共有四项议程。

一、听取××工会第N届第一次会员（代表）大会筹备工作报告；

二、听取××工会第N届会员代表大会代表资格审查报告；

三、审议通过××工会第N届第一次会员（代表）大会表决办法；

四、审议通过××工会第N届第一次会员（代表）大会议程。

下面进行会议第一项议程：请×××同志作××工会第N届第一次会员（代表）大会筹备工作报告。

（待报告毕）

下面进行会议第二项议程：请×××同志作××工会第N届会员代表大会代表资格审查报告。

（待报告毕）

下面进行会议第三项议程：审议通过××工会第N届第一次会员（代表）大会表决办法。请工作人员宣读“表决办法（草案）”。

（待宣读毕）

各位会员（代表）对“表决办法”还有什么意见请发表。（稍等）如果没有意见，现在请鼓掌通过。

请会员（代表）们将“草案”两字划去。

下面进行会议第四项议程：审议通过××工会第N届第一次会员（代表）大会议程。请工作人员宣读“大会议程（草案）”。

（待宣读毕）

各位会员（代表）对“大会议程”还有什么意见请发表。（稍等）如果没有意见，现在提请大会进行表决：同意的请举手，（稍等）请放下；不同意的请举手，（稍等）没有；弃权的请举手，（稍等）没有。

（如没有不同意和弃权的，宣布）一致通过。

请将“草案”两字划去。

各位会员（代表），今天预备会议的各项议程已经全部完成，预备会议到此结束。

（备注：1. 如会员代表大会设主席团，则大会代表资格审查报告应在主席团会议上审议通过；2. 如是地方工会召开代表大会，则实际到会人数超过应到会人数的二分之一，大会即可召开）

××工会第N届第一次会员（代表）大会选举办法（草案）

根据《中国工会章程》《工会基层组织选举工作条例》等有关规定，结合实际情况，制定本办法。

一、××工会第N届第一次会员（代表）大会选举产生：

××工会第N届委员会委员××人，其中主席1人，副主席×人。

××工会第N届经费审查委员会委员××人，其中主任1人，副主任×人。

二、本届工会任期三年（或五年）。

三、××工会第N届委员会委员实行差额选举，正式候选人×人，选举×人，主席、副主席实行等额选举，主席正式候选人1人，选举1人，副主席正式候选人×人，选举×人（如直接选举，当选为主席、副主席的为当然委员。如间接选举，主席、副主席应在××工会第N届委员会第一次全体会议上选举产生）。

××工会第N届经费审查委员会委员、主任、副主任实行等额选举，委员正式候选人×人，选举×人，主任正式候选人1人，选举1人，副主任正式候选人×人，选举×人（如直接选举，当选为主任、副主任的为当然委员。如间接选举，主任、副主任应在××工会第N届经费审查委员会第一次全体会议上选举产生）。

四、××工会第N届委员会委员、主席、副主席和经费审查委员会委员、主任、副主任候选人建议名单，充分发扬民主，自下而上协商推荐产生，并报（同级党组织和上一级工会）审核同意，经5个工作日公示后，确定候选人名单（草案），提交大会表决通过后，方能进行选举。

五、参加选举的会员（代表）数必须超过应到会员（代表）数的三分之二方能进行选举。

六、选举大会设总监票人1人，监票人×人，对发票、投票、点票、计票工作的全过程进行监督。总监票人、监票人名单须经大会表决通过。

被提名为××工会第N届委员会委员、主席、副主席和经费审查委员会委员、主任、副主任的候选人，不得担任监票人。

七、大会选举采用无记名投票方式。

八、选票上的候选人名单按姓氏笔画顺序排列。选票上应盖有“××工会委员会”的印章，没有盖章的选票无效。

九、因病、因事缺席的会员（代表）不参加投票。会员（代表）不能委托他人投票。

十、会员（代表）对选票上的候选人，可以投赞成票，可以投不赞成票，可以弃权，也可以另选他人。如赞成，在候选人姓名上方的小方格内画一个“○”；如不赞成，在候选人姓名上方小方格内画一个“×”；如弃权，则不作任何符号；如另选他人，在选票右侧的长方形空格内写上候选人的姓名，并在其姓名上方的小方格内画一个“○”。

十一、书写选票用蓝色或黑色的钢笔、圆珠笔或水笔，符号要准确，字迹要清楚。每张选票所选的人数，等于或少于应选人数的为有效票，多于应选人数的为无效票。不符合本办法第十条规定的选票由总监票人视具体情况决定部分无效或全部无效。

十二、投票开始时，总监票人、监票人先行投票，随后其他会员（代表）依次投票。

十三、投票结束后，当众开启票箱。收回的选票张数等于或少于发出的选票数，选举有效；多于发出的选票数，选举无效，应重新进行投票选举。

十四、候选人获得应到会人数的过半数赞成票时方能当选。获得过半数赞成票的候选人人数超过应选名额时，得赞成票多的当选。如遇赞成票数相等不能确定当选人时，应对票数相等的候选人再次投票，得赞成票多的当选。

当选人数少于应选名额时，对不足的名额可以在未过半数的候选人中另行选举。如果接近应选名额且符合《工会基层组织选举工作条例》，也可以由大会征得多数会员或会员代表的同意减少名额，不再进行选举。

十五、计票结束后，由总监票人按得票多少为序向大会宣布计票结果，由大会主持人按姓氏笔画为序向大会宣布选举结果。

十六、本办法未尽事宜，由大会主席团（或上届工会委员会、工会筹备组）依据有关法律法规协商处理。

十七、本办法由××工会第N届第一次会员（代表）大会表决通过后施行。

××工会第N届委员会委员候选人名单（草案）

（按姓氏笔画为序）

××× ×××（女） ××× ……

××工会第N届委员会主席、副主席候选人名单（草案）

主席

×××

副主席（按姓氏笔画为序，若是地方工会选举，按提名的顺序排列）

××× ×××（女）

××工会第N届经费审查委员会委员候选人名单（草案）

（按姓氏笔画为序）

××× ×××（女） ××× ……

××工会第N届经费审查委员会主任、副主任候选人名单（草案）

主任

×××

副主任（按姓氏笔画为序，若是地方工会选举，按提名的顺序排列）

×××

××工会第N届第一次会员（代表）大会总监票人、监票人名单（草案）

总监票人

×××

监票人（按姓氏笔画为序）

××× ×××（女） ×××……

××工会第N届委员会委员、主席、副主席

选

票

（盖　章）

××××年××月××日

委员：（按姓氏笔画为序）

×	×	×
×	×	×
×	×	×

委员另选他人

主席：

×
×
×

主席另选他人

副主席：（按姓氏笔画为序）

×	×
×	×
×	×

副主席另选他人

备注：

1. 工会委员会委员应选 × 人，工会主席应选 1 人，工会副主席应选 × 人。所选人数（含另选他人）等于或少于应选人数为有效票，超过应选人数的为无效票；

2. 如赞成，在候选人姓名上方小方格内画一个“○”；

3. 如不赞成，在候选人姓名上方小方格内画一个“×”；

4. 如弃权，不作任何符号；

5. 如另选他人，可在选票右方的空格内写上候选人的姓名，并在其姓名上方的小方格内画一个“○”；

6. 书写选票请用钢笔、水笔或圆珠笔，符号要准确，字迹要清楚；

7. 本选票上盖有“××工会委员会”印章方为有效。

××工会第N届经费审查委员会委员、主任、副主任

选

票

（盖　章）

××××年××月××日

委员：（按姓氏笔画为序）

×	×
×	×
×	×

委员另选他人

主任：

×
×
×

主任另选他人

副主任：（按姓氏笔画为序）

×	×
×	×
×	×

副主任另选他人

备注：

1. 经费审查委员会委员应选×人，经费审查委员会主任应选 1 人，经费审查委员会副主任应选×人。所选人数（含另选他人）等于或少于应选人数为有效票，超过应选人数的为无效票；

2. 如赞成，在候选人姓名上方小方格内画一个“○”；

3. 如不赞成，在候选人姓名上方小方格内画一个“×”；

4. 如弃权，不作任何符号；

5. 如另选他人，可在选票右方的空格内写上候选人的姓名，并在其姓名上方的小方格内画一个“○”；

6. 书写选票请用钢笔、水笔或圆珠笔，符号要准确，字迹要清楚；

7. 本选票上盖有“××工会委员会”印章方为有效。

关于××工会第（N－1）届委员会工作报告的决议（草案）

××工会第N届第一次会员（代表）大会审议并通过×××同志代表××工会第（N－1）届委员会所作的题为《×××》的工作报告。

大会认为，过去的×年，（对过去×年工会工作的整体评价）。

大会强调，在今后×年里，（对今后×年工会工作的整体要求）。

大会号召，各工会组织要深入学习贯彻党的十九大精神，以习近平新时代中国特色社会主义思想为指导，在党委和上级工会的正确领导下，进一步增强历史责任感和使命感，坚定信心，团结一心，抢抓机遇，迎接挑战，努力把职工的智慧和力量汇聚起来，共同为实现既定的宏伟目标而努力奋斗！

关于××工会第（N－1）届委员会财务工作报告的决议（草案）

××工会第N届第一次会员（代表）大会审议并通过第（N－1）届工会委员会所作的财务工作报告。

大会认为，××工会第（N－1）届第一次会员（代表）大会以来，工会财务管理工作紧紧围绕工会委员会提出的各项目标任务和上级工会的要求，认真履行职责，积极探索新形势下工会财务工作新路子、新方法。坚持以职工为本，严格遵守财经纪律，依法规范使用工会经费，较好地完成了各项财务工作任务。

大会要求，工会财务工作要以服务职工服务基层为主线，充分发挥工会财务的职能作用，全心全意服务职工，为开创工会工作新局面提供有力的物质保证。

××××年××月××日

关于××工会第（N－1）届经费审查委员会工作报告的决议（草案）

××工会第N届第一次会员（代表）大会审议并通过第（N－1）届经费审查委员会的工作报告。

大会认为，×年来，××工会第（N－1）届经费审查委员会紧紧围绕第

（N－1）届第一次会员（代表）大会提出的各项目标任务和上级工会经费审查委员会的要求，认真履行职责，按照抓制度、促规范要求，开展了对工会经费收支和相关经济活动的审查审计，保障了工会经费使用效益最大化。

大会要求，工会经费审查委员会要全面贯彻落实全总、市总精神，形成重视和加强经费审查工作的共识和合力，进一步完善工作规章制度，健全经费监督制约机制，全面履行工会经费审查组织职能，努力开创工会经费审查工作的新局面！

××××年××月××日

××工会第N届第一次会员（代表）大会主持稿

各位会员（代表）：

现在举行××工会第N届第一次会员（代表）大会。今天大会应到会员（代表）××人，因病、因事请假××人，实际到会××人，超过应到会人数的三分之二，根据规定，今天的大会可以进行。

现在，我宣布：××工会第N届第一次会员（代表）大会开幕，全体起立，奏唱《中华人民共和国国歌》。（待国歌毕）请坐下。

今天的大会一共有十一项议程。

一、听取和审议××工会第（N－1）届委员会的工作报告。

二、听取和审议××工会第（N－1）届委员会的财务工作报告。

三、听取和审议××工会第（N－1）届经费审查委员会的工作报告。

四、审议通过××工会第N届第一次会员（代表）大会选举办法。

五、审议通过××工会第N届委员会委员、主席、副主席候选人名单，××工会第N届经费审查委员会委员、主任、副主任候选人名单（如间接选举，则审议通过××工会第N届委员会委员、经费审查委员会委员候选人名单）。

六、审议通过××工会第N届第一次会员（代表）大会总监票人、监票人名单。

七、选举××工会第N届委员会委员、主席、副主席和第N届经费审查委员会委员、主任、副主任（如间接选举，则主席、副主席由××工会第N届委员会第一次全体会议选举产生；主任、副主任由××工会第N届经费审查委员会第一次全体会议选举产生）。

八、宣布计票结果。

九、宣布选举结果。

十、审议通过《关于××工会第（N－1）届委员会工作报告的决议》《关于××工会第（N－1）届委员会财务工作报告的决议》《关于××工会第（N－1）届经费审查委员会工作报告的决议》。

十一、领导讲话。

下面进行会议第一项议程，请×××同志代表××工会第（N－1）届委员会作工作报告。

（待报告毕）

第二项议程，请×××同志代表××工会第（N－1）届委员会作财务工作报告。

（待报告毕）

第三项议程，请×××同志代表××工会第（N－1）届经费审查委员会作工作报告。

（待报告毕）

（如财务工作报告和经费审查工作报告已书面印发，则说：两份报告已书面印发大家，这里就不再宣读了）

下面进行会议第四项议程，审议通过《××工会第N届第一次会员（代表）大会选举办法》。请工作人员宣读“选举办法（草案）”。

（待宣读毕）

各位会员（代表）对选举办法还有什么意见请发表。（稍等）如果没有意见，现在提请大会进行表决，同意的请举手，（稍等）请放下；不同意的请举手，（稍等）没有；弃权的请举手，（稍等）没有（如有，请工作人员点数后再讲：“请放下”）。

（如没有不同意和弃权的，可以宣布）一致通过；［如不同意和弃权的少于应到会员（代表）人数二分之一的，可以宣布］通过。

请会员（代表）将“草案”两字划去。

下面进行会议第五项议程，审议通过××工会第N届委员会委员、主席、副主席候选人名单，××工会第N届经费审查委员会委员、主任、副主任候选人名单（如间接选举，只审议通过××工会第N届委员会委员、经费审查委员会委员候选人名单），请工作人员宣读“名单（草案）”。

（待宣读毕）

各位会员（代表）对“候选人名单”还有什么意见请发表。（稍等）如果没有意见，现在提请大会进行表决，同意的请举手，（稍等）请放下；不同意的请举手，（稍等）没有；弃权的请举手，（稍等）没有。

（如没有不同意和弃权的，宣布）一致通过。

请会员（代表）将“草案”两字划去。

下面进行会议第六项议程，审议通过《××工会第N届第一次会员（代表）大会总监票人、监票人名单》。请工作人员宣读“监票人名单（草案）”。

（待宣读毕）

各位会员（代表）对监票人名单还有什么意见请发表。（稍等）如果没有意见，现在提请大会进行表决，同意的请举手，（稍等）请放下；不同意的请举手，（稍等）没有；弃权的请举手，（稍等）没有。

（如没有不同意和弃权的，宣布）一致通过。

请会员（代表）将“草案”两字划去。

下面进行会议第七项议程，选举××工会第N届委员会委员、主席、副主席和经费审查委员会委员、主任、副主任（如间接选举，只选举××工会第N届委员会、经费审查委员会委员；主席、副主席由××工会第N届委员会第一次全体会议选举产生；主任、副主任由××工会第N届经费审查委员会第一次全体会议选举产生）。

请监票人到各自的岗位执行任务。请选举工作人员各就各位开始工作。

（待监票人、工作人员到各自岗位后）

为了便于选举工作的顺利进行，请会员（代表）们配合，不要离开会场和随意走动。

现在请工作人员再次核点人数。

（待工作人员送上清点人数报告单）现在报告今天应到会参加选举的代表××人，现在实到代表××人。到会代表超过应到代表的三分之二，可以进行选举。

请监票人员查验票箱，请工作人员封箱。（稍等）

现在请工作人员领取选票。（稍等）

现在分发选票。［工作人员将选票分发给各位会员（代表）］

每位会员（代表）是否都拿到选票，没拿到的请举手。各位会员（代

表）拿到选票后先不要填写。（看全场，稍等）

今天大会选举分两张选票，一张×色的选票是选举工会委员会委员、主席、副主席的选票，一张×色的选票是选举工会经费审查委员会委员、主任、副主任的选票。请会员（代表）们检查一下，选票是否多发或漏发，选票上是否盖章？如有，请举手。（看全场，稍等）

（如没有）没有。

各位会员（代表）都已拿到了选票。今天共发出选票××张，与实际到会人数相符。请大家先不要填写选票［根据《××工会第N届第一次会员（代表）大会发出选票报告单》］，有些具体事项再说明一下：

本届工会委员实行差额选举，即工会委员会委员从××名候选人中选举××名，差额××名；工会主席、副主席是等额选举；工会经费审查委员会委员、主任、副主任也是等额选举。如果赞成选票上的候选人，就在该候选人姓名上方的小方格内画“○”；如不赞成，就在候选人姓名上方的小方格内画“×”；如弃权，则不作任何符号；如要另选他人，可以在选票右方的长方形空格内写上自己要选人的姓名，并在其姓名上方的小方格内画一个“○”。每张选票所选举的人数不能超过规定的应选人数，否则选票将作无效票处理。

现在请大家填写选票。（稍等）

选票都填写好了没有？没有填写好的请举手。

（观察四周，如没有人举手）没有。

现在开始投票，先请总监票人、监票人投票。（间歇）请监票人回到各自岗位，按分工监督投票全过程。

现在请主席台上的会员（代表）投票。

［放音乐，主席台上的会员（代表）投票］

现在请各位会员（代表）按照工作人员指定的路线依次投票。

［会员（代表）投票，投票结束后音乐止］

各位会员（代表）的选票都投完了没有？没有投票的请举手。（稍等）

没有，投票完毕。

请工作人员开启票箱，清点选票。请各位会员（代表）在座位上稍等。

（清点完毕）经过清点，本次选举共发出××工会第N届委员会委员、主席、副主席选票××张，收回××张；经费审查委员会委员、主任、副主任选票××张，收回××张。收回票与发出票相符，选举有效。

［根据《××工会第N届第一次会员（代表）大会收回选票报告单》］下面，请监票人和选举工作人员到指定区域计票。

现在大会休会，请各位会员（代表）不要远离会场。

（待计票结束）各位会员（代表），我们继续开会。

现在进行会议第八项议程，宣布计票结果。

下面请总监票人宣布计票结果。

［宣读《××工会第N届第一次会员（代表）大会计票结果报告单》］

（待宣读毕）

下面进行会议第九项议程，宣布选举结果。

我宣布：以下同志当选工会委员会委员，他们是：（按姓氏笔画为序）×××、×××、×××……×××同志当选为主席，×××、×××同志当选为副主席；以下同志当选工会经费审查委员会委员，他们是（按姓氏笔画为序）×××、×××、×××，×××同志当选为经审主任，×××、×××同志当选为副主任。

对以上同志的当选，我们表示热烈的祝贺！（鼓掌）

下面进行会议第十项议程，审议通过《关于××工会第（N－1）届委员会工作报告的决议》《关于××工会第（N－1）届委员会财务工作报告的决议》和《关于××工会第（N－1）届经费审查委员会工作报告的决议》。

首先请工作人员宣读《工作报告的决议（草案）》。

（待宣读毕）

各位会员（代表）对工作报告的决议还有什么意见请发表。（稍等）如果没有意见，现在提请大会进行表决，同意的请举手，（稍等）请放下；不同意的请举手，（稍等）没有；弃权的请举手，（稍等）没有。

（如没有不同意和弃权的，宣布）一致通过。

请会员（代表）将“草案”两字划去。

下面请工作人员宣读《财务工作报告的决议（草案）》。

（待宣读毕）

各位会员（代表）对财务工作报告的决议还有什么意见请发表。（稍等）如果没有意见，现在提请大会进行表决，同意的请举手，（稍等）请放下；不同意的请举手，（稍等）没有；弃权的请举手，（稍等）没有。

（如没有不同意和弃权的，宣布）一致通过。

请会员（代表）将“草案”两字划去。

下面请工作人员宣读《经费审查工作报告的决议（草案）》。

（待宣读毕）

各位会员（代表）对经费审查工作报告的决议还有什么意见请发表。（稍等）如果没有意见，现在提请大会进行表决，同意的请举手，（稍等）请放下；不同意的请举手，（稍等）没有；弃权的请举手，（稍等）没有。

（如没有不同意和弃权的，宣布）一致通过。

请会员（代表）将“草案”两字划去。

现在进行最后一项议程，领导讲话。请×××同志（领导）讲话。

（待讲话完毕）

各位代表，××工会第N届第一次会员（代表）大会在××单位党组织、××工会（上一级工会）亲切关怀指导下，经过全体会员（代表）的共同努力，圆满完成了大会的各项任务，会议产生了××工会新一届领导集体，明确了今后××年工会工作的主要任务，对于进一步团结动员广大职工投身单位建设发展具有十分重要的意义。

现在，请全体起立，奏《国际歌》。

（国际歌毕）请坐下。

各位会员（代表）、同志们，我宣布，××工会第N届第一次会员（代表）大会胜利闭幕！

××工会第N届第一次会员（代表）大会出席人数报告单

大会主持人：

出席今天大会的代表应到××人，据统计，因事、因病请假××人，实际到会××人，已超过应到代表的三分之二，根据规定，今天的选举大会可以进行。

工作人员：

××××年××月××日

××工会第N届第一次会员（代表）大会参加选举人数报告单

大会主持人：

今天应到会参加选举的会员（代表）××人，现在实到会员（代表）××人。到会会员（代表）超过应到会员（代表）的三分之二，可以进行选举。

工作人员：

××××年××月××日

××工会第N届第一次会员（代表）大会发出选票报告单

大会主持人：

今天大会应到会员（代表）××人，实到会员（代表）××人。

发出选举××工会第N届委员会委员、主席、副主席选票××张。

发出选举××工会第N届经费审查委员会委员、主任、副主任选票××张。

发出选票数与实到数相符。特此报告。

总监票人：

××××年××月××日

××工会第N届第一次会员（代表）大会收回选票报告单

大会主持人：

今天大会应到会员（代表）××人，实到会员（代表）××人。

发出选举××工会第N届委员会委员、主席、副主席选票××张，收回选票××张。

发出选举××工会第N届经费审查委员会委员、主任、副主任选票××张，收回选票××张。

发出的选票与收回的选票数相符（或少于），根据本次选举办法的规定，本次选举有效。特此报告。

总监票人：

××××年××月××日

××工会第N届第一次会员（代表）大会计票结果报告单

各位代表：

现在宣布选举××工会第N届委员会委员、主席、副主席计票结果：

发出选举××工会第N届委员会委员、主席、副主席选票××张，收回选票××张，其中有效选票××张，无效选票×张。

委员计票结果：

姓名	赞成票	不赞成票	弃权票

委员另选他人计票结果：

姓名	赞成票	不赞成票	弃权票

主席计票结果：

姓名	赞成票	不赞成票	弃权票

主席另选他人计票结果：

姓名	赞成票	不赞成票	弃权票

副主席计票结果：

姓名	赞成票	不赞成票	弃权票

副主席另选他人计票结果：

姓名	赞成票	不赞成票	弃权票

现在宣布选举××工会第N届经费审查委员会委员、主任计票结果：

发出选举××工会第N届经费审查委员会委员、主任、副主任选票××张，收回选票××张，其中有效选票××张，无效选票××张。

委员计票结果：

姓名	赞成票	不赞成票	弃权票

委员另选他人计票结果：

姓名	赞成票	不赞成票	弃权票

主任计票结果：

姓名	赞成票	不赞成票	弃权票

主任另选他人计票结果：

姓名	赞成票	不赞成票	弃权票

副主任计票结果：

姓名	赞成票	不赞成票	弃权票

副主任另选他人计票结果：

姓名	赞成票	不赞成票	弃权票

特此报告。

总监票人：

××××年××月××日

××工会第N届第一次会员（代表）大会选举结果报告单

各位代表：

现在宣布，当选××工会第N届工会委员会委员的是：（按姓氏笔画为序）

×××、×××、×××……

当选的工会主席是：×××

当选的工会副主席是：×××、×××

当选××工会第N届经费审查委员会委员的是：（按姓氏笔画为序）

×××、×××、×××……

当选的主任是：×××

当选的副主任是：×××、×××

大会主持人：

××××年××月××日

工会选举会后

关于××工会第N届第一次会员（代表）大会选举结果的报告

（适用直接选举）

××（上一级工会）：

××工会第N届第一次会员（代表）大会于××××年××月××日召开。大会应到会员（代表）××名，实到××名。大会以直接选举方式无记名投票选举产生了××工会第N届委员会和经费审查委员会。×××、×××、×××、×××、×××、×××、×××、×××等××位同志当选为××工会第N届委员会委员，×××同志为主席，×××、×××同志为副主席；×××、×××、×××、×××、×××、×××、×××、×××等××位同志当选为××工会第N届经费审查委员会委员，×××同志为主任，×××、×××同志为副主任。

在××会议上产生了女职工委员会，由×××、×××、×××同志组成，×××同志为主任，×××、×××同志为副主任。

本届工会委员会、经费审查委员会、女职工委员会任期三年（或五年）。

特此报告，请批复。

附：计票结果（计票结果报告单，略）

××工会委员会（工会筹备组）

××××年××月××日

关于××工会第N届第一次会员（代表）大会选举结果的报告

（适用间接选举）

××（上一级工会）：

××工会第N届第一次会员（代表）大会于××××年××月××日召开。大会应到会员（代表）××名，实到××名。大会以间接选举方式无记名投票选举产生了××工会第N届委员会和经费审查委员会。×××、×

××、×××、×××、×××、×××、×××、×××等××位同志当选为××工会第N届委员会委员；×××、×××、×××、×××、×××、×××、×××、×××等××位同志当选为××工会第N届经费审查委员会委员。

在××工会第N届委员会第一次全体会议上选举×××同志为工会主席，×××、×××同志为副主席；在××工会第N届经费审查委员会第一次全体会议上选举×××同志为主任，×××、×××同志为副主任。

在××会议上产生了女职工委员会，由×××、×××、×××同志组成，×××同志为主任，×××、×××同志为副主任。

本届工会委员会、经费审查委员会、女职工委员会任期三年（或五年）。

特此报告，请批复。

附：计票结果（计票结果报告单，略）

××工会委员会（工会筹备组）

××××年××月××日

关于同意××工会第N届第一次会员（代表）大会选举结果的批复

（批复同意的参考样式）

××工会委员会（工会筹备组）：

《关于××工会第N届第一次会员（代表）大会选举结果的报告》收悉。

经研究，同意：

×××、×××、×××、×××、×××等××位同志组成××工会第N届委员会，×××同志任主席，×××、×××同志任副主席。

×××、×××、×××、×××、×××等××位同志组成××工会第N届经费审查委员会，×××同志任主任，×××、×××同志任副主任。

×××、×××、×××、×××、×××等××位同志组成××工会第N届女职工委员会，×××同志任主任，×××、×××同志任副主任。

本届工会委员会、经费审查委员会、女职工委员会任期为三年（或五年），从××××年××月××日（选举之日）起计算。

特此批复。

××（上一级工会）

××××年××月××日

关于××工会第N届第一次会员（代表）大会选举结果的批复

（批复不同意的参考样式）

××工会委员会（工会筹备组）：

《关于××工会第N届第一次会员（代表）大会选举结果的报告》收悉。

根据《工会基层组织选举条例》的规定，因你会在选举过程中存在违反规定程序问题（或当选人不符合任职条件、实际到会人数不足三分之二、存在阻挠妨碍选举行为等），选举结果无效，应重新选举。

特此批复。

××（上一级工会）

××××年××月××日

三

法律法规文件

（一）法律法规

中华人民共和国工会法

（1992 年 4 月 3 日第七届全国人民代表大会第五次会议通过　1992 年 4 月 3 日中华人民共和国主席令第五十七号公布　根据 2001 年 10 月 27 日第九届全国人民代表大会常务委员会第二十四次会议《关于修改〈中华人民共和国工会法〉的决定》第一次修正　根据 2009 年 8 月 27 日第十一届全国人民代表大会常务委员会第十次会议《关于修改部分法律的决定》第二次修正）

第一章　总　则

第一条　为保障工会在国家政治、经济和社会生活中的地位，确定工会的权利与义务，发挥工会在社会主义现代化建设事业中的作用，根据宪法，制定本法。

第二条　工会是职工自愿结合的工人阶级的群众组织。

中华全国总工会及其各工会组织代表职工的利益，依法维护职工的合法权益。

第三条　在中国境内的企业、事业单位、机关中以工资收入为主要生活来源的体力劳动者和脑力劳动者，不分民族、种族、性别、职业、宗教信仰、教育程度，都有依法参加和组织工会的权利。任何组织和个人不得阻挠和限制。

第四条　工会必须遵守和维护宪法，以宪法为根本的活动准则，以经济建设为中心，坚持社会主义道路、坚持人民民主专政、坚持中国共产党的领导、坚持马克思列宁主义毛泽东思想邓小平理论，坚持改革开放，依照工会章程独立自主地开展工作。

工会会员全国代表大会制定或者修改《中国工会章程》，章程不得与宪法和法律相抵触。

国家保护工会的合法权益不受侵犯。

第五条 工会组织和教育职工依照宪法和法律的规定行使民主权利，发挥国家主人翁的作用，通过各种途径和形式，参与管理国家事务、管理经济和文化事业、管理社会事务；协助人民政府开展工作，维护工人阶级领导的、以工农联盟为基础的人民民主专政的社会主义国家政权。

第六条 维护职工合法权益是工会的基本职责。工会在维护全国人民总体利益的同时，代表和维护职工的合法权益。

工会通过平等协商和集体合同制度，协调劳动关系，维护企业职工劳动权益。

工会依照法律规定通过职工代表大会或者其他形式，组织职工参与本单位的民主决策、民主管理和民主监督。

工会必须密切联系职工，听取和反映职工的意见和要求，关心职工的生活，帮助职工解决困难，全心全意为职工服务。

第七条 工会动员和组织职工积极参加经济建设，努力完成生产任务和工作任务。教育职工不断提高思想道德、技术业务和科学文化素质，建设有理想、有道德、有文化、有纪律的职工队伍。

第八条 中华全国总工会根据独立、平等、互相尊重、互不干涉内部事务的原则，加强同各国工会组织的友好合作关系。

第二章 工会组织

第九条 工会各级组织按照民主集中制原则建立。

各级工会委员会由会员大会或者会员代表大会民主选举产生。企业主要负责人的近亲属不得作为本企业基层工会委员会成员的人选。

各级工会委员会向同级会员大会或者会员代表大会负责并报告工作，接受其监督。

工会会员大会或者会员代表大会有权撤换或者罢免其所选举的代表或者工会委员会组成人员。

上级工会组织领导下级工会组织。

第十条 企业、事业单位、机关有会员二十五人以上的，应当建立基层工会委员会；不足二十五人的，可以单独建立基层工会委员会，也可以由两个以上单位的会员联合建立基层工会委员会，也可以选举组织员一人，组织会员开展活动。女职工人数较多的，可以建立工会女职工委员会，在同级工会领导下开展工作；女职工人数较少的，可以在工会委员会中设女职工委员。

企业职工较多的乡镇、城市街道，可以建立基层工会的联合会。

县级以上地方建立地方各级总工会。

同一行业或者性质相近的几个行业，可以根据需要建立全国的或者地方的产业工会。

全国建立统一的中华全国总工会。

第十一条 基层工会、地方各级总工会、全国或者地方产业工会组织的建立，必须报上一级工会批准。

上级工会可以派员帮助和指导企业职工组建工会，任何单位和个人不得阻挠。

第十二条 任何组织和个人不得随意撤销、合并工会组织。

基层工会所在的企业终止或者所在的事业单位、机关被撤销，该工会组织相应撤销，并报告上一级工会。

依前款规定被撤销的工会，其会员的会籍可以继续保留，具体管理办法由中华全国总工会制定。

第十三条 职工二百人以上的企业、事业单位的工会，可以设专职工会主席。工会专职工作人员的人数由工会与企业、事业单位协商确定。

第十四条 中华全国总工会、地方总工会、产业工会具有社会团体法人资格。

基层工会组织具备民法通则规定的法人条件的，依法取得社会团体法人资格。

第十五条 基层工会委员会每届任期三年或者五年。各级地方总工会委员会和产业工会委员会每届任期五年。

第十六条 基层工会委员会定期召开会员大会或者会员代表大会，讨论决定工会工作的重大问题。经基层工会委员会或者三分之一以上的工会会员提议，可以临时召开会员大会或者会员代表大会。

第十七条 工会主席、副主席任期未满时，不得随意调动其工作。因工作需要调动时，应当征得本级工会委员会和上一级工会的同意。

罢免工会主席、副主席必须召开会员大会或者会员代表大会讨论，非经会员大会全体会员或者会员代表大会全体代表过半数通过，不得罢免。

第十八条 基层工会专职主席、副主席或者委员自任职之日起，其劳动合同期限自动延长，延长期限相当于其任职期间；非专职主席、副主席或者委员自任职之日起，其尚未履行的劳动合同期限短于任期的，劳动合同期限自动延长至任期期满。但是，任职期间个人严重过失或者达到法定退休年龄的除外。

第三章 工会的权利和义务

第十九条 企业、事业单位违反职工代表大会制度和其他民主管理制度，工会有权要求纠正，保障职工依法行使民主管理的权利。

法律、法规规定应当提交职工大会或者职工代表大会审议、通过、决定的事项，企业、事业单位应当依法办理。

第二十条 工会帮助、指导职工与企业以及实行企业化管理的事业单位签订劳动合同。

工会代表职工与企业以及实行企业化管理的事业单位进行平等协商，签订集体合同。集体合同草案应当提交职工代表大会或者全体职工讨论通过。

工会签订集体合同，上级工会应当给予支持和帮助。

企业违反集体合同，侵犯职工劳动权益的，工会可以依法要求企业承担责任；因履行集体合同发生争议，经协商解决不成的，工会可以向劳动争议仲裁机构提请仲裁，仲裁机构不予受理或者对仲裁裁决不服的，可以向人民法院提起诉讼。

第二十一条 企业、事业单位处分职工，工会认为不适当的，有权提出意见。

企业单方面解除职工劳动合同时，应当事先将理由通知工会，工会认为企业违反法律、法规和有关合同，要求重新研究处理时，企业应当研究工会的意见，并将处理结果书面通知工会。

职工认为企业侵犯其劳动权益而申请劳动争议仲裁或者向人民法院提起诉讼的，工会应当给予支持和帮助。

第二十二条 企业、事业单位违反劳动法律、法规规定，有下列侵犯职工劳动权益情形，工会应当代表职工与企业、事业单位交涉，要求企业、事业单位采取措施予以改正；企业、事业单位应当予以研究处理，并向工会作出答复；企业、事业单位拒不改正的，工会可以请求当地人民政府依法作出处理：

（一）克扣职工工资的；

（二）不提供劳动安全卫生条件的；

（三）随意延长劳动时间的；

（四）侵犯女职工和未成年工特殊权益的；

（五）其他严重侵犯职工劳动权益的。

第二十三条 工会依照国家规定对新建、扩建企业和技术改造工程中的劳动条件和安全卫生设施与主体工程同时设计、同时施工、同时投产使用进行监督。对工会提出的意见，企业或者主管部门应当认真处理，并将处理结果书面通知工会。

第二十四条 工会发现企业违章指挥、强令工人冒险作业，或者生产过程中发现明显重大事故隐患和职业危害，有权提出解决的建议，企业应当及时研究答复；发现危及职工生命安全的情况时，工会有权向企业建议组织职工撤离危险现场，企业必须及时作出处理决定。

第二十五条 工会有权对企业、事业单位侵犯职工合法权益的问题进行调查，有关单位应当予以协助。

第二十六条 职工因工伤亡事故和其他严重危害职工健康问题的调查处理，必须有工会参加。工会应当向有关部门提出处理意见，并有权要求追究直接负责的主管人员和有关责任人员的责任。对工会提出的意见，应当及时研究，给予答复。

第二十七条 企业、事业单位发生停工、怠工事件，工会应当代表职工同企业、事业单位或者有关方面协商，反映职工的意见和要求并提出解决意见。对于职工的合理要求，企业、事业单位应当予以解决。工会协助企业、事业单位做好工作，尽快恢复生产、工作秩序。

第二十八条 工会参加企业的劳动争议调解工作。

地方劳动争议仲裁组织应当有同级工会代表参加。

第二十九条 县级以上各级总工会可以为所属工会和职工提供法律服务。

第三十条 工会协助企业、事业单位、机关办好职工集体福利事业，做好工资、劳动安全卫生和社会保险工作。

第三十一条 工会会同企业、事业单位教育职工以国家主人翁态度对待劳动，爱护国家和企业的财产，组织职工开展群众性的合理化建议、技术革新活动，进行业余文化技术学习和职工培训，组织职工开展文娱、体育活动。

第三十二条 根据政府委托，工会与有关部门共同做好劳动模范和先进生产（工作）者的评选、表彰、培养和管理工作。

第三十三条 国家机关在组织起草或者修改直接涉及职工切身利益的法律、法规、规章时，应当听取工会意见。

县级以上各级人民政府制定国民经济和社会发展计划，对涉及职工利益的重大问题，应当听取同级工会的意见。

县级以上各级人民政府及其有关部门研究制定劳动就业、工资、劳动安全卫生、社会保险等涉及职工切身利益的政策、措施时，应当吸收同级工会参加研究，听取工会意见。

第三十四条 县级以上地方各级人民政府可以召开会议或者采取适当方式，向同级工会通报政府的重要的工作部署和与工会工作有关的行政措施，研究解决工会反映的职工群众的意见和要求。

各级人民政府劳动行政部门应当会同同级工会和企业方面代表，建立劳动关系三方协商机制，共同研究解决劳动关系方面的重大问题。

第四章 基层工会组织

第三十五条 国有企业职工代表大会是企业实行民主管理的基本形式，是职工行使民主管理权力的机构，依照法律规定行使职权。

国有企业的工会委员会是职工代表大会的工作机构，负责职工代表大会的日常工作，检查、督促职工代表大会决议的执行。

第三十六条 集体企业的工会委员会，应当支持和组织职工参加民主管理和民主监督，维护职工选举和罢免管理人员、决定经营管理的重大问题的权力。

第三十七条 本法第三十五条、第三十六条规定以外的其他企业、事业单位的工会委员会，依照法律规定组织职工采取与企业、事业单位相适应的形式，参与企业、事业单位民主管理。

第三十八条 企业、事业单位研究经营管理和发展的重大问题应当听取工会的意见；召开讨论有关工资、福利、劳动安全卫生、社会保险等涉及职工切身利益的会议，必须有工会代表参加。

企业、事业单位应当支持工会依法开展工作，工会应当支持企业、事业单位依法行使经营管理权。

第三十九条 公司的董事会、监事会中职工代表的产生，依照公司法有关规定执行。

第四十条 基层工会委员会召开会议或者组织职工活动，应当在生产或者工作时间以外进行，需要占用生产或者工作时间的，应当事先征得企业、事业单位的同意。

基层工会的非专职委员占用生产或者工作时间参加会议或者从事工会工作，每月不超过三个工作日，其工资照发，其他待遇不受影响。

第四十一条 企业、事业单位、机关工会委员会的专职工作人员的工资、奖励、补贴，由所在单位支付。社会保险和其他福利待遇等，享受本单位职工同等待遇。

第五章 工会的经费和财产

第四十二条 工会经费的来源：

（一）工会会员缴纳的会费；

（二）建立工会组织的企业、事业单位、机关按每月全部职工工资总额的百分之二向工会拨缴的经费；

（三）工会所属的企业、事业单位上缴的收入；

（四）人民政府的补助；

（五）其他收入。

前款第二项规定的企业、事业单位拨缴的经费在税前列支。

工会经费主要用于为职工服务和工会活动。经费使用的具体办法由中华全国总工会制定。

第四十三条 企业、事业单位无正当理由拖延或者拒不拨缴工会经费，基层工会或者上级工会可以向当地人民法院申请支付令；拒不执行支付令的，工会可以依法申请人民法院强制执行。

第四十四条 工会应当根据经费独立原则，建立预算、决算和经费审查监督制度。

各级工会建立经费审查委员会。

各级工会经费收支情况应当由同级工会经费审查委员会审查，并且定期向会员大会或者会员代表大会报告，接受监督。工会会员大会或者会员代表大会有权对经费使用情况提出意见。

工会经费的使用应当依法接受国家的监督。

第四十五条 各级人民政府和企业、事业单位、机关应当为工会办公和开展活动，提供必要的设施和活动场所等物质条件。

第四十六条 工会的财产、经费和国家拨给工会使用的不动产，任何组织和个人不得侵占、挪用和任意调拨。

第四十七条 工会所属的为职工服务的企业、事业单位，其隶属关系不得随意改变。

第四十八条 县级以上各级工会的离休、退休人员的待遇，与国家机关工作人员同等对待。

第六章 法律责任

第四十九条 工会对违反本法规定侵犯其合法权益的，有权提请人民政府或者有关部门予以处理，或者向人民法院提起诉讼。

第五十条 违反本法第三条、第十一条规定，阻挠职工依法参加和组织工会或者阻挠上级工会帮助、指导职工筹建工会的，由劳动行政部门责令其改正；拒不改正的，由劳动行政部门提请县级以上人民政府处理；以暴力、威胁等手段阻挠造成严重后果，构成犯罪的，依法追究刑事责任。

第五十一条 违反本法规定，对依法履行职责的工会工作人员无正当理由调动工作岗位，进行打击报复的，由劳动行政部门责令改正、恢复原工作；造成损失的，给予赔偿。

对依法履行职责的工会工作人员进行侮辱、诽谤或者进行人身伤害，构成犯罪的，依法追究刑事责任；尚未构成犯罪的，由公安机关依照治安管理处罚法的规定处罚。

第五十二条 违反本法规定，有下列情形之一的，由劳动行政部门责令恢复其工作，并补发被解除劳动合同期间应得的报酬，或者责令给予本人年收入二倍的赔偿：

（一）职工因参加工会活动而被解除劳动合同的；

（二）工会工作人员因履行本法规定的职责而被解除劳动合同的。

第五十三条 违反本法规定，有下列情形之一的，由县级以上人民政府责令改正，依法处理：

（一）妨碍工会组织职工通过职工代表大会和其他形式依法行使民主权利的；

（二）非法撤销、合并工会组织的；

（三）妨碍工会参加职工因工伤亡事故以及其他侵犯职工合法权益问题的调查处理的；

（四）无正当理由拒绝进行平等协商的。

第五十四条 违反本法第四十六条规定，侵占工会经费和财产拒不返还的，工会可以向人民法院提起诉讼，要求返还，并赔偿损失。

第五十五条 工会工作人员违反本法规定，损害职工或者工会权益的，由同级工会或者上级工会责令改正，或者予以处分；情节严重的，依照《中国工会章程》予以罢免；造成损失的，应当承担赔偿责任；构成犯罪的，依法追究刑事责任。

第七章 附 则

第五十六条 中华全国总工会会同有关国家机关制定机关工会实施本法的具体办法。

第五十七条 本法自公布之日起施行。1950 年 6 月 29 日中央人民政府颁布的《中华人民共和国工会法》同时废止。

中国工会章程

（中国工会第十七次全国代表大会部分修改，2018 年 10 月 26 日通过）

总　则

中国工会是中国共产党领导的职工自愿结合的工人阶级群众组织，是党联系职工群众的桥梁和纽带，是国家政权的重要社会支柱，是会员和职工利益的代表。

中国工会以宪法为根本活动准则，按照《中华人民共和国工会法》和本章程独立自主地开展工作，依法行使权利和履行义务。

工人阶级是我国的领导阶级，是先进生产力和生产关系的代表，是中国共产党最坚实最可靠的阶级基础，是改革开放和社会主义现代化建设的主力军，是维护社会安定的强大而集中的社会力量。中国工会高举中国特色社会主义伟大旗帜，以马克思列宁主义、毛泽东思想、邓小平理论、“三个代表”重要思想、科学发展观、习近平新时代中国特色社会主义思想为指导，贯彻执行党的以经济建设为中心，坚持四项基本原则，坚持改革开放的基本路线，保持和增强政治性、先进性、群众性，坚定不移地走中国特色社会主义工会发展道路，推动党的全心全意依靠工人阶级的根本指导方针的贯彻落实，全面履行工会的社会职能，在维护全国人民总体利益的同时，更好地表达和维护职工的具体利益，团结和动员全国职工自力更生、艰苦创业，坚持和发展中国特色社会主义，为全面建成小康社会、把我国建设成为富强民主文明和谐美丽的社会主义现代化强国、实现中华民族伟大复兴的中国梦而奋斗。

中国工会坚持自觉接受中国共产党的领导，承担团结引导职工群众听党话、跟党走的政治责任，巩固和扩大党执政的阶级基础和群众基础。

中国工会的基本职责是维护职工合法权益、竭诚服务职工群众。

中国工会按照中国特色社会主义事业“五位一体”总体布局和“四个全面”战略布局，贯彻创新、协调、绿色、开放、共享的发展理念，把握为实现中华民族伟大复兴的中国梦而奋斗的工人运动时代主题，弘扬劳模精神、劳动精神、工匠精神，动员和组织职工积极参加建设和改革，努力促进经济、政治、文化、社会和生态文明建设；代表和组织职工参与国家和社会事务管理，参与企业、事业单位和机关的民主管理；教育职工践行社会主义核心价值观，不断提高思想道德素质、科学文化素质和技术技能素质，推进产业工人队伍建设改革，建设有理想、有道德、有文化、有纪律的职工队伍，不断发展工人阶级先进性。

中国工会以忠诚党的事业、竭诚服务职工为己任，坚持组织起来、切实维权的工作方针，坚持以职工为本、主动依法科学维权的维权观，促进完善社会主义劳动法律，维护职工的经济、政治、文化和社会权利，参与协调劳动关系和社会利益关系，推动构建和谐劳动关系，促进经济高质量发展和社会的长期稳定，维护工人阶级和工会组织的团结统一，为构建社会主义和谐社会作贡献。

中国工会维护工人阶级领导的、以工农联盟为基础的人民民主专政的社会主义国家政权，协助人民政府开展工作，依法发挥民主参与和社会监督作用。

中国工会在企业、事业单位中，按照促进企事业发展、维护职工权益的原则，支持行政依法行使管理权力，组织职工参加民主管理和民主监督，与行政方面建立协商制度，保障职工的合法权益，调动职工的积极性，促进企业、事业的发展。

中国工会实行产业和地方相结合的组织领导原则，坚持民主集中制。

中国工会坚持以改革创新精神加强自身建设，构建联系广泛、服务职工的工作体系，增强团结教育、维护权益、服务职工的功能，坚持群众化、民主化，保持同会员群众的密切联系，依靠会员群众开展工会工作。各级工会领导机关坚持把工作重点放到基层，着力扩大覆盖面、增强代表性，着力强化服务意识、提高维权能力，着力加强队伍建设、提升保障水平，坚持服务职工群众的工作生命线，全心全意为基层、为职工服务，构建智慧工会，增强基层工会的吸引力凝聚力战斗力，把工会组织建设得更加充满活力、更加坚强有力，成为深受职工群众信赖的学习型、服务型、创新型“职工之家”。

工会兴办的企业、事业，坚持公益性、服务性，坚持为改革开放和发展社会生产力服务，为职工群众服务，为推进工运事业服务。

中国工会努力巩固和发展工农联盟，坚持最广泛的爱国统一战线，加强包括香港特别行政区同胞、澳门特别行政区同胞、台湾同胞和海外侨胞在内的全国各族人民的大团结，促进祖国的统一、繁荣和富强。

中国工会在国际事务中坚持独立自主、互相尊重、求同存异、加强合作、增进友谊的方针，在独立、平等、互相尊重、互不干涉内部事务的原则基础上，广泛建立和发展同国际和各国工会组织的友好关系，积极参与“一带一路”建设，增进我国工人阶级同各国工人阶级的友谊，同全世界工人和工会一起，在推动构建人类命运共同体中发挥作用，为世界的和平、发展、合作、工人权益和社会进步而共同努力。

中国工会落实新时代党的建设总要求，以党的政治建设为统领，全面加强党的建设，增强政治意识、大局意识、核心意识、看齐意识，坚定道路自信、理论自信、制度自信、文化自信，坚决维护习近平总书记党中央的核心、全党的核心地位，坚决维护党中央权威和集中统一领导，在思想上政治上行动上同以习近平同志为核心的党中央保持高度一致。

第一章　会　员

第一条　凡在中国境内的企业、事业单位、机关和其他社会组织中，以工资收入为主要生活来源或者与用人单位建立劳动关系的体力劳动者和脑力劳动者，不分民族、种族、性别、职业、宗教信仰、教育程度，承认工会章程，都可以加入工会为会员。

第二条　职工加入工会，由本人自愿申请，经工会基层委员会批准并发给会员证。

第三条　会员享有以下权利：

（一）选举权、被选举权和表决权。

（二）对工会工作进行监督，提出意见和建议，要求撤换或者罢免不称职的工会工作人员。

（三）对国家和社会生活问题及本单位工作提出批评与建议，要求工会组织向有关方面如实反映。

（四）在合法权益受到侵犯时，要求工会给予保护。

（五）工会提供的文化、教育、体育、旅游、疗休养、互助保障、生活救助、法律服务、就业服务等优惠待遇；工会给予的各种奖励。

（六）在工会会议和工会媒体上，参加关于工会工作和职工关心问题的讨论。

第四条 会员履行下列义务：

（一）认真学习贯彻习近平新时代中国特色社会主义思想，学习政治、经济、文化、法律、科学、技术和工会基本知识等。

（二）积极参加民主管理，努力完成生产和工作任务，立足本职岗位建功立业。

（三）遵守宪法和法律，践行社会主义核心价值观，弘扬中华民族传统美德，恪守社会公德、职业道德、家庭美德、个人品德，遵守劳动纪律。

（四）正确处理国家、集体、个人三者利益关系，向危害国家、社会利益的行为作斗争。

（五）维护中国工人阶级和工会组织的团结统一，发扬阶级友爱，搞好互助互济。

（六）遵守工会章程，执行工会决议，参加工会活动，按月交纳会费。

第五条 会员组织关系随劳动（工作）关系变动，凭会员证明接转。

第六条 会员有退会自由。会员退会由本人向工会小组提出，由工会基层委员会宣布其退会并收回会员证。

会员没有正当理由连续六个月不交纳会费、不参加工会组织生活，经教育拒不改正，应当视为自动退会。

第七条 对不执行工会决议、违反工会章程的会员，给予批评教育。对严重违法犯罪并受到刑事处分的会员，开除会籍。开除会员会籍，须经工会小组讨论，提出意见，由工会基层委员会决定，报上一级工会备案。

第八条 会员离休、退休和失业，可保留会籍。保留会籍期间免交会费。

工会组织要关心离休、退休和失业会员的生活，积极向有关方面反映他们的愿望和要求。

第二章 组织制度

第九条 中国工会实行民主集中制，主要内容是：

（一）个人服从组织，少数服从多数，下级组织服从上级组织。

（二）工会的各级领导机关，除它们派出的代表机关外，都由民主选举产生。

（三）工会的最高领导机关，是工会的全国代表大会和它所产生的中华全国总工会执行委员会。工会的地方各级领导机关，是工会的地方各级代表大会和它所产生的总工会委员会。

（四）工会各级委员会，向同级会员大会或者会员代表大会负责并报告工作，接受会员监督。会员大会和会员代表大会有权撤换或者罢免其所选举的代表和工会委员会组成人员。

（五）工会各级委员会，实行集体领导和分工负责相结合的制度。凡属重大问题由委员会民主讨论，作出决定，委员会成员根据集体的决定和分工，履行自己的职责。

（六）工会各级领导机关，加强对下级组织的领导和服务，经常向下级组织通报情况，听取下级组织和会员的意见，研究和解决他们提出的问题。下级组织应及时向上级组织请示报告工作。

第十条 工会各级代表大会的代表和委员会的产生，要充分体现选举人的意志。候选人名单，要反复酝酿，充分讨论。选举采用无记名投票方式，可以直接采用候选人数多于应选人数的差额选举办法进行正式选举，也可以先采用差额选举办法进行预选，产生候选人名单，然后进行正式选举。任何组织和个人，不得以任何方式强迫选举人选举或不选举某个人。

第十一条 中国工会实行产业和地方相结合的组织领导原则。同一企业、事业单位、机关和其他社会组织中的会员，组织在一个工会基层组织中；同一行业或者性质相近的几个行业，根据需要建立全国的或者地方的产业工会组织。除少数行政管理体制实行垂直管理的产业，其产业工会实行产业工会和地方工会双重领导，以产业工会领导为主外，其他产业工会均实行以地方工会领导为主，同时接受上级产业工会领导的体制。各产业工会的领导体制，由中华全国总工会确定。

省、自治区、直辖市，设区的市和自治州，县（旗）、自治县、不设区的市建立地方总工会。地方总工会是当地地方工会组织和产业工会地方组织的领导机关。全国建立统一的中华全国总工会。中华全国总工会是各级地方总工会和各产业工会全国组织的领导机关。

中华全国总工会执行委员会委员和产业工会全国委员会委员实行替补制，各级地方总工会委员会委员和地方产业工会委员会委员，也可以实行替补制。

第十二条 县和县以上各级地方总工会委员会，根据工作需要可以派出代表机关。

县和县以上各级工会委员会，在两次代表大会之间，认为有必要时，可以召集代表会议，讨论和决定需要及时解决的重大问题。代表会议代表的名额和产生办法，由召集代表会议的总工会决定。

全国产业工会、各级地方产业工会、乡镇工会和城市街道工会的委员会，可以按照联合制、代表制原则，由下一级工会组织民主选举的主要负责人和适当比例的有关方面代表组成。

上级工会可以派员帮助和指导用人单位的职工组建工会。

第十三条 各级工会代表大会选举产生同级经费审查委员会。中华全国总工会经费审查委员会设常务委员会，省、自治区、直辖市总工会经费审查委员会和独立管理经费的全国产业工会经费审查委员会，应当设常务委员会。经费审查委员会负责审查同级工会组织及其直属企业、事业单位的经费收支和资产管理情况，监督财经法纪的贯彻执行和工会经费的使用，并接受上级工会经费审查委员会的指导和监督。工会经费审查委员会向同级会员大会或会员代表大会负责并报告工作；在大会闭会期间，向同级工会委员会负责并报告工作。

上级经费审查委员会应当对下一级工会及其直属企业、事业单位的经费收支和资产管理情况进行审查。

中华全国总工会经费审查委员会委员实行替补制，各级地方总工会经费审查委员会委员和独立管理经费的产业工会经费审查委员会委员，也可以实行替补制。

第十四条 各级工会建立女职工委员会，表达和维护女职工的合法权益。女职工委员会由同级工会委员会提名，在充分协商的基础上组成或者选举产生，女职工委员会与工会委员会同时建立，在同级工会委员会领导下开展工作。企业工会女职工委员会是县或者县以上妇联的团体会员，通过县以上地方工会接受妇联的业务指导。

第十五条 县和县以上各级工会组织应当建立法律服务机构，为保护职工和工会组织的合法权益提供服务。

各级工会组织应当组织和代表职工开展劳动法律监督。

第十六条 成立或者撤销工会组织，必须经会员大会或者会员代表大会通过，并报上一级工会批准。工会基层组织所在的企业终止，或者所在的事业单位、机关和其他社会组织被撤销，该工会组织相应撤销，并报上级工会备案。其他组织和个人不得随意撤销工会组织，也不得把工会组织的机构撤销、合并或者归属其他工作部门。

第三章 全国组织

第十七条 中国工会全国代表大会，每五年举行一次，由中华全国总工会执行委员会召集。在特殊情况下，由中华全国总工会执行委员会主席团提议，经执行委员会全体会议通过，可以提前或者延期举行。代表名额和代表选举办法由中华全国总工会决定。

第十八条 中国工会全国代表大会的职权是：

（一）审议和批准中华全国总工会执行委员会的工作报告。

（二）审议和批准中华全国总工会执行委员会的经费收支情况报告和经费审查委员会的工作报告。

（三）修改中国工会章程。

（四）选举中华全国总工会执行委员会和经费审查委员会。

第十九条 中华全国总工会执行委员会，在全国代表大会闭会期间，负责贯彻执行全国代表大会的决议，领导全国工会工作。

执行委员会全体会议选举主席一人、副主席若干人、主席团委员若干人，组成主席团。

执行委员会全体会议由主席团召集，每年至少举行一次。

第二十条 中华全国总工会执行委员会全体会议闭会期间，由主席团行使执行委员会的职权。主席团全体会议，由主席召集。

主席团闭会期间，由主席、副主席组成的主席会议行使主席团职权。主席会议由中华全国总工会主席召集并主持。

主席团下设书记处，由主席团在主席团成员中推选第一书记一人，书记若干人组成。书记处在主席团领导下，主持中华全国总工会的日常工作。

第二十一条 产业工会全国组织的设置，由中华全国总工会根据需要确定。

产业工会全国委员会的建立，经中华全国总工会批准，可以按照联合制、代表制原则组成，也可以由产业工会全国代表大会选举产生。全国委员会每届任期五年。任期届满，应当如期召开会议，进行换届选举。在特殊情况下，经中华全国总工会批准，可以提前或者延期举行。

产业工会全国代表大会和按照联合制、代表制原则组成的产业工会全国委员会全体会议的职权是：审议和批准产业工会全国委员会的工作报告；选举产业工会全国委员会或者产业工会全国委员会常务委员会。独立管理经费的产业工会，选举经费审查委员会，并向产业工会全国代表大会或者委员会全体会议报告工作。产业工会全国委员会常务委员会由主席一人、副主席若干人、常务委员若干人组成。

第四章　地方组织

第二十二条 省、自治区、直辖市，设区的市和自治州，县（旗）、自治县、不设区的市的工会代表大会，由同级总工会委员会召集，每五年举行一次。在特殊情况下，由同级总工会委员会提议，经上一级工会批准，可以提前或者延期举行。工会的地方各级代表大会的职权是：

（一）审议和批准同级总工会委员会的工作报告。

（二）审议和批准同级总工会委员会的经费收支情况报告和经费审查委员会的工作报告。

（三）选举同级总工会委员会和经费审查委员会。

各级地方总工会委员会，在代表大会闭会期间，执行上级工会的决定和同级工会代表大会的决议，领导本地区的工会工作，定期向上级总工会委员会报告工作。

根据工作需要，省、自治区总工会可在地区设派出代表机关。直辖市和设区的市总工会在区一级建立总工会。

县和城市的区可在乡镇和街道建立乡镇工会和街道工会组织，具备条件的，建立总工会。

第二十三条　各级地方总工会委员会选举主席一人、副主席若干人、常务委员若干人，组成常务委员会。工会委员会、常务委员会和主席、副主席以及经费审查委员会的选举结果，报上一级总工会批准。

各级地方总工会委员会全体会议，每年至少举行一次，由常务委员会召集。各级地方总工会常务委员会，在委员会全体会议闭会期间，行使委员会的职权。

第二十四条　各级地方产业工会组织的设置，由同级地方总工会根据本地区的实际情况确定。

第五章　基层组织

第二十五条　企业、事业单位、机关和其他社会组织等基层单位，应当依法建立工会组织。社区和行政村可以建立工会组织。从实际出发，建立区域性、行业性工会联合会，推进新经济组织、新社会组织工会组织建设。

有会员二十五人以上的，应当成立工会基层委员会；不足二十五人的，可以单独建立工会基层委员会，也可以由两个以上单位的会员联合建立工会基层委员会，也可以选举组织员或者工会主席一人，主持基层工会工作。工会基层委员会有女会员十人以上的建立女职工委员会，不足十人的设女职工委员。

职工二百人以上企业、事业单位的工会设专职工会主席。工会专职工作人员的人数由工会与企业、事业单位协商确定。

基层工会具备法人条件，依法取得社团法人资格，工会主席为法定代表人。

第二十六条　工会基层组织的会员大会或者会员代表大会，每年至少召开一次。经基层工会委员会或者三分之一以上的工会会员提议，可以临时召开会员大会或者会员代表大会。工会会员在一百人以下的基层工会应当召开会员大会。

工会会员大会或者会员代表大会的职权是：

（一）审议和批准工会基层委员会的工作报告。

（二）审议和批准工会基层委员会的经费收支情况报告和经费审查委员

会的工作报告。

（三）选举工会基层委员会和经费审查委员会。

（四）撤换或者罢免其所选举的代表或者工会委员会组成人员。

（五）讨论决定工会工作的重大问题。

工会基层委员会和经费审查委员会每届任期三年至五年，具体任期由会员大会或者会员代表大会决定。任期届满，应当如期召开会议，进行换届选举。在特殊情况下，经上一级工会批准，可以提前或者延期举行。

会员代表大会的代表实行常任制，任期与本单位工会委员会相同。

第二十七条 工会基层委员会的委员，应当在会员或者会员代表充分酝酿协商的基础上选举产生；主席、副主席，可以由会员大会或者会员代表大会直接选举产生，也可以由工会基层委员会选举产生。大型企业、事业单位的工会委员会，根据工作需要，经上级工会委员会批准，可以设立常务委员会。工会基层委员会、常务委员会和主席、副主席以及经费审查委员会的选举结果，报上一级工会批准。

第二十八条 工会基层委员会的基本任务是：

（一）执行会员大会或者会员代表大会的决议和上级工会的决定，主持基层工会的日常工作。

（二）代表和组织职工依照法律规定，通过职工代表大会、厂务公开和其他形式，参加本单位民主管理和民主监督，在公司制企业落实职工董事、职工监事制度。企业、事业单位工会委员会是职工代表大会工作机构，负责职工代表大会的日常工作，检查、督促职工代表大会决议的执行。

（三）参与协调劳动关系和调解劳动争议，与企业、事业单位行政方面建立协商制度，协商解决涉及职工切身利益问题。帮助和指导职工与企业、事业单位行政方面签订和履行劳动合同，代表职工与企业、事业单位行政方面签订集体合同或者其他专项协议，并监督执行。

（四）组织职工开展劳动和技能竞赛、合理化建议、技能培训、技术革新和技术协作等活动，培育工匠人才，总结推广先进经验。做好劳动模范和先进生产（工作）者的评选、表彰、培养和管理服务工作。

（五）加强对职工的政治引领和思想教育，开展法治宣传教育，重视人文关怀和心理疏导，鼓励支持职工学习文化科学技术和管理知识，开展健康的文化体育活动。推进企业文化职工文化建设，办好工会文化、教育、体育事业。

（六）监督有关法律、法规的贯彻执行。协助和督促行政方面做好工资、安全生产、职业病防治和社会保险等方面的工作，推动落实职工福利待遇。办好职工集体福利事业，改善职工生活，对困难职工开展帮扶。依法参与生产安全事故和职业病危害事故的调查处理。

（七）维护女职工的特殊利益，同歧视、虐待、摧残、迫害女职工的现象作斗争。

（八）搞好工会组织建设，健全民主制度和民主生活。建立和发展工会积极分子队伍。做好会员的发展、接收、教育和会籍管理工作。加强职工之家建设。

（九）收好、管好、用好工会经费，管理好工会资产和工会的企业、事业。

第二十九条 教育、科研、文化、卫生、体育等事业单位和机关工会，从脑力劳动者比较集中的特点出发开展工作，积极了解和关心职工的思想、工作和生活，推动党的知识分子政策的贯彻落实。组织职工搞好本单位的民主管理和民主监督，为发挥职工的聪明才智，创造良好的条件。

第三十条 工会基层委员会根据工作需要，可以在分厂、车间（科室）建立分厂、车间（科室）工会委员会。分厂、车间（科室）工会委员会由分厂、车间（科室）会员大会或者会员代表大会选举产生，任期和工会基层委员会相同。

工会基层委员会和分厂、车间（科室）委员会，可以根据需要设若干专门委员会或者专门小组。

按照生产（行政）班组建立工会小组，民主选举工会小组长，积极开展工会小组活动。

第六章 工会干部

第三十一条 各级工会组织按照革命化、年轻化、知识化、专业化的要求，努力建设一支坚持党的基本路线，熟悉本职业务，热爱工会工作，受到职工信赖的干部队伍。

第三十二条 工会干部要努力做到：

（一）认真学习马克思列宁主义、毛泽东思想、邓小平理论、“三个代表”重要思想、科学发展观、习近平新时代中国特色社会主义思想，学习政治、经济、历史、文化、科技、法律和工会业务等知识，提高政治能力，增强群众工作本领。

（二）执行党的基本路线和各项方针政策，遵守国家法律、法规，在改革开放和社会主义现代化建设中勇于开拓创新。

（三）信念坚定，忠于职守，勤奋工作，敢于担当，廉洁奉公，顾全大局，维护团结。

（四）坚持实事求是，认真调查研究，如实反映职工的意见、愿望和要求。

（五）坚持原则，不谋私利，热心为职工说话办事，依法维护职工的合法权益。

（六）作风民主，联系群众，增强群众意识和群众感情，自觉接受职工群众的批评和监督。

第三十三条 各级工会组织根据有关规定管理工会干部，重视发现培养和选拔优秀年轻干部、女干部、少数民族干部，成为培养干部的重要基地。

基层工会主席、副主席任期未满不得随意调动其工作。因工作需要调动时，应事先征得本级工会委员会和上一级工会同意。

第三十四条 各级工会组织建立与健全干部培训制度。办好工会干部院校和各种培训班。

第三十五条 各级工会组织关心工会干部的思想、学习和生活，督促落实相应的待遇，支持他们的工作，坚决同打击报复工会干部的行为作斗争。

县和县以上工会设立工会干部权益保障金，保障工会干部依法履行职责。

县和县以上工会可以为基层工会选派、聘用工作人员。

第七章　工会经费和资产

第三十六条 工会经费的来源：

（一）会员交纳的会费。

（二）企业、事业单位、机关和其他社会组织按全部职工工资总额的百分之二向工会拨缴的经费或者建会筹备金。

（三）工会所属的企业、事业单位上缴的收入。

（四）人民政府和企业、事业单位、机关和其他社会组织的补助。

（五）其他收入。

第三十七条 工会经费主要用于为职工服务和开展工会活动。各级工会组织应坚持正确使用方向，加强预算管理，优化支出结构，开展监督检查。

第三十八条 县和县以上各级工会应当与税务、财政等有关部门合作，依照规定做好工会经费收缴和应当由财政负担的工会经费拨缴工作。

未成立工会的企业、事业单位、机关和其他社会组织，按工资总额的百分之二向上级工会拨缴工会建会筹备金。

具备社团法人资格的工会应当依法设立独立经费账户。

第三十九条 工会资产是社会团体资产，中华全国总工会对各级工会的资产拥有终极所有权。各级工会依法依规加强对工会资产的监督、管理，保护工会资产不受损害，促进工会资产保值增值。根据经费独立原则，建立预算、决算、资产监管和经费审查监督制度。实行“统一领导、分级管理”的财务体制、“统一所有、分级监管、单位使用”的资产监管体制和“统一领导、分级管理、分级负责、下审一级”的经费审查监督体制。工会经费、资产的管理和使用办法以及工会经费审查监督制度，由中华全国总工会制定。

第四十条 各级工会委员会按照规定编制和审批预算、决算，定期向会员大会或者会员代表大会和上一级工会委员会报告经费收支和资产管理情况，接受上级和同级工会经费审查委员会审查监督。

第四十一条 工会经费、资产和国家及企业、事业单位等拨给工会的不动产和拨付资金形成的资产受法律保护，任何单位和个人不得侵占、挪用和任意调拨；不经批准，不得改变工会所属企业、事业单位的隶属关系和产权关系。

工会组织合并，其经费资产归合并后的工会所有；工会组织撤销或者解散，其经费资产由上级工会处置。

第八章　会　徽

第四十二条　中国工会会徽，选用汉字“中”、“工”两字，经艺术造型呈圆形重叠组成，并在两字外加一圆线，象征中国工会和中国工人阶级的团结统一。会徽的制作标准，由中华全国总工会规定。

第四十三条　中国工会会徽，可在工会办公地点、活动场所、会议会场悬挂，可作为纪念品、办公用品上的工会标志，也可以作为徽章佩戴。

第九章　附　则

第四十四条　本章程解释权属于中华全国总工会。

上海市工会条例

（1995年2月8日上海市第十届人民代表大会常务委员会第十六次会议通过，根据1997年5月27日上海市第十届人民代表大会常务委员会第三十六次会议《关于修改〈上海市工会条例〉的决定》第一次修正，根据2002年9月24日上海市第十一届人民代表大会常务委员会第四十三次会议《关于修改〈上海市工会条例〉的决定》第二次修正，自2003年1月1日起施行。）

第一章　总　则

第一条　为了保障工会在国家政治、经济和社会生活中的地位，确定工会的权利和义务，发挥工会在社会主义现代化建设事业中的作用，根据《中华人民共和国宪法》、《中华人民共和国工会法》以及其他有关法律、法规，结合本市的实际情况，制定本条例。

第二条　在本市行政区域内的企业、事业单位、机关和工会均应当遵守本条例。

本市设置在外省市的企业、事业单位在处理与本单位工会的关系以及与上级工会关系时，也应当遵守本条例。

第三条　工会是在中国共产党领导下职工自愿结合的工人阶级的群众组织，是党联系职工群众的桥梁和纽带，是国家政权的重要的社会支柱，是职工合法权益的代表者和维护者。

第四条 工会必须遵守宪法和法律，支持改革开放和社会主义现代化建设，依照中国工会章程独立自主地开展工作，具有下列职责：

（一）维护职工合法权益是工会的基本职责。工会在维护国家整体利益的同时，代表和维护职工的合法权益。

（二）组织和教育职工依法行使民主权利，参与对国家事务、经济和文化事业、社会事务的管理，协助人民政府开展工作，维护社会主义国家政权。

（三）动员职工积极参加社会主义精神文明建设，教育职工提高思想道德、技术业务和科学文化素质，建设有理想、有道德、有文化、有纪律的职工队伍。

（四）动员和组织职工积极参加社会主义经济建设，努力完成生产和工作任务。

第五条 工会通过平等协商和集体合同制度，协调劳动关系，维护企业职工劳动权益。

工会依照法律规定通过职工代表大会或者其他形式，组织职工参与本单位的民主决策、民主管理和民主监督。

第六条 工会必须密切联系职工，听取和反映职工的意见和要求，关心职工的生活，帮助职工解决困难，全心全意为职工服务。

第七条 工会的合法权益受法律保护，任何企业、事业单位、机关和个人不得侵害。

第二章 工会组织

第八条 企业、事业单位、机关中以工资收入为主要生活来源的体力劳动者和脑力劳动者，均有依法参加和组织工会的权利，并有退出工会的自由。

第九条 工会各级组织按照民主集中制原则建立。

市和区、县建立地方总工会。

同一行业或者性质相近的行业，可以建立市或者区、县产业工会。

街道、乡镇建立地区工会。

经济开发区、工业（科技）园区等企业较为集中的区域可以建立基层工会的联合会。

企业、事业单位、机关有会员二十五人以上的，应当建立基层工会委员会；不足二十五人的，可以单独建立基层工会委员会，也可以由两个以上单位的会员联合建立基层工会委员会，也可以选举组织员一人，组织会员开展活动。

建立工会组织必须报上一级工会批准。

不按照中国工会章程组建的任何组织，不得以工会的名义开展活动，也不得替代工会行使职权。

第十条 企业、事业单位在筹建的同时应当支持职工筹建工会。

已经开业尚未建立工会组织的企业、事业单位，应当从开业之日起六个月内支持、帮助职工建立工会。

上级工会应当帮助、指导未建立工会的企业、事业单位的职工组建工会，企业、事业单位应当予以支持，并提供必要的条件。

第十一条 任何单位和个人不得阻挠职工依法组建工会，不得随意撤销、合并工会组织，不得将工会的办事机构归属于其他工作部门。对没有建立工会组织的企业、事业单位，有关部门要积极支持、配合上级工会组织，指导职工建立工会，对于阻挠组建工会的违法行为，应当依法予以纠正。

第十二条 基层工会组织所在的企业终止，或者所在的事业单位、机关被撤销，该工会组织相应撤销，并报上一级工会备案。

第十三条 工会委员会和经费审查委员会由会员大会或者会员代表大会选举产生。企业主要负责人的近亲属不得作为本企业基层工会委员会成员的人选。

各级工会建立女职工委员会，女会员不足二十五人的设女职工委员。

市和区、县总工会，市产业工会以及街道、乡镇等工会，可以建立为职工服务的法律服务机构。

各级工会可以建立工会劳动法律监督组织。

第十四条 工会主席、副主席由会员大会或者会员代表大会选举产生，也可以由工会委员会选举产生，实行任期制。

第十五条 市和区、县总工会，市产业工会，具有社会团体法人资格。

依法建立的街道、乡、镇工会，区、县产业工会和基层工会具备下列条件，并报区、县总工会或者市产业工会核准后，取得社会团体法人资格：

（一）已经建立工会委员会；

（二）有必要的财产或者经费；

（三）有自己的名称和办公场所；

（四）能够独立承担民事责任。

依法具有或者取得社会团体法人资格的工会，其主席是法定代表人。

第三章　工会的权利和义务

第十六条　各级人民政府可以召开会议或者采取其他适当方式，向同级工会通报政府的重要工作部署和与工会工作有关的行政措施，研究解决工会反映的职工群众的意见和要求。

各级人民政府劳动行政部门应当会同同级工会和企业方面代表，建立劳动关系三方协商机制，共同研究解决劳动关系方面的重大问题。

街道办事处以及经济开发区、工业（科技）园区所在地负责劳动管理的部门，可以会同街道、经济开发区、工业（科技）园区的工会组织和企业方面的代表建立劳动关系三方协商机制，共同研究解决地区内劳动关系方面的重大问题。

第十七条　市和区、县人民政府制定国民经济和社会发展计划，市人民政府研究起草涉及职工切身利益的重大问题的法规、规章时，应当听取同级工会的意见。

市和区、县人民政府及有关部门在研究制定就业、工资、物价、安全生产、生活福利、社会保险等重大政策、措施时，或者成立涉及上述事项的社会监督机构时，应当吸收同级工会参加，听取工会的意见。

市和区、县总工会可以对就业、劳动报酬、物价、安全生产、生活福利、社会保险、职工队伍状况等问题进行调查分析，向人民政府提出意见或建议。

第十八条　国有企业、国有控股企业、集体企业以及事业单位的职工代表大会（职工大会）是企业、事业单位实行民主管理的基本形式，是职工行使民主管理权力的机构，依照法律、法规以及国家和本市的其他有关规定审议、通过、决定企业事业单位的重大决策事项和涉及职工切身利益的事项。

国有企业、国有控股企业、事业单位的工会委员会是职工代表大会（职工大会）的工作机构，负责职工代表大会（职工大会）的日常工作，检查、督促职工代表大会（职工大会）决议的执行。集体企业的工会委员会，应当支持和组织职工参加民主管理和民主监督。其他企业、事业单位的工会委员会，依照法律规定组织职工采取与本单位相适应的形式参与民主管理。

企业、事业单位违反职工代表大会（职工大会）制度和其他民主管理制度的，工会有权要求纠正。

第十九条 企业、事业单位研究经营管理和发展的重大问题应当听取工会的意见；召开讨论有关工资、福利、劳动安全卫生、社会保险等涉及职工切身利益的会议，必须有工会代表参加。

第二十条 企业设立监事会的，工会的代表应当作为监事会成员候选人。

企业董事会中没有工会代表的，董事会研究决定有关职工劳动报酬、生活福利、安全生产以及劳动保护、社会保险等涉及职工切身利益的问题时，应当事先听取工会的意见，并邀请工会的代表列席会议。

董事会研究决定生产经营的重大问题、制定重要的规章制度时，应当听取工会的意见，取得工会的合作。

工会的代表列席董事会会议的费用，按照董事会成员的经费渠道列支。

第二十一条 工会代表职工与企业、实行企业化管理的事业单位通过平等协商，就劳动报酬、工作时间、休息休假、劳动安全卫生、保险福利以及其他事项，依法签订集体合同；也可以专门就工资事项，依法签订工资协议。集体合同草案、工资协议草案应当提交职工代表大会或者全体职工讨论通过，并依照有关规定报送劳动行政部门和上一级工会。

产业工会以及经济开发区、工业（科技）园区等企业较为集中区域的工会联合会可以代表职工与相应企业方面的代表进行平等协商，依法签订集体合同。

工会提出签订、变更集体合同的，企业、实行企业化管理的事业单位在接到书面通知后应当按照有关规定与工会平等协商。企业、实行企业化管理的事业单位无正当理由拒绝平等协商，或者因签订集体合同发生争议，双方协商解决不成的，工会可以要求当地政府的劳动行政部门依法协调处理。

因履行集体合同发生争议，经协商解决不成的，工会可以向劳动争议仲裁委员会申请仲裁，仲裁机构不予受理或者对仲裁裁决不服的，可以依法向人民法院提起诉讼。

第二十二条　企业、事业单位起草劳动合同文本时，应当征求本单位工会的意见。

工会应当指导职工签订劳动合同，并依法监督劳动合同的履行。

工会发现企业、事业单位与职工未依法签订劳动合同的，有权要求纠正，或者建议政府有关部门依法处理。

第二十三条　企业、事业单位处分职工，工会认为有法律依据不足、事实理由不充分、处分不当或者超过法定处理权限等情形的，有权提出意见。

企业单方面解除职工劳动合同时，应当事先将理由通知工会，工会认为企业违反法律、法规和有关合同，要求重新研究处理时，企业应当研究工会的意见，并将处理结果书面通知工会。

第二十四条　企业依法建立劳动争议调解委员会。劳动争议调解委员会主任由工会代表担任，办事机构设在工会。

区、县总工会，市产业工会和街道、乡镇工会可以会同有关方面的代表，建立劳动争议调解组织。

劳动争议当事人可以向本企业劳动争议调解委员会申请调解，也可以向前款所述的劳动争议调解组织申请调解。

政府建立劳动争议仲裁委员会应当有同级工会的代表参加。

第二十五条　企业、事业单位违反劳动法律、法规规定，有下列侵犯职工劳动权益情形，工会应当代表职工与企业、事业单位交涉，要求企业、事业单位采取措施予以改正；企业、事业单位应当予以研究处理，并向工会作出答复；企业、事业单位拒不改正的，工会可以请求当地人民政府依法作出处理：

（一）克扣、无故拖欠职工工资的；

（二）不提供劳动安全卫生条件，或者劳动安全卫生设施和条件不符合国家规定的；

（三）随意延长劳动时间或者不按规定支付延长劳动时间报酬的；

（四）侵犯女职工和未成年工特殊权益的；

（五）其他严重侵犯职工劳动权益的。

第二十六条 工会依照国家规定对新建、扩建企业和技术改造工程中的劳动条件和安全卫生设施与主体工程同时设计、同时施工、同时投产使用进行监督。对工会提出的意见，企业或者主管部门应当认真处理，并将处理结果书面通知工会。

第二十七条 工会发现企业、事业单位的经营、管理者违章指挥，强令职工冒险作业，或者在生产过程中有明显重大事故隐患和职业危害的，有权提出建议，企业、事业单位应当及时予以答复和解决；发现危及职工生命安全的情况时，工会有权向企业、事业单位建议组织职工撤离危险现场，企业、事业单位必须及时作出处理决定。

职工因工伤亡事故和其他严重危害职工健康问题的调查处理，必须有工会参加。工会应当向有关部门提出处理意见，并有权要求追究直接负责的主管人员和有关责任人员的责任。对工会提出的意见，应当及时研究，给予答复。

第二十八条 工会有权到企业、事业单位的生产、工作、营业等场所调查和监督劳动法律、法规的执行情况，有关方面应当予以支持。

工会对企业、事业单位侵犯职工合法权益的问题进行调查时，有关单位应当予以协助，如实说明情况，提供有关资料，不得阻挠或者拒绝调查。

工会在调查中应当依法保守企业、事业单位的商业秘密。

第二十九条 工会参与监督社会保险基金的管理、使用和职工最低工资、最低生活保障线的实施。

工会有权督促企业、事业单位、机关依照有关规定，为职工交纳养老、医疗、工伤、失业、生育等社会保险基金。

第三十条 企业、事业单位有关人员非法扣留职工居民身份证等合法证件和对职工非法搜身、拘禁以及侮辱人格、体罚、殴打等侵害职工合法权益的，工会有权制止并应当提出处理建议。负责处理的部门应当在三十日内将处理意见告知工会。

第三十一条 企业、事业单位发生停工、怠工事件，本单位工会应当立即向上级工会报告，并应当代表职工同企业、事业单位或者有关方面协商，反映职工的意见和要求，提出解决意见；协商不成的，上级工会应当及时与劳动行政部门、单位的主管部门等到事发单位了解情况，共同协商，妥善处理。

对于职工的合理要求，企业、事业单位应当予以解决。工会协助企业、事业单位做好工作，尽快恢复生产、工作秩序。

第三十二条 职工合法权益受到侵害的，工会应当支持职工依法提出申诉、申请仲裁、提起诉讼，并提供法律帮助。

第三十三条 工会应当支持企业、事业单位的经营、管理者依法进行生产、经营活动和科学管理，会同企业、事业单位教育职工以国家主人翁态度对待劳动，爱护国家和企业的财产，组织职工开展群众性的合理化建议、技术革新活动，进行业余文化技术学习和职工培训，组织职工开展文娱、体育活动。

第三十四条 工会协助企业、事业单位、机关组织职工参加疗养、休养活动，办好职工集体福利事业，做好社会保险工作。

第三十五条 根据政府委托，工会与有关部门共同做好劳动模范和先进生产（工作）者的评选、表彰、培养和管理工作，宣传他们的事迹，关心他们的工作和生活。

第三十六条 工会协助人民政府和有关单位做好离退休人员的工作，关心他们的生活，维护他们的合法权益。

第四章 工会的人员和财产

第三十七条 市和区、县总工会的专职工作人员的编制，由市总工会与市和区、县编制管理部门协商确定。产业工会和街道、乡镇等工会专职工作人员的编制，由其上一级工会与有关方面协商确定。

企业、事业单位有职工二百人以上的，应当配备必要的专职工会工作人员。专职工会工作人员的人数，由上一级工会与企业、事业单位协商确定。职工不足二百人的，可以配备专职或者兼职工会工作人员。

第三十八条 工会主席、副主席、委员任期未满的，不得随意调动其工会工作岗位或者劳动合同约定的岗位，因工作需要调动的，应当事先征得本单位工会委员会的同意；工会主席、副主席的调动，还应当征得上一级工会的同意。

调动工会筹建负责人的工作，应当事先征求上一级工会的意见。

征求上一级工会的意见应当采取书面形式。上一级工会应当在接到书面意见之日起十五日内予以答复，逾期未答复的，视为同意。

基层工会专职主席、副主席或者委员自任职之日起，其劳动合同期限自动延长，延长期限相当于其任职期间；非专职主席、副主席或者委员自任职之日起，其尚未履行的劳动合同期限短于任期的，劳动合同期限自动延长至任期期满。但是，任职期间个人严重过失或者达到法定退休年龄的除外。

基层工会专职主席、副主席或者委员任期期满不再担任专职工会职务的，所在单位应当妥善安排其工作。

第三十九条 基层工会工作人员的劳动报酬和其他福利待遇由其所在单位承担。

基层工会专职主席、副主席和委员的劳动报酬和其他福利待遇，国家和本市有规定的，按照规定执行；没有规定的，可以由本单位工会或者上级工会与用人单位协商约定。

街道、乡镇以上各级工会以及所属企业、事业单位工作人员和离休、退休人员的待遇，按照国家和本市的有关规定执行。

第四十条 基层工会委员会需要占用生产（工作）时间召开会议或者开展活动的，应当事先与所在单位的主管人员商定。

工会兼职委员每月可以有三个工作日从事工会工作，其工资照发，待遇不受影响；超过三个工作日的，应当事先征得所在单位的主管人员同意。

第四十一条 建立工会的企业、事业单位、机关应当于每月十五日前按照上月全部职工工资总额的百分之二向工会拨缴当月的工会经费。工资总额按国家统计局的规定计算。成立工会筹备组织的企业、事业单位、机关，应当自成立工会筹备组织之日起按前款规定向工会拨缴工会经费。

各级工会应当按规定的比例向上一级工会上解经费。

第四十二条 工会应当根据经费独立原则，建立预算、决算和经费审查监督制度。

各级工会经费收支情况应当由同级工会经费审查委员会审查，并且定期向会员大会或者会员代表大会报告，接受监督。工会的经费、财产和国家拨给工会使用的不动产，任何单位和个人不得侵占、挪用和任意调拨。

工会所属的为职工服务的企业、事业单位，其合法权益受法律保护，任何单位和个人不得随意改变其隶属关系。

工会组织合并，其经费、财产归合并后的工会所有；工会组织撤销，其经费和财产由上级工会处置。

第四十三条 各级人民政府和企业、事业单位、机关，应当为同级工会提供必要的办公场所和设施。

第五章 法律责任

第四十四条 工会对违反本条例规定侵犯其合法权益的，有权提请人民政府或者有关部门予以处理，或者向人民法院提起诉讼。

第四十五条 违反本条例规定，阻挠职工依法参加和组织工会或者阻挠上级工会帮助、指导职工筹建工会的，由劳动行政部门责令其改正；拒不改正的，由劳动行政部门提请市或者区县人民政府处理；以暴力、威胁等手段阻挠造成严重后果，构成犯罪的，依法追究刑事责任。

第四十六条 违反本条例规定，随意调动工会主席、副主席、委员的工会工作岗位或者劳动合同约定的岗位以及工会筹建负责人工作的，本单位工会或者上级工会可以向劳动行政部门提出，由劳动行政部门责令改正、恢复原工作；造成损失的，给予赔偿。

工会主席、副主席、委员或者工会筹建负责人对用人单位擅自变更劳动合同的，可以依法申请劳动仲裁，对仲裁裁决不服的，可以向人民法院提起诉讼。

对依法履行职责的工会工作人员进行侮辱、诽谤或者进行人身伤害，构成犯罪的，依法追究刑事责任；尚未构成犯罪的，由公安机关依照治安管理处罚条例的规定处罚。

第四十七条 违反本条例规定，有下列情形之一的，由劳动行政部门责令恢复其工作，并补发被解除劳动合同期间应得的报酬；职工、工会工作人员不愿恢复工作的，由劳动行政部门责令给予本人年收入二倍的赔偿，并依照解除劳动合同的规定给予经济补偿：

（一）职工因参加工会活动而被解除劳动合同的；

（二）工会工作人员因履行本条例规定的职责而被解除劳动合同的。

第四十八条 违反本条例规定，有下列情形之一的，由市或者区县人民政府责令改正，依法处理：

（一）妨碍工会组织职工通过职工代表大会和其他形式依法行使民主权利的；

（二）非法撤销、合并工会组织的；

（三）妨碍工会参加职工因工伤亡事故以及其他侵犯职工合法权益问题的调查处理的；

（四）无正当理由拒绝进行平等协商的。

第四十九条 侵占、挪用或者任意调拨工会财产、经费拒不返还的，工会可以向人民法院提起诉讼，要求返还，并赔偿损失。

第五十条 违反本条例规定，不按照中国工会章程组建，以工会名义开展活动，或者替代工会行使职权的组织，由社会团体登记管理部门依法取缔。

第五十一条 企业、事业单位和机关逾期未缴或者少缴工会经费的，工会应当向其发出催缴通知书，限期缴纳；逾期仍未缴纳的，基层工会或者上级工会可以依法向人民法院申请支付令；拒不执行支付令的，工会可以依法申请人民法院强制执行。

第五十二条 工会工作人员违反本条例规定，损害职工或者工会权益的，由同级工会或者上级工会责令改正，或者予以处分；情节严重的，依照《中国工会章程》予以罢免；造成损失的，应当承担赔偿责任；构成犯罪的，依法追究刑事责任。

第六章　附　则

第五十三条 本条例自 1995 年 5 月 1 日起施行。

（二）全国总工会文件

企业工会工作条例

（2006 年 12 月 11 日中华全国总工会第十四届执行委员会第四次全体会议通过）

第一章　总　则

第一条　为加强和改进企业工会工作，发挥企业工会作用，根据《工会法》、《劳动法》和《中国工会章程》，制定本条例。

第二条　企业工会是中华全国总工会的基层组织，是工会的重要组织基础和工作基础，是企业工会会员和职工合法权益的代表者和维护者。

第三条　企业工会以邓小平理论和“三个代表”重要思想为指导，贯彻科学发展观，坚持全心全意依靠工人阶级根本指导方针，走中国特色社会主义工会发展道路，落实“组织起来、切实维权”的工作方针，团结和动员职工为实现全面建设小康社会宏伟目标作贡献。

第四条　企业工会贯彻促进企业发展、维护职工权益的工作原则，协调企业劳动关系，推动建设和谐企业。

第五条　企业工会在本企业党组织和上级工会的领导下，依照法律和工会章程独立自主地开展工作，密切联系职工群众，关心职工群众生产生活，热忱为职工群众服务，努力建设成为组织健全、维权到位、工作活跃、作用明显、职工信赖的职工之家。

第二章　企业工会组织

第六条　企业工会依法组织职工加入工会，维护职工参加工会的权利。

第七条　会员二十五人以上的企业建立工会委员会；不足二十五人的可以单独建立工会委员会，也可以由两个以上企业的会员按地域或行业联合建立基层工会委员会。同时按有关规定建立工会经费审查委员会、工会女职工委员会。

企业工会具备法人条件的，依法取得社会团体法人资格，工会主席是法定代表人。企业工会受法律保护，任何组织和个人不得随意撤销或将工会工作机构合并、归属到其他部门。

企业改制须同时建立健全工会组织。

第八条　会员大会或会员代表大会是企业工会的权力机关，每年召开一至两次会议。经企业工会委员会或三分之一以上会员提议可临时召开会议。

会员代表大会的代表由会员民主选举产生，会员代表实行常任制，任期与企业本届工会委员会相同，可连选连任。

会员在一百人以下的企业工会应召开会员大会。

第九条　会员大会或会员代表大会的职权：

（一）审议和批准工会委员会的工作报告。

（二）审议和批准工会委员会的经费收支情况报告和经费审查委员会的工作报告。

（三）选举工会委员会和经费审查委员会。

（四）听取工会主席、副主席的述职报告，并进行民主评议。

（五）撤换或者罢免其所选举的代表或者工会委员会组成人员。

（六）讨论决定工会工作其他重大问题。

第十条　会员大会或会员代表大会与职工代表大会或职工大会须分别行使职权，不得相互替代。

第十一条　企业工会委员会由会员大会或会员代表大会差额选举产生，选举结果报上一级工会批准，每届任期三年或者五年。

大型企业工会经上级工会批准，可设立常务委员会，负责工会委员会的日常工作，其下属单位可建立工会委员会。

第十二条　企业工会委员会是会员大会或会员代表大会的常设机构，对会员大会或会员代表大会负责，接受会员监督。在会员大会或会员代表大会闭会期间，负责日常工作。

第十三条　企业工会委员会根据工作需要，设立相关工作机构或专门工作委员会、工作小组。

工会专职工作人员一般按不低于企业职工人数的千分之三配备，具体人数由上级工会、企业工会与企业行政协商确定。

根据工作需要和经费许可，工会可从社会聘用工会工作人员，建立专兼职相结合的干部队伍。

第十四条　企业工会委员会实行民主集中制，重要问题须经集体讨论作出决定。

第十五条　企业工会委员（常委）会一般每季度召开一次会议，讨论或决定以下问题：

（一）贯彻执行会员大会或会员代表大会决议和党组织、上级工会有关决定、工作部署的措施。

（二）提交会员大会或会员代表大会的工作报告和向党组织、上级工会的重要请示、报告。

（三）工会工作计划和总结。

（四）向企业提出涉及企业发展和职工权益重大问题的建议。

（五）工会经费预算执行情况及重大财务支出。

（六）由工会委员会讨论和决定的其他问题。

第十六条　企业生产车间、班组建立工会分会、工会小组，会员民主选举工会主席、工会小组长，组织开展工会活动。

第十七条　建立工会积极分子队伍，发挥工会积极分子作用。

第三章　基本任务和活动方式

第十八条　企业工会的基本任务：

（一）执行会员大会或会员代表大会的决议和上级工会的决定。

（二）组织职工依法通过职工代表大会或职工大会和其他形式，参加企业民主管理和民主监督，检查督促职工代表大会或职工大会决议的执行。

（三）帮助和指导职工与企业签订劳动合同。就劳动报酬、工作时间、劳动定额、休息休假、劳动安全卫生、保险福利等与企业平等协商、签订集体合同，并监督集体合同的履行。调解劳动争议。

（四）组织职工开展劳动竞赛、合理化建议、技术革新、技术攻关、技术协作、发明创造、岗位练兵、技术比赛等群众性经济技术创新活动。

（五）组织培养、评选、表彰劳动模范，负责做好劳动模范的日常管理工作。

（六）对职工进行思想政治教育，组织职工学习文化、科学和业务知识，提高职工素质。办好职工文化、教育、体育事业，开展健康的文化体育活动。

（七）协助和督促企业做好劳动报酬、劳动安全卫生和保险福利等方面的工作，监督有关法律法规的贯彻执行。参与劳动安全卫生事故的调查处理。协助企业办好职工集体福利事业，做好困难职工帮扶救助工作，为职工办实事、做好事、解难事。

（八）维护女职工的特殊利益。

（九）加强组织建设，健全民主生活，做好会员会籍管理工作。

（十）收好、管好、用好工会经费，管理好工会资产和工会企（事）业。

第十九条　坚持群众化、民主化，实行会务公开。凡涉及会员群众利益的重要事项，须经会员大会或会员代表大会讨论决定；工作计划、重大活动、经费收支等情况接受会员监督。

第二十条　按照会员和职工群众的意愿，依靠会员和职工群众，开展形式多样的工会活动。

第二十一条　工会召开会议或者组织职工活动，需要占用生产时间的，应当事先征得企业的同意。企业行政应积极支持工会开展活动。

工会非专职委员占用生产或工作时间参加会议或者从事工会工作，在法律规定的时间内工资照发，其他待遇不受影响。

第二十二条　开展建设职工之家活动，建立会员评议建家工作制度，增强工会凝聚力，提高工会工作水平。

推动企业关爱职工，引导职工热爱企业，创建劳动关系和谐企业。

第四章　工会主席

第二十三条　职工二百人以上的企业工会依法配备专职工会主席。由同级党组织负责人担任工会主席的，应配备专职工会副主席。

第二十四条 国有、集体及其控股企业工会主席候选人，应由同级党组织和上级工会在充分听取会员意见的基础上协商提名。工会主席按企业党政同级副职级条件配备，是共产党员的应进入同级党组织领导班子。专职工会副主席按不低于企业中层正职配备。

私营企业、外商投资企业、港澳台商投资企业工会主席候选人，由会员民主推荐，报上一级工会同意提名；也可以由上级工会推荐产生。已建党组织的企业工会主席候选人须经党组织审核。工会主席享受企业行政副职待遇。

企业行政负责人、合伙人及其近亲属不得作为本企业工会委员会成员的人选。

第二十五条 工会主席、副主席可以由会员大会或会员代表大会直接选举产生，也可以由企业工会委员会选举产生。工会主席出现空缺，须按民主程序及时进行补选。

第二十六条 工会主席应当具备下列条件：

（一）政治立场坚定，热爱工会工作。

（二）具有与履行职责相应的文化程度、法律法规和生产经营管理知识。

（三）作风民主，密切联系群众，热心为会员和职工服务。

（四）有较强的协调劳动关系和组织活动能力。

第二十七条 企业工会主席的职权：

（一）负责召集工会委员会会议，主持工会日常工作。

（二）参加企业涉及职工切身利益和有关生产经营重大问题的会议，反映职工的意愿和要求，提出工会的意见。

（三）以职工方首席代表的身份，代表和组织职工与企业进行平等协商、签订集体合同。

（四）代表和组织职工参与企业民主管理。

（五）代表和组织职工依法监督企业执行劳动安全卫生等法律法规，要求纠正侵犯职工和工会合法权益的行为。

（六）担任劳动争议调解委员会主任，主持企业劳动争议调解委员会的工作。

（七）向上级工会报告重要信息。

（八）负责管理工会资产和经费。

第二十八条 按照法律规定，企业工会主席、副主席任期未满时，不得随意调动其工作。因工作需要调动时，应征得本级工会委员会和上一级工会的同意。

罢免工会主席、副主席必须召开会员大会或会员代表大会讨论，非经会员大会全体会员或者会员代表大会全体代表无记名投票过半数通过，不得罢免。

工会专职主席、副主席或者委员自任职之日起，其劳动合同期限自动延长，延长期限相当于其任职期间；非专职主席、副主席或者委员自任职之日起，其尚未履行的劳动合同期限短于任期的，劳动合同期限自动延长至任期期满。任职期间个人严重过失或者达到法定退休年龄的除外。

第二十九条 新任企业工会主席、副主席，应在一年内参加上级工会举办的上岗资格或业务培训。

第五章 工作机制和制度

第三十条 帮助和指导职工签订劳动合同。代表职工与企业协商确定劳动合同文本的主要内容和条件，为职工签订劳动合同提供法律、技术等方面的咨询和服务。监督企业与所有职工签订劳动合同。

工会对企业违反法律法规和有关合同规定解除职工劳动合同的，应提出意见并要求企业将处理结果书面通知工会。工会应对企业经济性裁员事先提出同意或否决的意见。

监督企业和引导职工严格履行劳动合同，依法督促企业纠正违反劳动合同的行为。

第三十一条 依法与企业进行平等协商，签订集体合同，并可就劳动报酬、劳动安全卫生、女职工特殊权益保护等签订专项集体合同。

工会应将劳动报酬、工作时间、劳动定额、保险福利、劳动安全卫生等问题作为协商重点内容。

工会依照民主程序选派职工协商代表，可依法委托本企业以外的专业人士作为职工协商代表，但不得超过本方协商代表总数的三分之一。

小型企业集中的地方，可由上一级工会直接代表职工与相应的企业组织或企业进行平等协商，签订县以下区域性、行业性集体合同或专项集体合同。

劳务派遣工集中的企业，工会可与企业、劳务公司共同协商签订集体合同。

第三十二条 工会发出集体协商书面要约二十日内，企业不予回应的，工会可要求上级工会协调；企业无正当理由拒绝集体协商的，工会可提请县级以上人民政府责令改正，依法处理；企业违反集体合同规定的，工会可依法要求企业承担责任。

第三十三条 企业工会是职工代表大会或职工大会的工作机构，负责职工代表大会或职工大会的日常工作。

职工代表大会的代表经职工民主选举产生。职工代表大会中的一线职工代表一般不少于职工代表总数的百分之五十。女职工、少数民族职工代表应占相应比例。

第三十四条 国有企业、国有控股企业职工代表大会或职工大会的职权：

（一）听取审议企业生产经营、安全生产、重组改制等重大决策以及实行厂务公开、履行集体合同情况报告，提出意见和建议。

（二）审议通过集体合同草案、企业改制职工安置方案。审查同意或否决涉及职工切身利益的重要事项和企业规章制度。

（三）审议决定职工生活福利方面的重大事项。

（四）民主评议监督企业中层以上管理人员，提出奖惩任免建议。

（五）依法行使选举权。

（六）法律法规规定的其他权利。

集体（股份合作制）企业职工代表大会或职工大会的职权：

（一）制定、修改企业章程。

（二）选举、罢免企业经营管理人员。

（三）审议决定经营管理以及企业合并、分立、变更、破产等重大事项。

（四）监督企业贯彻执行国家有关劳动安全卫生等法律法规、实行厂务公开、执行职代会决议等情况。

（五）审议决定有关职工福利的重大事项。

私营企业、外商投资企业和港澳台商投资企业职工代表大会或职工大会的职权：

（一）听取企业发展规划和年度计划、生产经营等方面的报告，提出意见和建议。

（二）审议通过涉及职工切身利益重大问题的方案和企业重要规章制度、集体合同草案等。

（三）监督企业贯彻执行国家有关劳动安全卫生等法律法规、实行厂务公开、履行集体合同和执行职代会决议、缴纳职工社会保险、处分和辞退职工的情况。

（四）法律法规、政策和企业规章制度规定及企业授权和集体协商议定的其他权利。

第三十五条 职工代表大会或职工大会应有全体职工代表或全体职工三分之二以上参加方可召开。职工代表大会或职工大会进行选举和作出重要决议、决定，须采用无记名投票方式进行表决，经全体职工代表或全体职工过半数通过。

小型企业工会可联合建立区域或行业职工代表大会，解决本区域或行业涉及职工利益的共性问题。

公司制企业不得以股东会取代职工代表大会或职工大会。

第三十六条 督促企业建立和规范厂务公开制度。

第三十七条 凡设立董事会、监事会的公司制企业，工会应依法督促企业建立职工董事、职工监事制度。

职工董事、职工监事人选由企业工会提名，通过职工代表大会或职工大会民主选举产生，表达职工意愿和诉求，接受职工监督。企业工会主席、副主席一般应分别作为职工董事、职工监事的候选人。

第三十八条 建立劳动法律监督委员会，职工人数较少的企业应设立工会劳动法律监督员，对企业执行有关劳动报酬、劳动安全卫生、工作时间、休息休假、女职工和未成年工保护、保险福利等劳动法律法规情况进行群众监督。

第三十九条 建立劳动保护监督检查委员会，生产班组中设立工会小组劳动保护检查员。建立完善工会监督检查、重大事故隐患和职业危害建档跟踪、群众举报等制度，建立工会劳动保护工作责任制。依法参加职工因工伤亡事故和其他严重危害职工健康问题的调查处理。协助与督促企业落实法律赋予工会与职工安全生产方面的知情权、参与权、监督权和紧急避险权。开展群众性安全生产活动。

依照国家法律法规对企业新建、扩建和技术改造工程中的劳动条件和安全卫生设施与主体工程同时设计、同时施工、同时使用进行监督。

发现企业违章指挥、强令工人冒险作业，或者生产过程中发现明显重大事故隐患和职业危害，工会应提出解决的建议；发现危及职工生命安全的情况，工会有权组织职工撤离危险现场。

第四十条　依法建立企业劳动争议调解委员会，劳动争议调解委员会由职工代表、企业代表和工会代表组成，办事机构设在企业工会。职工代表和工会代表的人数不得少于调解委员会成员总数的三分之二。

建立劳动争议预警机制，发挥劳动争议调解组织的预防功能，建立企业劳动争议信息员制度，做好劳动争议预测、预报、预防工作。

企业发生停工、怠工事件，工会应当积极同企业或者有关方面协商，反映职工的意见和要求并提出解决意见，协助企业做好工作，尽快恢复生产、工作秩序。

第四十一条　开展困难职工生活扶助、医疗救助、子女就学和职工互助互济等工作。有条件的企业工会建立困难职工帮扶资金。

第六章　女职工工作

第四十二条　企业工会有女会员十名以上的，应建立工会女职工委员会，不足十名的应设女职工委员。

女职工委员会在企业工会委员会领导和上一级工会女职工委员会指导下开展工作。

女职工委员会主任由企业工会女主席或副主席担任。企业工会没有女主席或副主席的，由符合相应条件的工会女职工委员担任，享受同级工会副主席待遇。

女职工委员会委员任期与同级工会委员会委员相同。

第四十三条 女职工委员会依法维护女职工的合法权益，重点是女职工经期、孕期、产期、哺乳期保护，禁忌劳动、卫生保健、生育保险等特殊利益。

第四十四条 女职工委员会定期研究涉及女职工特殊权益问题，向企业工会委员会和上级女职工委员会报告工作，重要问题应提交企业职工代表大会或职工大会审议。

第四十五条 企业工会应为女职工委员会开展工作与活动提供必要的经费。

第七章 工会经费和资产

第四十六条 督促企业依法按每月全部职工工资总额的百分之二向工会拨缴经费、提供工会办公和开展活动的必要设施和场所等物质条件。

第四十七条 工会依法设立独立银行账户，自主管理和使用工会经费、会费。工会经费、会费主要用于为职工服务和工会活动。

第四十八条 督促企业按国家有关规定支付工会会同企业开展的职工教育培训、劳动保护、劳动竞赛、技术创新、职工疗休养、困难职工补助、企业文化建设等工作所需费用。

第四十九条 工会经费审查委员会代表会员群众对工会经费收支和财产管理进行审查监督。

建立经费预算、决算和经费审查监督制度，经费收支情况接受同级工会经费审查委员会审查，接受上级工会审计，并定期向会员大会或会员代表大会报告。

第五十条 企业工会经费、财产和企业拨给工会使用的不动产受法律保护，任何单位和个人不得侵占、挪用和任意调拨。

企业工会组织合并，其经费财产归合并后的工会所有；工会组织撤销或解散，其经费财产由上级工会处置。

第八章 工会与企业党组织、行政和上级工会

第五十一条 企业工会接受同级党组织和上级工会双重领导，以同级党组织领导为主。未建立党组织的企业，其工会由上一级工会领导。

第五十二条 企业工会与企业行政具有平等的法律地位，相互尊重、相互支持、平等合作，共谋企业发展。

企业工会与企业可以通过联席会、民主议事会、民主协商会、劳资恳谈会等形式，建立协商沟通制度。

第五十三条 企业工会支持企业依法行使经营管理权，动员和组织职工完成生产经营任务。

督促企业按照有关规定，按职工工资总额的百分之一点五至百分之二点五、百分之一分别提取职工教育培训费用和劳动竞赛奖励经费，并严格管理和使用。

第五十四条 企业行政应依法支持工会履行职责，为工会开展工作创造必要条件。

第五十五条 上级工会负有对企业工会指导和服务的职责，为企业工会开展工作提供法律、政策、信息、培训和会员优惠等方面的服务，帮助企业工会协调解决工作中的困难和问题。

企业工会在履行职责遇到困难时，可请上级工会代行企业工会维权职责。

第五十六条 县以上地方工会设立保护工会干部专项经费，为维护企业工会干部合法权益提供保障。经费来源从本级工会经费中列支，也可以通过其他渠道多方筹集。

建立上级工会保护企业工会干部责任制。对因履行职责受到打击报复或不公正待遇以及有特殊困难的企业工会干部，上级工会应提供保护和帮助。

上级工会与企业工会、企业行政协商，可对企业工会兼职干部给予适当补贴。

第五十七条 上级工会应建立对企业工会干部的考核、激励机制，对依法履行职责作出突出贡献的工会干部给予表彰奖励。

工会主席、副主席不履行职责，上级工会应责令其改正；情节严重的可以提出罢免的建议，按照有关规定予以罢免。

第九章 附 则

第五十八条 本条例适用于中华人民共和国境内所有企业和实行企业化

管理的事业单位工会。

第五十九条 本条例由中华全国总工会解释。

第六十条 本条例自公布之日起施行。

中华全国总工会关于进一步加强建设职工之家工作充分发挥基层工会作用的意见

总工发〔2010〕29号

为深入贯彻党的十七大和十七届四中全会精神，认真落实中华全国总工会《关于加强和改进新形势下工会自身建设的决定》，切实加强基层工会组织建设，增强基层工会活力，不断提高工会工作水平，现就进一步加强建设职工之家（以下简称建家）工作，充分发挥基层工会作用，提出如下意见。

一、统一思想，充分认识进一步加强建设职工之家工作的重要性和紧迫性

开展建设职工之家活动，是发挥基层工会作用的重要平台，是增强基层工会活力的有效手段，是全面提升基层工会工作水平的综合性载体。当前，建家工作面临着新的形势、新的任务，也面临着新的发展机遇。

党中央一系列重要指示对建设职工之家提出新的更高的要求。党的十七大和十七届四中全会提出，以党的基层组织建设带动其他各类基层组织建设，在党的基层组织和党员中深入开展创先争优活动；胡锦涛总书记多次强调，各级工会组织要扩大工作覆盖面，增强组织凝聚力；中央书记处在关于工会工作的重要指示中指出，把各级工会组织进一步建成名副其实的职工之家。党中央一系列重要指示，既是对工会工作提出的更高标准和更高要求，也是对建家工作提出的更高标准和更高要求。必须按照党中央的要求，着眼于抓好基层、打牢基础，坚持把建会、建制、建家紧密结合，切实加强和改进工会自身建设，不断赢得广大职工群众的信赖。

基层工会面临的新情况新问题对建家工作提出了新任务新要求。随着各类基层工会组织的迅速发展，特别是大量非公有制企业工会组建之后，对夯实基础工作、发挥工会作用提出了新的要求；大量农民工成为职工队伍新成员，维护工人阶级团结统一和职工队伍稳定的任务更加艰巨。基层工会组织

建设和发挥作用的现状，迫切要求在坚持抓好组建工作的同时，进一步把工作着力点放在发挥基层工会作用上，充分运用建家这一有效载体，推动各个领域、各种类型基层工会全面开展建家活动，做到哪里有职工哪里就要建立工会组织，哪里有工会组织哪里就要开展建家活动，最广泛地把建家活动覆盖到每个基层工会组织，最充分地激发出每个基层工会的活力。

各级工会一定要从党和国家工作大局出发，立足深入贯彻落实科学发展观，紧紧把握全面建设小康社会、坚持和发展中国特色社会主义这个当代中国工人运动的主题，进一步增强大局意识、责任意识，充分认识进一步加强建家工作的重要性和紧迫性，适应加快经济发展方式转变的新要求，团结动员广大职工大力弘扬劳模精神和工人阶级伟大品格，明晰建家新思路，提出建家新举措，实现建家新发展，在推动经济发展、维护职工合法权益、维护职工队伍和社会稳定中大有可为、大有作为。

二、与时俱进，进一步明确建设职工之家的基本要求

进一步加强建家工作，要坚持在继承的基础上不断创新，与时俱进地赋予新内容，努力把基层工会组织建设成为组织健全、维权到位、工作规范、作用明显、职工信赖的名副其实的职工之家。

（一）健全组织体系。基层工会委员会、经费审查委员会、女职工委员会组织健全，按时换届选举，单独设置工会工作机构，依法独立自主开展工作；依法进行工会法人资格或工会法人代表变更登记；工会主席（副主席）的产生、配备符合有关规定，职工二百人以上的单位依法配备专职工会主席；按不低于职工人数千分之三的比例配备专职工会干部；加强工会积极分子队伍建设；加强会员会籍管理，职工（含农民工、劳务派遣工）入会率达到85%以上。

（二）促进科学发展。围绕加快经济发展方式转变，深入开展多种形式的争先创优建功立业活动，持续形成劳动竞赛热潮；深入开展以增强自主创新能力为重点、以合理化建议和“五小”活动为内容的职工技术创新活动和“我为节能减排作贡献”活动，推动经济又好又快发展；加强劳动模范（先进工作者）的培养、评选、表彰、宣传和管理，激励职工立足岗位、勇创佳绩。

（三）履行维权职责。建立和完善以职工（教工）代表大会为基本形式

的民主管理制度，推行厂务（院务、校务）公开，公司制企业依照有关规定选举职工代表进入董事会和监事会，参与企业管理；深化“共同约定”行动，建立平等协商和签订集体合同制度，协商解决涉及职工切身利益的重大问题；指导和帮助职工签订劳动合同，依法妥善处理劳动争议纠纷，提供法律援助，构建和谐劳动关系；协助和督促企业落实国家各项涉及职工权益的法律法规，遵守劳动安全卫生等规定，安全生产无事故；维护女职工的特殊权益。

（四）提高职工素质。落实《全国职工素质建设工程五年规划》，发挥工会“大学校”作用，深入开展“共筑理想信念、共促科学发展”主题教育活动，弘扬中国工人阶级伟大品格，用社会主义核心价值体系引领职工群众；开展“创建学习型组织、争做知识型职工”活动，培育“四有”职工队伍；开展群众性精神文明创建和文化体育活动，满足职工群众精神文化需求，推动职工文化和企业文化建设。

（五）服务职工群众。以职工最关心、最直接、最现实的利益为重点，认真倾听职工呼声，积极反映职工意愿，提出政策建议和主张；关心职工生产生活问题，指导帮助职工就业，进一步叫响做实“职工有困难找工会”，努力为职工办实事、做好事、解难事；开展“送温暖”、“金秋助学”等活动，履行帮扶困难职工“第一知情人”、“第一报告人”、“第一协调人”、“第一监督人”的职责。

（六）加强自身建设。坚持民主集中制，密切联系群众，廉洁自律；健全各项组织制度、民主制度、工作制度，基础资料齐全；坚持会员（代表）大会制度，完善会员代表常任制，实行会务公开，接受会员群众民主评议和监督，保障会员民主权利；开展“创建学习型工会、争做知识型工会干部”活动，加强思想、作风、能力建设，提高工会自身建设科学化水平，建设学习型、服务型、创新型工会；建立单独工会财务账号，独立使用工会经费，收好管好用好工会经费，保护好工会资产；工会工作有创新、有特色。

三、健全机制，强化建设职工之家的激励与约束

深入开展建家活动必须调动各方面的积极性，强化激励与约束机制建设，激发工作的内在动力与活力，保持常建常新、蓬勃发展。

（一）结合召开全国工会代表大会，每五年集中表彰一批全国模范职工之家、全国模范职工小家、全国优秀工会工作者、全国优秀工会积极分子、全国优秀工会之友；届中评选表彰一批全国模范职工之家、全国模范职工小家、全国优秀工会工作者。适当扩大对非公有制企业工会、乡镇（街道）工会、村（社区）工会、各类基层工会联合会的表彰比例。对于作出突出成绩的先进基层工会和优秀工会干部，可由省（部）级工会即时推荐申报，由全总授予荣誉称号。对获得全国模范职工之家称号的企事业单位工会和工会主席，上级工会和本单位可以给予适当物质奖励。全总在表彰全国模范职工之家的同时，对建家工作成绩突出的省级工会，给予通报表扬。

（二）评选表彰模范职工之家、优秀工会工作者与评选五一劳动奖状、奖章有机结合。对已获得各层级模范职工之家称号、经会员民主测评连续三年以上获得满意等次的基层工会和工会主席（副主席），可优先推荐申报本地或上级五一劳动奖状、奖章。全总在表彰全国模范职工之家和全国优秀工会工作者的同时，对其中事迹特别突出的先进单位和先进个人分别授予全国五一劳动奖状和全国五一劳动奖章称号。

（三）各级工会要真正重视、真诚关心、真心爱护在建家工作中作出优异成绩的基层工会干部。全国总工会每年组织部分获得全国模范职工之家称号单位的工会主席参加疗休养活动。

（四）基层单位及其党政负责人拟推荐申报工会系统评选表彰的各层级五一劳动奖状、五一劳动奖章等荣誉称号的，其工会组织必须荣获相应层级的模范职工之家称号。

（五）切实落实会员评家制度，以会员满意度为标准，定期对获得荣誉称号的基层工会进行复查。对会员不满意的应提出限期整改要求，逾期未改或经整改仍达不到要求的，撤销其荣誉称号。对会员测评不满意的工会主席（副主席），所在单位党组织和上级工会应在核实的基础上对其进行诫勉谈话；连续两年会员仍不满意的，应按照《中国工会章程》的有关规定对其进行组织调整。对三年内未达到合格职工之家标准的基层工会，上级工会应采取措施予以整顿。

四、加强领导，切实提高建设职工之家工作水平

各级工会必须把建家工作作为一项长期性、战略性的任务，高度重视，

持之以恒地推进。

（一）加强领导、形成合力。各级工会要切实把建家工作摆上重要议事日程，建立领导小组，形成主要领导亲自抓、分管领导具体抓、职能部门共同抓的工作格局。要制定工作规划和具体实施办法，健全完善考核评价机制，务必抓出实效。要积极主动取得同级党组织的领导，争取把建家工作纳入党建工作的重要内容，统一部署、统一检查、统一考核、统一表彰，推动建家工作健康发展。

（二）突出重点、拓展领域。各级工会要把非公有制企业作为建家工作的重点，向各类基层工会拓展，开展区域性、行业性工会联合会建家活动，不断扩大建家工作覆盖面。积极探索非公有制企业工会建家的新形式，正确处理硬件建设、软件建设、自身建设的关系，把工作重点放在维护职工最关心最直接最现实的利益上，认真解决自身建设中存在的突出问题，不断提高建家工作质量和工会工作水平。

（三）分类指导、提高水平。要根据各种类型基层工会的特点，提出不同的建家标准，突出针对性，不搞一个模式。国有、集体企业工会，机关和事业单位工会要认真对照标准，查找差距，把工作重点放在提高建家水平和增强工会活力上；改制企业工会要着力抓好工会组织的整顿和重建工作，发挥职代会作用，切实维护职工合法权益；非公有制企业工会要适应企业特点，打好基础、规范起步，切实提高规范建设水平。

（四）深入调研、不断创新。要加强调查研究，认真总结分析，坚持以理论创新推动工作创新、实践创新，及时抓住制约和影响建家工作的突出问题，研究解决的办法，提出指导性意见，不断探索建家规律，推动建家工作创新发展。

（五）加强宣传、树立典型。要加强舆论宣传，形成建家良好氛围，不断扩大建家影响，引导会员和职工群众积极参与建家活动，增强吸引力和凝聚力。要及时总结推广先进经验，发挥典型示范作用，树立品牌形象，形成学先进、赶先进、超先进的热潮。

中华全国总工会关于在企业工会实施“工会组织亮牌子、工会主席亮身份”的意见

总工发〔2012〕24号

为进一步加强基层工会规范化建设，充分发挥基层工会作用，根据《中华人民共和国工会法》和《中国工会章程》，总结推广福建省总工会等地方工会开展“工会组织亮牌子示职责、工会干部亮身份许承诺”活动的创新实践，现就在企业工会特别是非公有制企业工会实施“工会组织亮牌子、工会主席亮身份”（以下简称“双亮”）提出如下意见。

一、实施“双亮”的必要性和重要性

目前，企业工会已成为基层工会的主体，其作用发挥如何直接关系到工会各项任务的落实和整体工作水平的提高。在企业工会特别是非公有制企业工会实施“双亮”，对于提升其规范化建设水平，充分发挥其作用，促进工会工作固本强基具有重要意义。

（一）实施“双亮”是推动企业工会特别是非公有制企业工会规范化建设的客观要求。多年来，企业工会特别是非公有制企业工会得到快速发展，但有相当一部分非公有制企业工会在组建时，宣传动员职工群众不够充分，履行相关程序不够严格，致使会员和职工群众感受不到工会组织的存在，甚至形同虚设。因此，从企业工会特别是非公有制企业工会的现状出发实施“双亮”，有利于职工群众进一步认识和了解工会，密切工会与职工群众的联系，叫响做实“职工有困难找工会”，推动企业工会特别是非公有制企业工会逐步提升规范化建设水平，循序渐进开展活动，逐步提升工作水平。

（二）实施“双亮”是破解非公有制企业工会建设难题的实践创造。近年来，各地方工会在大力推进非公有制企业工会组建的同时，重视发挥已建工会的作用，积极探索非公有制企业工会规范化建设的途径，有效促进了非公有制企业工会建设。总结基层的创新经验，在更大范围有计划、有部署、有督查地实施“双亮”，有利于从工会工作全局上夯实非公有制企业工会建设的基础，提高非公有制企业工会建设的整体水平。

（三）实施“双亮”有利于促进企业工会干部作风的转变。密切与职工

群众的联系，增进与职工群众的感情，热心为职工群众说话办事，自觉接受职工群众的监督，这是对企业工会干部的基本要求。实施“双亮”有利于加强和改进工会干部工作作风、树立工会组织良好形象，不断提高职工群众对工会组织和工会干部的认知度和信任感，增强工会干部的责任感和使命感，促使工会组织与职工群众“零距离”接触，工会干部与职工群众交朋友，让职工群众实实在在地感受到工会组织的温暖。

各级工会组织要充分认识实施“双亮”在促进企业工会特别是非公有制企业工会建设、发挥其积极作用中的重要意义，推动这项工作取得实效，真正成为激发企业工会活力的一项务实的举措。

二、实施“双亮”的基本要求

“双亮”的特点是能监督、易检查、好落实、有反响。实施“双亮”是从企业工会特别是非公有制企业工会的实际出发，从最基础、最现实、最易行的环节抓起，遵循先易后难、循序渐进的原则，推动企业工会发挥作用。2012 年全国企业工会实施“双亮”的覆盖面要达到 50% 以上，通过两至三年的努力，基本实现全覆盖。

（一）工会组织亮牌子。企业工会要在企业门面或工会办公地点悬挂与企业名称相对应的工会组织牌匾。牌匾一般由企业工会自行制作，也可由上级工会统一配发。工会办公地点应在企业宣传橱窗、厂务公开栏、会务公开栏、企业网站、职工食堂等一处或多处明显位置公布。

（二）工会主席亮身份。企业工会主席、副主席要以佩戴胸卡、戴牌上岗、印发联系卡、设置办公桌牌等一种或多种形式亮出身份。在企业宣传橱窗、厂务公开栏、会务公开栏、企业网站、职工食堂等一处或多处显眼位置公布工会主席、副主席办公电话、手机号码等联系方式。工会换届选举后或工会主席、副主席人员变动时，要及时更新其信息。

（三）逐步深化“双亮”内容。企业工会要在亮牌子、亮身份的基础上，不断丰富工作内容，创新工作载体，进一步示职责、许承诺、办实事等，并按照开展建设职工之家、“双爱双评”活动的基本要求，建立各项工作制度和民主制度，健全维权机制，逐步提升工作水平。

（四）积极拓宽“双亮”范围。乡镇（街道）工会、村（社区）工会、区域性行业性基层工会联合会、联合基层工会纳入“双亮”范围。工会主席、副主席需在所在单位亮出身份，并将联系卡发至涵盖企业会员和职工。企业工会所属工会分会、工会小组以及其他工会专兼职工作人员可采取适当方式进行“双亮”。

三、实施“双亮”的组织领导

（一）切实加强领导。各级工会组织要积极争取党组织领导和支持，把实施“双亮”与党组织开展的“基层组织建设年”活动有机结合起来，作为党工共建创先争优的重要内容，一同部署、一同检查、一同考核。

（二）形成工作合力。各级工会组织要把实施“双亮”摆上重要议事日程，与开展“面对面、心贴心、实打实服务职工在基层”活动紧密结合，制定实施方案，明确责任分工，主要领导加强组织协调，分管领导全面负责，业务部门具体落实，机关各部门、各产业工会支持配合，形成合力，共同推进。

（三）明确责任主体。省、市级地方总工会主要负责实施“双亮”的部署督导，实施典型示范。县级工会、开发区（工业园区）工会、乡镇（街道）工会、村（社区）工会作为实施“双亮”的责任主体，要切实承担起指导督促所辖企业工会进行“双亮”的职责，做到组建工会与实施“双亮”同步进行，积极帮助企业工会解决在“双亮”中遇到的困难和问题，集中相应时间、组织专门人员具体推动落实。

（四）加强具体指导。各级工会要及时研究“双亮”中遇到的新情况，解决新问题，总结新经验，善于运用典型推动工作。全总确定河北、浙江、湖南、四川、陕西5省总工会，邯郸、保定、杭州、嘉兴、长沙、岳阳、德阳、资阳、咸阳、渭南10市总工会作为“双亮”示范点，并将适时召开示范点单位会议，交流情况、推广经验、推动工作。各省、市级总工会要加强工作指导，确定相应示范单位，推广典型经验，定期组织自查、互查、抽查，以25人以上单独工会委员会为重点，适时通报进展情况。加强舆论宣传，建立健全激励约束机制，组织广大会员积极参与互动，确保扎实有效地进行，不断夯实企业工会工作基础。

中华全国总工会关于印发《中华全国总工会关于新形势下加强基层工会建设的意见》的通知

总工发〔2014〕22号

各省、自治区、直辖市总工会，各全国产业工会，中共中央直属机关工会联合会、中央国家机关工会联合会，全总各部门、各直属单位：

现将《中华全国总工会关于新形势下加强基层工会建设的意见》印发给你们，请结合实际，认真贯彻落实。同时，根据各自实际情况，制定具体实施意见。全总各部门要按照工作分工，明确职责，提出贯彻落实《意见》的具体措施。有关贯彻落实情况，请及时报全总。

中华全国总工会

2014年7月29日

中华全国总工会关于新形势下加强基层工会建设的意见

为深入贯彻党的十八大、十八届三中全会和习近平总书记系列重要讲话特别是关于工人阶级和工会工作的重要指示精神，进一步夯实工会基层基础，增强基层工会组织吸引力凝聚力，现就新形势下加强基层工会建设提出如下意见。

一、新形势下加强基层工会建设的重要意义、指导思想和目标要求

1. 工会是党联系职工群众的桥梁和纽带，基层工会直接联系和服务职工群众，是工会全部工作的基础，是落实工会各项工作的组织者、推动者和实践者。新形势下加强基层工会建设，是巩固党执政的阶级基础和群众基础的必然要求，是动员广大职工积极投身改革、实现中国梦的迫切需要，是服务职工、维护职工合法权益、构建和谐劳动关系的重要保障，是加强工会自身建设、增强工会组织活力、推进国家治理体系和治理能力现代化的客观需要。近年来，各级工会主动适应企业组织形式、职工队伍结构和劳动关系的变化，始终把抓基层、打基础、增活力作为重点工作，在维护职工合法权

益、构建和谐劳动关系、推动经济社会发展中发挥了重要作用。但从总体上看，基层工会工作与形势任务的要求、党中央的重托和职工群众的期盼仍有较大差距，主要表现在：工会组建工作与企业快速发展、组织形式多样化的特点不相适应；工会会员发展和管理与职工队伍迅速壮大、内部结构的深刻变化不相适应；工会组织体制、运行机制与基层工会工作创新发展的迫切需要不相适应；工会活动的内容方式与职工群众多样化的需求不相适应；工会干部队伍建设与基层工会所承担的工作职责不相适应；为基层工会提供的指导服务保障与基层工会面临的繁重任务不相适应。各级工会要进一步统一思想、提高认识，切实增强责任感和使命感，按照“巩固、发展、提高”的要求，以职工满意不满意、工会作用发挥充分不充分为标尺，全面加强基层工会建设，努力开创基层工会工作新局面。

2. 新形势下加强基层工会建设，要高举中国特色社会主义伟大旗帜，坚持以邓小平理论、“三个代表”重要思想、科学发展观为指导，贯彻落实习近平总书记系列重要讲话精神，坚持走中国特色社会主义工会发展道路，牢牢把握为实现中华民族伟大复兴的中国梦而奋斗这个我国工人运动的时代主题，坚持依法建会、依法管会、依法履职、依法维权，以组织建设为基础，以作用发挥为关键，以健全机制为保障，以职工满意为标准，突出服务职工、突出问题导向、突出改革创新，着力加强基层服务型工会建设，扩大覆盖面、增强凝聚力，努力把基层工会建设成为职工群众信赖的“职工之家”，把广大基层工会干部锤炼成为听党话、跟党走、职工群众信赖的“娘家人”。

3. 新形势下加强基层工会建设，要坚持从工会组织的性质和特点出发，努力建设“六有”工会：一是有依法选举的工会主席，建设心系职工、善于维权、开拓进取的骨干队伍；二是有独立健全的组织机构，完善工会委员会、经费审查委员会、女职工委员会等组织；三是有服务职工的活动载体，满足职工的多样化需求；四是有健全完善的制度机制，实现工会工作的群众化、民主化、制度化、法制化；五是有自主管理的工会经费，真正用于服务职工和工会活动；六是有会员满意的工作绩效，切实让职工群众感受到工会是“职工之家”。通过3—5年努力，使基层工会覆盖面明显扩大，服务职工能力明显提高，工会组织吸引力凝聚力明显增强，力争实现全国80%以上的基层工会基本达到“六有”目标。

二、加强基层工会组织建设

4. 加强企业和机关事业单位工会建设。企业和机关事业单位工会是基层工会的主体。要适应工业化、信息化、城镇化和农业现代化，依法推进各类企业和机关事业单位普遍建立工会组织，巩固建会成果，提高建会质量。国有及国有控股企业、机关、事业单位工会组建实现全覆盖，职工人数较多、规模以上企业工会组建实现全覆盖。积极推进非公有制企业、社会组织以及服务业单位建会工作，25 人以上单位应单独组建工会，25 人以下单位一般通过联合基层工会实现组织覆盖。切实纠正企业和机关事业单位改革改制中撤销工会或将工会合并到党群工作部门的现象。

5. 加强乡镇（街道）、开发区（工业园区）工会建设。乡镇（街道）、开发区（工业园区）工会承担地方工会和基层工会双重职责。积极推进乡镇（街道）、开发区（工业园区）组建工会，已经建立工会工作委员会的，要逐步向工会联合会、总工会等组织形式转变。企业 100 家左右、职工 5000 人左右的乡镇（街道）、省级以上开发区（工业园区）可以设立总工会，作为一级地方工会组织，履行地方工会领导职责。乡镇（街道）、开发区（工业园区）工会组织机构单独设置，工会主席按党政同级副职配备，副主席享受中层正职待遇。乡镇（街道）设立总工会的，要积极推动乡镇（街道）党（工）委副书记兼任总工会主席，配备 1 名专职副主席，并配备专职工会干事，同时选配好兼职副主席和委员。

6. 加强区域（行业）基层工会联合会建设。按照地域相近、行业相同的原则，在县以下建立区域性或行业性基层工会联合会。联合会委员会由专职工作人员和所属基层工会主席组成，也可吸收党委政府相关部门人员参加。联合会原则上至少配备 1 名专职工作人员，会员人数较多的应适当增加配备人数。加强村（社区）工会建设，努力实现对不具备单独建会条件的小微企业和零散就业人员全覆盖。规范联合基层工会组织架构，所辖单位原则上不超过 50 家。

7. 加强基层工会干部队伍建设。基层工会干部队伍是基层工会赖以发挥作用的关键。要在同级党组织和上级工会的领导下，充分发扬民主，依法依规推进基层工会民主选举。按照积极稳妥、确保质量的要求，扎实推进基层工会主席（副主席）由会员大会或者会员代表大会直接选举产生。根据各地实际和工作需要，上级工会可以向基层工会推荐、选派工会主席候选人。积极争取公益性岗位，运用市场化、社会化方式聘用社会化工会工作者，建立完善社会化工会工作者选聘、使用、履职、考核、退出等机制。加强基层工会干部培训工作，切实增强政治意识、大局意识和服务意识，不断提高履职能力。基层工会主席上岗一年内应参加培训。

8. 加强会员发展和会籍管理工作。加大会员发展力度，最大限度地把广大职工组织到工会中来。切实做好农民工会员发展工作，积极探索运用多种形式，把农民工吸引到工会中来、吸引到工会活动中来。加强对职工特别是农民工服务类社会组织的团结、联系和吸纳，通过服务和活动吸引凝聚职工，充分发挥工会枢纽型社会组织的作用。推进会员管理工作制度化、规范化、信息化，健全会员档案，做好会员登记和会员证发放工作，积极推进会员实名制管理，通过举行职工入会仪式等多种途径增强会员意识。会员组织关系随劳动关系流动，完善“源头入会、凭证接转、属地管理”机制，畅通会员组织关系接转渠道。

三、明确基层工会建设的主要任务

9. 教育引导职工。培育和践行社会主义核心价值观，提高职工的道德素养，激发职工奋发向上、崇德向善的正能量。大力弘扬劳动精神、劳模精神和工人阶级伟大品格，深入开展“中国梦・劳动美”主题教育活动，倡导辛勤劳动、诚实劳动、科学劳动。加强职工思想政治工作，注重对职工的人文关怀、心理疏导和情绪引导，突出做好农民工、青年职工和知识分子等职工群体的思想工作。加强职工文化建设，广泛开展职工文化体育活动，丰富职工精神文化生活。加强普法宣传教育，提高职工法律意识。

10. 推动改革发展。引导职工群众拥护支持改革、参与推动改革，夯实全面深化改革的群众基础。深入开展多种形式的劳动竞赛活动，深化合理化建议、技术攻关、技术革新、发明创造等群众性技术创新活动。加强班组建设，广泛开展“工人先锋号”创建活动。深入实施职工素质建设工程，加大职工职业技能培训力度，建立健全技术工人培养、评价、使用、激励机制，培养造就知识型、技术型、创新型的高素质职工队伍。

11. 履行维权职责。认真履行维护职工合法权益的基本职责，坚持以职工为本，主动依法科学维权。紧紧围绕职工最关心最直接最现实的利益问题、最困难最操心最忧虑的实际问题，以一线职工、农民工、困难职工等为重点群体，以劳动就业、技能培训、收入分配、社会保障、安全卫生等为重点领域，切实维护好广大职工的各项合法权益。坚持维权与维稳相统一，引导职工依法理性表达利益诉求，维护职工队伍和社会和谐稳定。

12. 协调劳动关系。建立健全科学有效的利益协调机制、诉求表达机制、矛盾调处机制、权益保障机制，推动形成规范有序、公正合理、互利共赢、和谐稳定的社会主义新型劳动关系。引导企业开展创建和谐劳动关系活动，依法推动企业普遍开展工资集体协商，促进基础扎实、条件成熟的行业建立集体协商制度。建立健全以职代会为基本形式的企事业单位民主管理制度、厂务公开制度和职工董事职工监事制度。加强劳动争议特别是集体劳动争议调处工作。深入开展“安康杯”竞赛活动，改善劳动安全卫生条件，保障职工群众生命安全和健康权益。

13. 服务职工群众。坚持全心全意为职工服务的宗旨，以服务增强工会组织的吸引力和凝聚力，以服务增强职工群众对工会组织的归属感和认同感。深化“面对面、心贴心、实打实服务职工在基层”活动长效机制，积极为职工办实事、做好事、解难事。加快构建服务职工工作体系，按照“会、站、家”一体化的思路，把组建工会、创办职工帮扶服务中心、建设“职工之家”统一起来，着力打造基层服务型工会。大力推行会员普惠制，加大投入、创新方式、完善机制，使全体会员都能享受到工会组织提供的实实在在的服务。探索向职工服务类社会组织购买服务，推进项目制、订单式、社会化服务方式。

四、加强基层工会建设的方法措施

14. 坚持分类指导。坚持从实际出发，在认真履行基本职责的基础上，针对不同性质、不同工作基础、不同组织形式的基层工会，提出不同的工作要求。国有企业工会要围绕生产经营搞好服务，保障职工参与管理和监督的民主权利，组织职工为企业改革发展献力献策。非公有制企业工会要围绕构建互利双赢的劳动关系，代表和维护职工合法权益，促进企业科学发展、和谐稳定。机关工会要围绕机关中心工作，开展群众性精神文明创建活动，不断丰富职工精神文化生活。事业单位工会要围绕深化分类改革、促进事业发展，做好职工思想政治工作，不断提升公益服务水平。区域（行业）基层工会联合会要有效指导所属单位工会开展工作，推动区域（行业）性维权和服务机制建设。

15. 完善工作格局。健全完善党委领导、政府支持、工会运作、职工参与、社会协同的工作格局。深化党建带动工建、工建服务党建、党工共建机制，推动基层工会建设纳入党建工作规划和考核体系。健全完善各级地方工会、产业工会与政府联席（系）会议制度、劳动关系三方协商机制，逐步向乡镇（街道）、开发区（工业园区）延伸。积极参与和促进人大立法，配合各级人大、政协开展执法检查、专题视察。推动建立企业经营者履行社会责任激励引导机制，争取相关部门在推荐协商企业界党代表、人大代表、政协委员、工商联会员及评选劳动模范、五一劳动奖章、各类先进企业时将企业经营者支持工会工作、履行社会责任作为必要条件，并征求同级工会意见。加强与国资委、工商联、企业协会等单位协作，选树典型，调动企业经营者积极性，为开展工会工作创造良好的外部环境。

16. 强化激励机制。关心爱护基层工会干部，按照有关规定全面落实保障待遇，让他们在政治上有关心、经济上有保障、职业上有发展，增强基层工会干部的积极性及职业荣誉感。积极推动基层工会主席享受同级党政副职待遇。大力表彰基层工会建设中涌现出的先进集体和先进个人，事迹特别突出的分别授予五一劳动奖状、五一劳动奖章。有条件的地方可以由上级工会向基层兼职工会干部发放补贴。健全完善工会主席合法权益保护机制，用好用活工会干部权益保障金。基层工会主席劳动合同变更、解除或终止前应向上级工会报告和备案。

17. 畅通联系渠道。健全完善基层工会向同级党组织和上级工会报告工作制度。建立健全劳动关系预警、预判、预报和紧急处置机制，发生集体劳动争议时，基层工会主席应第一时间深入职工了解情况并向上级工会报告。在基层工会难以履行维权职责时，上级工会要加强指导帮助或“上代下”维权。积极推进工会联系点制度建设，探索建立各级工会代表大会代表联系职工群众制度。建立健全基层工会与行政沟通协商制度。

18. 深化建家活动。职工之家建设是加强基层工会建设的本质要求和综合载体。要以职工之家建设为引领，以会员是否满意为基本标准，建立健全基层工会建设综合考核评价体系。围绕实践“两个信赖”，深入开展“深化建家达标创优”活动，探索建立各层级模范职工之家创建、申报、考核、表彰、复查等制度，提升职工之家品牌影响力。坚持依靠会员办工会，深化“工会组织亮牌子、工会主席亮身份”活动，推进会员评家、会务公开以及会员代表常任制等工作，落实会员的知情权、参与权、选举权和监督权。探索推进联合职工之家、网上职工之家建设。基层单位及其党政负责人拟推荐申报工会系统评选表彰的各层级五一劳动奖状、五一劳动奖章等荣誉称号的，其工会组织应荣获相应层级的模范职工之家称号。

19. 加大经费保障。积极推动税务部门全额代征工会经费，保证基层工会经费足额到位。上级工会按照权随责走、费随事转原则，通过转移支付、项目化管理等方式，把工会经费向基层工会倾斜。在基层工会自愿基础上，探索实行财务集中管理、分户核算的“上代下”会计核算模式。各地工会要扩大工会经费来源渠道，积极承接政府转移职能和项目，争取政府财政补助、活动经费或专项经费，强化基层工会经费保障。全总在对下补助中安排专项资金用于乡镇（街道）工会（不低于补助总额的10%），并专款专用。省及省以下各级工会都要加大对乡镇（街道）、开发区（工业园区）工会和基层工会资金投入力度，把更多的资金用在职工身上。

五、加强基层工会建设的组织领导

20. 加强统筹谋划。各级工会要站在全局和战略的高度，把加强基层工会建设列入重要议事日程，制定工作规划和具体实施办法，加强统筹协调。省级和地市级工会主要抓好基层工会建设的总体规划、资源统筹、宏观指导和督促检查，为推进基层工会建设提供理论、法律、政策和信息等方面服务。县级工会要制定具体实施意见，加强具体指导，集中时间、组织专人推动落实，帮助基层工会解决遇到的困难和问题。乡镇（街道）、开发区（工业园区）工会要加强自身建设，抓好村（社区）、企业工会建设，发挥承上启下的重要作用。产业（行业）工会要立足产业（行业）特点，认真研究产业发展趋势、产业政策、行业劳动安全卫生和行业劳动标准，加强县以下行业工会联合会建设，搭建基层工会建设的载体平台，组织开展富有产业（行业）特色的工会活动。

21. 落实领导责任。逐级建立加强基层工会建设工作领导小组，明确各级工会主要领导为第一责任人，形成主要领导亲自抓、分管领导具体抓、职能部门共同抓、一级抓一级、层层抓落实的工作格局。推动建立上级工会对下级工会开展基层工会建设考核评价制度，每年至少召开一次考核评议会。建立健全基层工会建设目标管理、定期研究、工作通报等制度，加强督查指导，及时研究解决问题。

22. 强化宣传引导。精心培育打造基层工会建设的先进典型，充分发挥示范辐射和带动作用。加强舆论宣传，运用现场会、观摩会、学习交流会和各种宣传阵地，及时宣传推广基层工会建设的成功经验和做法，形成推进基层工会建设的良好氛围。充分利用网站、微博、微信、QQ 群等现代传媒手段，不断增强宣传实效，扩大工会工作影响力。

23. 改进工作作风。认真践行党的群众路线，落实“三严三实”要求，加强党风廉政建设，健全完善改进作风、联系基层、服务职工的长效机制。坚持群众化、民主化，破除机关化、行政化，坚持工作重心下沉、资源配置下沉和组织力量下沉，为基层工会开展工作创造良好条件。各级工会干部特别是领导干部要走出高楼大院，摆脱文山会海，更多到基层工会和职工群众中去，帮助他们排忧解难。要顺应时代要求，适应社会变化，善于创造科学有效的工作方法，让职工群众真正感到工会是“职工之家”，工会干部是最可信赖的“娘家人”。

中华全国总工会印发《关于地方工会召开代表大会及组成工会委员会、经费审查委员会的若干规定》的通知

总工发〔2015〕6号

各省、自治区、直辖市总工会，各全国产业工会，中共中央直属机关工会联合会、中央国家机关工会联合会：

《关于地方工会召开代表大会及组成工会委员会、经费审查委员会的若干规定》已经中华全国总工会第十六届书记处第二十三次会议讨论通过，现印发给你们，请结合实际，认真贯彻执行。

中华全国总工会

2015年2月8日

关于地方工会召开代表大会及组成工会委员会、经费审查委员会的若干规定

为了更好地贯彻执行《中华人民共和国工会法》和《中国工会章程》，体现民主集中制原则，建立健全工会民主制度和民主生活，现就地方工会召开代表大会及组成工会委员会、经费审查委员会的若干问题，作如下规定。

一、代表组成和名额

1. 代表的组成应具有广泛的代表性。代表主要由工会工作者、先进模范人物、生产和工作一线的工人代表、知识分子代表、机关工作人员和其他人员组成，其中工会工作者不少于代表总数的55%，要有适当数量的妇女、少数民族代表。民族自治地方，工会召开代表大会，少数民族代表应占一定比例。

2. 各级地方总工会，召开代表大会的代表名额，按照下列规定确定：

省、自治区、直辖市工会代表大会的代表，一般为400—900人。

设区的市、自治州工会代表大会的代表，一般为200—500人。

县（旗）、自治县、不设区的市和市辖区工会代表大会的代表，一般为100—400人。

各地根据工会会员和工会组织数，经上一级工会同意，可适当增加或减少代表名额。

二、工会委员会组成和名额

3. 各级地方总工会委员会，应由地方总工会及其部门、直属单位、所属产业工会负责人，下级地方总工会负责人，基层工会工作者，生产和工作一线的工人代表，以及与工会工作联系密切的相关单位的人员和社会知名人士组成，其中工会工作者不少于委员总数的60%，要有一定数量的先进模范人物、妇女、少数民族委员。民族自治地方，工会委员会中少数民族委员应占一定比例。

4. 各级地方总工会委员会委员名额，按照下列规定确定：

省、自治区、直辖市总工会委员会委员，一般为91—181人。

设区的市、自治州总工会委员会委员，一般为41—101人。

县（旗）、自治县、不设区的市和市辖区总工会委员会委员，一般为27—51人。

各地根据工会会员和工会组织数，经上一级工会同意，可适当增加或减少委员名额。

三、工会常务委员会组成和名额

5. 各级地方总工会常务委员会由主席、副主席和常务委员会委员组成。

6. 省、自治区、直辖市总工会常务委员会人数，一般不超过工会委员会人数的四分之一，其中主席1人，副主席3—8人。根据工作需要，可另设兼职副主席。

7. 设区的市、自治州总工会常务委员会人数，一般不超过工会委员会人数的三分之一，其中主席1人，副主席2—6人。

8. 县（旗）、自治县、不设区的市和市辖区总工会常务委员会人数，一般不超过工会委员会人数的三分之一，其中主席1人，副主席2—4人。

9. 各级地方总工会主席、副主席（含兼职副主席）的人数应少于常务委员会人数的二分之一。

10. 各级地方总工会主席、副主席配备职数，根据有关规定，由同级党委和上一级工会协商决定。

四、经费审查委员会及其常务委员会组成和名额

11. 各级地方总工会经费审查委员会，应由地方总工会经费审查委员会及其办公室负责人，地方总工会所属的部分独立管理经费的产业工会经费审查委员会负责人，下一级地方总工会经费审查委员会负责人和有关方面人员组成。

12. 各级地方总工会经费审查委员会委员人数，应不少于同级工会委员会人数的20%，县级总工会经费审查委员会委员人数应不少于5人。

13. 省、自治区、直辖市总工会经费审查委员会设常务委员会，由5—7人组成，其中主任1人，副主任1—2人，主任、副主任的人数应少于常务委员会人数的二分之一。

14. 设区的市、自治州及以下地方总工会经费审查委员会设主任1人，副主任1人。

五、大会代表资格审查委员会组成和职责

15. 地方工会代表大会，应成立代表资格审查委员会，负责代表资格审

查工作。

16. 代表资格审查委员会应由地方总工会分管组织人事工作的负责人及其组织人事部门负责人，地方总工会所属的部分产业工会负责人，部分下级地方总工会和基层工会负责人组成。其组成名额，由地方总工会委员会确定。

17. 代表资格审查委员会设主任 1 人，副主任 1—2 人，委员若干人，其人选由地方总工会委员会提出，提交大会预备会议表决产生。

18. 代表资格审查委员会成立之前，对代表的产生程序和代表资格的初步审查工作，由大会组织处（组）或地方总工会组织部承担。

19. 代表资格审查委员会经大会预备会议表决产生后召开全体会议，审议通过代表资格审查报告。

20. 代表资格审查委员会向大会主席团提交代表资格审查报告，经大会主席团第一次全体会议审议通过，确认代表资格。

六、大会主席团组成和职责

21. 大会主席团是代表大会的组织领导机构，其成员由地方总工会常务委员会与各代表团协商提出，经大会预备会议表决产生。大会主席团成员必须是本次代表大会的代表。

22. 大会主席团应由地方总工会委员会和经费审查委员会负责人，地方总工会所属产业工会负责人，地方总工会部门、直属单位负责人，各代表团（组）长，部分下级地方总工会负责人，部分基层工会负责人和工人代表，与工会工作联系密切的部分单位的负责人等组成。大会主席团中，要有一定数量的先进模范人物、少数民族、妇女、民主党派、无党派人士和群众。其成员名额由地方总工会常务委员会确定。

23. 大会主席团设常务主席若干人，一般由地方总工会委员会负责人和经费审查委员会主要负责人担任，经大会主席团第一次全体会议推选产生。

24. 大会主席团贯彻民主集中制原则，有关大会的重大问题，须经大会主席团全体会议讨论决定。

25. 大会主席团的主要职责：

（1）按照大会预备会议通过的议程主持大会；

（2）审议通过代表资格审查报告，确认代表资格；

（3）组织代表讨论、审议和修改大会的有关报告；

（4）组织代表讨论、确定新一届总工会委员会委员和经费审查委员会委员候选人建议人选。如需选举出席上一级工会代表大会的代表，还应组织讨论、确定其代表候选人建议人选；

（5）主持大会选举；

（6）组织代表讨论大会的决议草案，提请大会审议通过；

（7）分别委托一名新当选的工会委员会委员和经费审查委员会委员主持本届委员会第一次全体会议；

（8）研究决定会议期间的其他重要事项。

七、大会秘书长、副秘书长设置和职责

26. 地方工会代表大会可设秘书长 1 人，副秘书长若干人。

27. 秘书长一般由地方总工会主要负责人担任，由地方总工会常务委员会在代表中提名，经大会预备会议表决产生；副秘书长一般由地方总工会负责人和有关方面负责人担任，由地方总工会常务委员会提名，经大会主席团第一次全体会议表决产生。

28. 秘书长是大会期间日常工作的组织者，其主要职责是：在大会主席团领导下，负责处理大会事务性工作。副秘书长的主要职责是：协助秘书长做好大会的相关工作。

八、选举的原则和方法

29. 代表大会的代表和工会委员会委员、常务委员会委员、主席、副主席及经费审查委员会委员、常务委员会委员、主任、副主任均应履行有关民主程序，采用无记名投票方式选举产生。

30. 代表大会的代表和工会委员会委员、常务委员会委员、主席、副主席及经费审查委员会委员、常务委员会委员、主任、副主任候选人人选的产生，必须按照民主集中制原则，经过自下而上地反复酝酿、充分讨论后确定。工会委员会委员和经费审查委员会委员候选人人选不限于本次代表大会的代表。

31. 代表大会的代表由各选举单位采用差额选举办法产生，差额率不低于 15%。工会委员会和经费审查委员会均由代表大会选举产生。选举工会委员会委员采用差额选举办法，差额率不低于 8%；选举经费审查委员会委员采用等额选举办法。

差额选举，可以采用候选人人数多于应选人人数的差额选举办法直接进行正式选举，也可以先采用差额选举办法进行预选，产生候选人，然后采用等额选举办法进行正式选举。

32. 地方总工会常务委员会委员、主席、副主席和经费审查委员会常务委员会委员、主任、副主任，分别由工会委员会和经费审查委员会全体会议选举产生。

33. 地方总工会常务委员会委员，实行等额选举，也可以实行差额选举；主席、副主席实行等额选举。经费审查委员会常务委员会委员和主任、副主任实行等额选举。

34. 代表大会、工会委员会、经费审查委员会选举时，参加选举的代表、委员须分别超过应到会代表、委员的半数，方可进行。候选人获得的同意票超过应到会代表、委员半数的，始得当选。

35. 大会代表，工会委员会委员和常务委员会委员，经费审查委员会委员和常务委员会委员候选人名单，按姓氏笔画为序排列。工会委员会主席、副主席和经费审查委员会主任、副主任候选人名单，按提名的顺序排列。

36. 在地方工会代表大会闭会期间，选举工会委员会常务委员会委员、主席、副主席和经费审查委员会常务委员会委员、主任、副主任，须分别在工会委员会和经费审查委员会全体会议上进行。如果候选人人选不是本届工会委员会委员或经费审查委员会委员，应先在工会委员会全体会议上替补或增补为工会委员会委员或经费审查委员会委员，然后再进行选举。

九、报批程序

37. 各级地方工会应按照《中国工会章程》规定，按期召开代表大会进行换届。筹备召开代表大会前，应向上一级工会呈报召开代表大会的请示。请示应含有以下内容：同级党委关于换替工作的意见；召开会议时间、地点；会议主要任务、议程；会议代表名额、条件、组成比例；工会委员会组成意见及委员分配方案，常务委员会的组成方案；经费审查委员会组成意见及委员分配方案，常务委员会的组成方案。经同级党委和上一级工会批准后，方可筹备召开代表大会。

在特殊情况下，由地方总工会委员会提议，经同级党委和上一级工会批准，可以提前或者延期召开代表大会。延期时间一般不得超过一年。

38. 代表大会选举产生的工会委员会和经费审查委员会，工会委员会选举产生的常务委员会和主席、副主席，经费审查委员会选举产生的常务委员会和主任，应报上一级工会审批，同时报同级党委备案。

十、附则

39. 各级产业工会、乡镇（街道）总工会换届和选举工作可参照本规定执行。

40. 本规定由中华全国总工会组织部负责解释。

41. 本规定自印发之日起施行。1984 年 5 月全总印发的《关于地方工会和基层工会召开代表大会及组成工会委员会、经费审查委员会的若干规定》同时废止。

中华全国总工会关于在全国基层工会广泛开展“争创模范职工之家、争做职工信赖娘家人”活动的通知

总工发〔2015〕25 号

各省、自治区、直辖市总工会，各全国产业工会，中共中央直属机关工会联合会、中央国家机关工会联合会，全总各部门、各直属单位：

基层工会直接联系和服务职工群众，是工会工作的基础和关键，是扩大工会工作有效覆盖面的重要支撑。为进一步加强基层工会建设，激发基层工会活力，发挥基层工会作用，中华全国总工会决定在全国基层工会广泛开展“争创模范职工之家、争做职工信赖娘家人”活动（以下简称“双争”活动）。现将有关事项通知如下：

一、总体要求

深入学习贯彻习近平总书记系列重要讲话特别是在庆祝“五一”国际劳动节暨表彰全国劳动模范和先进工作者大会上的重要讲话精神，紧紧围绕“四个全面”战略布局，按照“三个着力”的要求，以加强基层工会建设“落实年”为契机，通过开展“双争”活动，促进工会组织覆盖面明显扩

大，服务职工能力明显提高，工会干部队伍素质明显提升，工会组织吸引力凝聚力战斗力明显增强，推动工会工作再上新台阶，让职工群众真正感受到工会是“职工之家”，工会干部是最可信赖的“娘家人”。

二、活动内容

在“双争”活动中，立足基层工会职能，围绕七个方面加强和推进基层工会工作。

（一）做依法规范建会的模范。各类企事业特别是非公有制经济组织、社会组织要依法规范建立工会组织，小微企业通过基层工会联合会或联合基层工会实现覆盖。要以“六有”工会建设为基础，提高基层工会规范化建设水平，不断增强基层工会组织的代表性。

（二）做组织服务农民工的模范。积极开展农民工入会集中行动，把农民工吸引到工会中来，吸引到工会活动中来。加强对农民工特别是青年农民工的人文关怀，帮助农民工融入城市。深入了解农民工的现实诉求，在对农民工的思想引领、技能提升、权益维护和困难帮扶等方面，让广大农民工实实在在地感受到工会组织的关心和帮助。

（三）做教育引导职工群众的模范。在广大职工群众中培育和践行社会主义核心价值观，开展以职业道德为重点的“四德”教育，深化“中国梦·劳动美”主题教育，大力弘扬劳模精神、劳动精神和工人阶级伟大品格，团结动员广大职工通过辛勤劳动、诚实劳动、创造性劳动托起中国梦。加强社会主义精神文明建设，创新思想政治工作方式方法，加强人文关怀和心理疏导，丰富职工精神文化生活，形成健康文明、昂扬向上的职工文化。

（四）做团结动员职工群众建功立业的模范。组织开展具有行业特色的劳动竞赛和经济技术创新活动，通过技术革新、技术协作、小发明小创造等活动，引导职工为企业科学发展贡献力量，投身大众创业、万众创新。引导职工树立终身学习理念，立足岗位成长成才，不断学习新知识、掌握新技术、增长新本领，努力成为知识型、技术型、创新型职工。

（五）做维护职工合法权益的模范。大力构建和发展和谐劳动关系，坚持“促进企业发展、维护职工权益”的企业工会工作原则，认真落实劳动合同、集体合同和职工代表大会制度，依法保障职工基本权益。以一线职工、农民工、困难职工等为重点群体，突出维护职工的劳动报酬、休息休假、劳动安全卫生、社会保险、职业技能培训等劳动经济权益。深入开展和谐劳动关系创建活动，最大限度增加和谐因素，最大限度减少不和谐因素，促进社会和谐稳定。

（六）做服务职工群众的模范。坚持把群众路线作为工会工作的生命线和根本工作路线，把工作重心放在最广大普通职工身上，全心全意为职工群众服务。按照“会、站、家”一体化工作思路，以职工需求为导向，构建覆盖广泛、快捷有效的服务职工工作体系，提供更多普惠性服务，让职工群众更多更公平地分享改革发展的成果，有更多获得感，把党和政府的关怀送到职工群众的心坎上，赢得职工群众的信赖和支持。

（七）做“绝对忠诚党的事业、竭诚服务职工群众”的模范。以“绝对忠诚党的事业、竭诚服务职工群众”作为工会干部的价值追求，坚定不移走中国特色社会主义工会发展道路，模范履行工会组织的政治责任，带领职工群众坚定不移跟党走。把“三严三实”作为修身做人用权律己的基本遵循，干事创业的行为准则，自觉规范言行，崇尚实干，求真务实。加强学习研究，增强工作本领，提高履职能力，增强责任担当，始终走在职工群众前列，真正成为职工群众信赖的“娘家人”。

三、方法措施

“双争”活动在各类企业和机关事业单位工会、区域（行业）基层工会联合会、乡镇（街道）工会、村（社区）工会、开发区（工业园区、自贸区）工会和专兼职工会干部中开展。

（一）坚持问题导向。在基层工会和广大工会干部中开展以“如何建设职工之家”、“如何成为职工信赖娘家人”为主题的学习研讨活动，坚持以问题为导向，以职工群众需求为导向，找准基层工会发挥作用和工会干部履行职责中存在的突出问题，分析原因，提出对策，使“双争”活动更有针对性和指导性。

（二）丰富活动载体。借鉴近年来加强基层工会建设的有益经验，坚持会员（代表）大会制度，充分运用普遍开展会员评家、会务公开、会员代表大会代表常任制等经验做法，推动“双争”活动深入开展。从实际出发，突出不同领域不同行业基层工会的特点和工作特色，自觉运用改革精神，创造基层工会能落实、工会干部能做到、职工群众能认可的工作抓手和活动载体，打造工会工作品牌。

（三）注重典型示范。积极培育选树“双争”活动先进典型，通过现场会、观摩会、经验交流会等方式，及时总结推广“双争”活动的经验做法。运用各种媒体宣传活动开展情况，宣传先进基层工会组织和优秀工会干部。探索建立“双争”活动微信公众平台和QQ群，及时发布和推送活动信息，扩大“双争”活动的参与面和影响力。

（四）强化激励约束。“双争”活动要与评选表彰各层级模范职工之家、优秀工会工作者紧密结合，并贯穿评选表彰全过程。要把会员满意度作为衡量“双争”活动成效的重要标尺，认真组织开展会员评议职工之家、会员评议工会干部工作，把评议结果作为评选模范职工之家和优秀工会工作者的重要依据。

四、组织领导

要切实加强组织领导，注重统筹谋划，务求“双争”活动取得实效。

（一）高度重视、加强领导。“双争”活动是加强基层工会建设的重要抓手和工作载体。各级工会要把这项工作摆上重要工作日程，切实加强领导，精心组织实施。要自觉接受党组织的领导，争取政府等各方面的支持，将“双争”活动纳入党的基层组织建设的总体安排。要结合实际制定实施方案，做到目标明确、措施有力、方法科学。

（二）突出重点、分类指导。要抓好基层工会工作的统筹协调，以“双争”活动促进基层工会建设。认真分析研究基层工会状况，对不同工作基础的基层工会要统筹领导、分类施策，特别是对工作基础薄弱的基层工会，要加大工作指导和督查力度，使开展“双争”活动的过程成为发挥基层工会作用的过程。

（三）改进作风、务求实效。认真践行“三严三实”要求，以求真务实的工作作风开展“双争”活动。要把开展“双争”活动落实到竭诚服务职工群众的过程中，转化为职工群众对工会组织有更强的认同感和归属感。要通过这项活动，进一步增强各级工会干部的政治责任感和工作紧迫感，克服机关化，破除衙门作风，防止脱离群众，努力提高工会工作群众化、民主化、科学化、法治化水平。

请各省级工会、各全国产业工会及时将开展“双争”活动情况报送全国总工会基层组织建设部。

中华全国总工会关于印发《机关工会工作暂行条例》的通知

总工发〔2015〕27号

各省、自治区、直辖市总工会，各全国产业工会，中共中央直属机关工会联合会、中央国家机关工会联合会，全总各部门、各直属单位：

现将《机关工会工作暂行条例》印发给你们，请结合实际，认真贯彻执行。

中华全国总工会

2015年6月26日

机关工会工作暂行条例

第一章 总 则

第一条 为加强机关工会工作制度化、规范化建设，充分发挥机关工会作用，根据《中华人民共和国工会法》和《中国工会章程》，制定本条例。

第二条 机关工会是指党的机关、人大机关、行政机关、政协机关、审判机关、检察机关，各民主党派和工商联的机关，以及使用国家行政编制的人民团体和群众团体机关等依法建立的工会组织。

第三条 机关工会必须坚持党的领导，在同级机关党组织领导下，依照法律和《中国工会章程》独立自主地开展工作，依法行使权利和履行义务。

第四条 机关工会以马克思列宁主义、毛泽东思想、邓小平理论、“三个代表”重要思想、科学发展观为指导，深入贯彻习近平总书记系列重要讲话精神，坚持正确政治方向，在思想上、政治上、行动上同党中央保持一致，坚定不移走中国特色社会主义工会发展道路，认真履行工会各项社会职能，团结动员机关职工为完成机关各项任务作贡献，在全面建成小康社会、实现中华民族伟大复兴的中国梦的历史进程中充分发挥作用。

第五条 机关工会坚持以改革创新精神加强自身建设，坚持群众化、民主化、制度化，改进工作作风，保持同职工的密切联系，依靠职工开展工作，把机关工会组织建设成职工群众信赖的“职工之家”，把工会干部锤炼成听党话、跟党走、职工群众信赖的“娘家人”。

第二章 组织建设

第六条 机关单位应当依法建立工会组织。有会员二十五人以上的，应当建立机关工会委员会；不足二十五人的，可以单独建立机关工会委员会，也可以由两个以上单位的会员联合建立机关工会委员会，也可以选举工会主席一人，主持工会工作。

机关内设部门及机构，可以建立机关工会分会或者工会小组。

会员人数较多的工会组织，可以根据需要设立相应的专门工作委员会，承担工会委员会的有关工作。

第七条 机关工会组织按照民主集中制原则建立。工会委员会由会员大会或者会员代表大会民主选举产生，选举结果报上一级工会批准。

机关工会接受同级机关党组织和上级工会双重领导，以同级机关党组织领导为主。

第八条 机关工会委员会每届任期三至五年，具体任期由会员大会或者会员代表大会决定。

机关工会委员会应当按期换届。因故提前或者延期换届的，应当报上一级工会批准。任期届满未换届的，上级工会有权督促其限期进行换届。

第九条 机关工会委员会具备条件的，应当依法申请取得工会法人资格，工会主席或者主持工作的副主席为法定代表人。

第十条 各省、自治区、直辖市，设区的市（地）和自治州（盟）、县（区、旗）、自治县、不设区的市所属机关，经同级地方工会或者其派出机关批准，成立机关工会委员会或者联合机关工会委员会。

各省、自治区、直辖市，设区的市（地）和自治州（盟）、县（区、旗）、自治县、不设区的市，经同级地方工会批准，可以成立地方机关工会联合会，也可以设立地方机关工会工作委员会，领导本级各机关工会委员会或者联合机关工会委员会。

地方机关工会联合会或者地方机关工会工作委员会以同级地方直属机关

党的工作委员会领导为主，同时接受地方工会的领导。

第十一条 中央直属机关工会联合会、中央国家机关工会联合会的建立，由中华全国总工会批准。中央直属机关工会联合会、中央国家机关工会联合会以中央直属机关工作委员会、中央国家机关工作委员会领导为主，同时接受中华全国总工会的领导。

中央和国家机关各部委、各人民团体机关，经中央直属机关工会联合会或者中央国家机关工会联合会批准，成立机关工会委员会。

第三章 工作职责

第十二条 机关工会的职责是：

（一）加强对职工进行中国特色社会主义理论体系教育，深入开展党的基本理论、基本路线、基本纲领、基本经验、基本要求教育，培育和践行社会主义核心价值观，不断提高机关职工政治理论、思想道德、科学文化和业务素质水平。

（二）动员组织职工围绕机关中心工作，开展创先争优活动，做好先进工作者的评选、表彰、培养、管理和服务工作。

（三）加强和改进职工思想政治工作，注重人文关怀和心理疏导，开展群众性精神文明创建、文化体育活动、丰富职工精神文化生活，推动机关文化建设。

（四）配合党政机关贯彻落实《中华人民共和国公务员法》等法律法规，维护机关职工合法权益，协助党政机关解决涉及职工切身利益的问题。做好困难职工帮扶工作，组织职工参加疗养、休养及健康体检，努力为职工办实事、做好事、解难事，促进和谐机关建设。

（五）加强调查研究，反映机关职工意见和建议，参与机关内部事务民主管理、民主监督，促进机关内部事务公开，保障职工的知情权、参与权、表达权、监督权，推进机关廉政建设。

（六）加强工会组织建设，健全工会民主制度，做好会员的发展、接收、教育和会籍管理工作，加强对专（兼）职工会干部和工会积极分子的培养，深入开展建设职工之家活动。

（七）依法收好、管好、用好工会经费，管理好工会资产。

第四章　组织制度

第十三条　机关工会每年至少召开一次会员大会或者会员代表大会。经机关工会委员会或者三分之一以上会员提议，可以临时召开会议。会员在一百人以下的应当召开会员大会。

会员大会和会员代表大会的主要任务是：传达党组织、上级工会的重要指示精神；审议和批准工会委员会工作报告；审议和批准工会委员会的经费收支情况报告和经费审查委员会的工作报告；选举工会委员会、经费审查委员会；讨论决定工会工作的重大问题；公开工会内部事务；民主评议监督工会工作和工会领导人。

会员代表大会代表实行常任制，任期与工会委员会相同。

第十四条　机关工会委员会主持会员大会或者会员代表大会的日常工作，向会员大会或者会员代表大会负责并报告工作，接受会员监督。

第十五条　机关工会委员会的主要任务是：负责贯彻党组织和上级工会工作部署、会员大会或者会员代表大会决议；向党组织和上级工会请示报告有关召开会员大会或者会员代表大会的重要事宜；研究制定工会工作计划和重大活动方案，提出工作报告；编制和执行工会经费预算，编报工会经费决算，审批重大支出项目；讨论和决定其他重要事项。

第十六条　机关工会委员会向同级机关党组织请示汇报以下事项：贯彻上级党组织对工会工作重要指示和上级工会重要工作部署的意见；召开会员大会或者会员代表大会的方案、工会工作报告、工作安排、重要活动及主要领导成员的推荐人选；涉及职工切身利益的重大问题及思想工作和生活情况；推荐表彰先进等事项。

第五章　干部队伍

第十七条　机关工会应当根据职工人数相应配备专（兼）职工会干部。职工人数较多的，可以配备专职工会主席。

第十八条　机关工会设专职主席的，一般按同级机关党组织副职领导干部配备；设专职副主席的，一般按相应职级的干部配备。机关工会主席是党员的，应当具备提名作为同级机关党组织常委、委员候选人的条件。

第十九条 机关工会主席、副主席和委员实行任期制，可以连选连任。

工会主席、副主席因工作需要调动时，应当征得本级工会委员会和上一级工会的同意。

工会主席、副主席缺额时，应当及时补选，空缺时间不超过半年。

第六章 工会经费和资产

第二十条 工会会员按规定标准按月缴纳会费。

建立工会组织的机关，按每月全部职工工资总额的百分之二向机关工会拨缴工会经费；由财政统一划拨经费的，工会经费列入同级财政预算，按财政统一划拨方式执行。

机关工会可以按照《中华人民共和国工会法》有关规定，向机关单位申请经费补助，以弥补工会经费不足。

上级工会有权对下级工会所在机关拨缴工会经费情况进行监督检查。对无正当理由拖延或者拒不拨缴工会经费的单位，依据《中华人民共和国工会法》相关规定处理。

第二十一条 具备社团法人资格的机关工会可以设立独立经费账户。费用支出实行工会主席签批制度。工会经费主要用于为职工服务和工会活动。

机关工会应当按照有关规定收缴、上解工会经费，依法独立管理和使用工会经费。任何组织和个人不得截留、挪用、侵占工会经费。

第二十二条 机关工会应当根据经费独立原则建立预算、决算和经费审查制度，坚持量入为出、厉行节约、收支平衡的原则。

工会经费的收支情况应当由同级工会经费审查委员会审查，并定期向会员大会或者会员代表大会报告，采取一定方式公开，接受会员监督。工会经费的审查工作按照有关法律、规定和工会经费审查制度进行。

工会主席任期届满或者任期内离任的，应当按照规定进行经济责任审计。

第二十三条 各级人民政府和机关单位应当依法为工会办公和开展活动提供必要的设施和活动场所等物质条件。

工会经费、资产和国家拨给工会的不动产及拨付资金形成的资产，任何单位和个人不得侵占、挪用和任意调拨；未经批准，工会所属的为职工服务的企业、事业单位，其隶属关系和产权关系不得改变。

第七章　工会经费审查审计

第二十四条　会员大会或者会员代表大会在选举机关工会委员会的同时，选举产生经费审查委员会，会员人数较少的，可以选举经费审查委员一人。

经费审查委员会主任、副主任由经费审查委员会全体会议选举产生。经费审查委员会主任按同级工会副职级配备。

经费审查委员会或者经费审查委员的选举结果，与机关工会委员会的选举结果同时报上一级工会批准。

第二十五条　机关工会经费审查委员会的任期与机关工会委员会相同，向同级会员大会或者会员代表大会负责并报告工作；在会员大会或者会员代表大会闭会期间，向同级工会委员会负责并报告工作。

第二十六条　机关工会经费审查委员会审查审计同级工会组织的经费收支、资产管理等全部经济活动。

经费审查委员会对审查审计工作中的重大事项，有权向同级工会委员会和上一级经费审查委员会报告。

机关工会经费审查委员会应当接受上级工会经费审查委员会的业务指导和督促检查。

第八章　女职工工作

第二十七条　机关工会有女会员十人以上的建立女职工委员会，不足十人的设女职工委员。

女职工委员会由同级机关工会委员会提名，在充分协商的基础上组成或者选举产生，女职工委员会与工会委员会同时建立，在同级工会委员会领导下开展工作，接受上级工会女职工委员会指导，任期与同级工会委员会相同。

女职工委员会主任由机关工会女主席或者女副主席担任，也可以经民主协商，按照同级工会副主席相应条件配备女职工委员会主任。

第二十八条　机关工会女职工委员会的任务是：依法维护女职工的合法权益和特殊利益；组织开展女职工岗位建功活动；开展教育培训，全面提高女职工的思想道德、科学文化、业务技能和健康素质；关心女职工成长进步，积极发现、培养、推荐女性人才。

第二十九条 机关工会女职工委员会定期研究涉及女职工的有关问题，向机关工会委员会和上级工会女职工委员会报告工作。

机关工会应当支持女职工委员会根据女职工的特点开展工作，并提供必要的活动场地和经费。

第三十条 机关工会女职工委员会通过县以上地方工会接受妇联的业务指导。

第九章 附 则

第三十一条 参照《中华人民共和国公务员法》管理的事业单位，适用本条例。机关直属企业和实行企业化管理的事业单位工会，依照《企业工会工作条例》执行。

第三十二条 各省、自治区、直辖市总工会，中央直属机关工会联合会、中央国家机关工会联合会可以依据本条例，制定具体实施办法。

第三十三条 本条例由中华全国总工会负责解释。

第三十四条 本条例自公布之日起施行。

中华全国总工会关于印发《工会基层组织选举工作条例》的通知

总工发〔2016〕27 号

各省、自治区、直辖市总工会，各全国产业工会，中共中央直属机关工会联合会、中央国家机关工会联合会，全总各部门、各直属单位：

《工会基层组织选举工作条例》已经中华全国总工会第十六届书记处第五十五次会议审议通过，现印发给你们，请结合实际，认真贯彻执行。

中华全国总工会

2016 年 10 月 9 日

工会基层组织选举工作条例

第一章 总 则

第一条 为规范工会基层组织选举工作，加强基层工会建设，发挥基层工会作用，根据《中华人民共和国工会法》《中国工会章程》等有关规定，制定本条例。

第二条 本条例适用于企业、事业单位、机关和其他社会组织单独或联合建立的基层工会委员会。

第三条 基层工会委员会由会员大会或会员代表大会选举产生。工会委员会的主席、副主席，可以由会员大会或会员代表大会直接选举产生，也可以由工会委员会选举产生。

第四条 工会会员享有选举权、被选举权和表决权。保留会籍的人员除外。

第五条 选举工作应坚持党的领导，坚持民主集中制，遵循依法规范、公开公正的原则，尊重和保障会员的民主权利，体现选举人的意志。

第六条 选举工作在同级党组织和上一级工会领导下进行。未建立党组织的在上一级工会领导下进行。

第七条 基层工会委员会换届选举的筹备工作由上届工会委员会负责。

新建立的基层工会组织选举筹备工作由工会筹备组负责。筹备组成员由同级党组织代表和职工代表组成，根据工作需要，上级工会可以派人参加。

第二章 委员和常务委员名额

第八条 基层工会委员会委员名额，按会员人数确定：

不足 25 人，设委员 3 至 5 人，也可以设主席或组织员 1 人；

25 人至 200 人，设委员 3 至 7 人；

201 人至 1000 人，设委员 7 至 15 人；

1001 人至 5000 人，设委员 15 至 21 人；

5001 人至 10000 人，设委员 21 至 29 人；

10001 人至 50000 人，设委员 29 至 37 人；

50001 人以上，设委员 37 至 45 人。

第九条 大型企事业单位基层工会委员会，经上一级工会批准，可以设常务委员会，常务委员会由 9 至 11 人组成。

第三章 候选人的提出

第十条 基层工会委员会的委员、常务委员会委员和主席、副主席的选举均应设候选人。候选人应信念坚定、为民服务、勤政务实、敢于担当、清正廉洁，热爱工会工作，受到职工信赖。

基层工会委员会委员候选人中应有适当比例的劳模（先进工作者）、一线职工和女职工代表。

第十一条 单位行政主要负责人、法定代表人、合伙人以及他们的近亲属不得作为本单位工会委员会委员、常务委员会委员和主席、副主席候选人。

第十二条 基层工会委员会的委员候选人，应经会员充分酝酿讨论，一般以工会分会或工会小组为单位推荐。由上届工会委员会或工会筹备组根据多数工会分会或工会小组的意见，提出候选人建议名单，报经同级党组织和上一级工会审查同意后，提交会员大会或会员代表大会表决通过。

第十三条 基层工会委员会的常务委员会委员、主席、副主席候选人，可以由上届工会委员会或工会筹备组根据多数工会分会或工会小组的意见提出建议名单，报经同级党组织和上一级工会审查同意后提出；也可以由同级党组织与上一级工会协商提出建议名单，经工会分会或工会小组酝酿讨论后，由上届工会委员会或工会筹备组根据多数工会分会或工会小组的意见，报经同级党组织和上一级工会审查同意后提出。

根据工作需要，经上一级工会与基层工会和同级党组织协商同意，上一级工会可以向基层工会推荐本单位以外人员作为工会主席、副主席候选人。

第十四条 基层工会委员会的主席、副主席，在任职一年内应按规定参加岗位任职资格培训。凡无正当理由未按规定参加岗位任职资格培训的，一般不再提名为下届主席、副主席候选人。

第四章　选举的实施

第十五条　基层工会组织实施选举前应向同级党组织和上一级工会报告，制定选举工作方案和选举办法。

基层工会委员会委员候选人建议名单应进行公示，公示期不少于 5 个工作日。

第十六条　会员不足 100 人的基层工会组织，应召开会员大会进行选举；会员 100 人以上的基层工会组织，应召开会员大会或会员代表大会进行选举。

召开会员代表大会进行选举的，按照有关规定由会员民主选举产生会员代表。

第十七条　参加选举的人数为应到会人数的三分之二以上时，方可进行选举。

基层工会委员会委员和常务委员会委员应差额选举产生，可以直接采用候选人数多于应选人数的差额选举办法进行正式选举，也可以先采用差额选举办法进行预选产生候选人名单，然后进行正式选举。委员会委员和常务委员会委员的差额率分别不低于 5% 和 10%。常务委员会委员应从新当选的工会委员会委员中产生。

第十八条　基层工会主席、副主席可以等额选举产生，也可以差额选举产生。主席、副主席应从新当选的工会委员会委员中产生，设立常务委员会的应从新当选的常务委员会委员中产生。

第十九条　基层工会主席、副主席由会员大会或会员代表大会直接选举产生的，一般在经营管理正常、劳动关系和谐、职工队伍稳定的中小企事业单位进行。

第二十条　召开会员大会进行选举时，由上届工会委员会或工会筹备组主持；不设委员会的基层工会组织进行选举时，由上届工会主席或组织员主持。

召开会员代表大会进行选举时，可以由大会主席团主持，也可以由上届工会委员会或工会筹备组主持。大会主席团成员由上届工会委员会或工会筹备组根据各代表团（组）的意见，提出建议名单，提交代表大会预备会议表决通过。

召开基层工会委员会第一次全体会议选举常务委员会委员、主席、副主席时，由上届工会委员会或工会筹备组或大会主席团推荐一名新当选的工会委员会委员主持。

第二十一条 选举前，上届工会委员会或工会筹备组或大会主席团应将候选人的名单、简历及有关情况向选举人介绍。

第二十二条 选举设监票人，负责对选举全过程进行监督。

召开会员大会或会员代表大会选举时，监票人由全体会员或会员代表、各代表团（组）从不是候选人的会员或会员代表中推选，经会员大会或会员代表大会表决通过。

召开工会委员会第一次全体会议选举时，监票人从不是常务委员会委员、主席、副主席候选人的委员中推选，经全体委员会议表决通过。

第二十三条 选举采用无记名投票方式。不能出席会议的选举人，不得委托他人代为投票。

选票上候选人的名单按姓氏笔画为序排列。

第二十四条 选举人可以投赞成票或不赞成票，也可以投弃权票。投不赞成票者可以另选他人。

第二十五条 会员或会员代表在选举期间，如不能离开生产、工作岗位，在监票人的监督下，可以在选举单位设立的流动票箱投票。

第二十六条 投票结束后，在监票人的监督下，当场清点选票，进行计票。

选举收回的选票，等于或少于发出选票的，选举有效；多于发出选票的，选举无效，应重新选举。

每张选票所选人数等于或少于规定应选人数的为有效票，多于规定应选人数的为无效票。

第二十七条 被选举人获得应到会人数的过半数赞成票时，始得当选。

获得过半数赞成票的被选举人人数超过应选名额时，得赞成票多的当选。如遇赞成票数相等不能确定当选人时，应就票数相等的被选举人再次投票，得赞成票多的当选。

当选人数少于应选名额时，对不足的名额可以另行选举。如果接近应选名额且符合第八条规定，也可以由大会征得多数会员或会员代表的同意减少名额，不再进行选举。

第二十八条 大会主持人应当场宣布选举结果及选举是否有效。

第二十九条 基层工会委员会、常务委员会和主席、副主席的选举结果，报上一级工会批准。上一级工会自接到报告15日内应予批复。违反规定程序选举的，上一级工会不得批准，应重新选举。

基层工会委员会的任期自选举之日起计算。

第五章 任期、调动、罢免和补选

第三十条 基层工会委员会每届任期三年或五年，具体任期由会员大会或会员代表大会决定。经选举产生的工会委员会委员、常务委员会委员和主席、副主席可连选连任。基层工会委员会任期届满，应按期换届选举。遇有特殊情况，经上一级工会批准，可以提前或延期换届，延期时间一般不超过半年。

上一级工会负责督促指导基层工会组织按期换届。

第三十一条 基层工会主席、副主席任期未满时，不得随意调动其工作。因工作需要调动时，应征得本级工会委员会和上一级工会的同意。

第三十二条 经会员大会或会员代表大会民主测评和上级工会与同级党组织考察，需撤换或罢免工会委员会委员、常务委员会委员和主席、副主席时，须依法召开会员大会或会员代表大会讨论，非经会员大会全体会员或会员代表大会全体代表无记名投票过半数通过，不得撤换或罢免。

第三十三条 基层工会主席因工作调动或其他原因空缺时，应及时按照相应民主程序进行补选。

补选主席，如候选人是委员的，可以由工会委员会选举产生，也可以由会员大会或会员代表大会选举产生；如候选人不是委员的，可以经会员大会或会员代表大会补选为委员后，由工会委员会选举产生，也可以由会员大会或会员代表大会选举产生。

补选主席的任期为本届工会委员会尚未履行的期限。

补选主席前征得同级党组织和上一级工会的同意，可暂由一名副主席或委员主持工作，期限一般不超过半年。

第六章 经费审查委员会

第三十四条 凡建立一级工会财务管理的基层工会组织，应在选举基层工会委员会的同时，选举产生经费审查委员会。

第三十五条 基层工会经费审查委员会委员名额一般3至11人。经费审查委员会设主任1人，可根据工作需要设副主任1人。

基层工会的主席、分管财务和资产的副主席、财务和资产管理部门的人员，不得担任同级工会经费审查委员会委员。

第三十六条 基层工会经费审查委员会由会员大会或会员代表大会选举产生。主任、副主任可以由经费审查委员会全体会议选举产生，也可以由会员大会或会员代表大会选举产生。

第三十七条 基层工会经费审查委员会的选举结果，与基层工会委员会选举结果同时报上一级工会批准。

基层工会经费审查委员会的任期与基层工会委员会相同。

第七章 女职工委员会

第三十八条 基层工会组织有女会员10人以上的建立女职工委员会，不足10人的设女职工委员。女职工委员会与基层工会委员会同时建立。

第三十九条 基层工会女职工委员会委员由同级工会委员会提名，在充分协商的基础上产生，也可召开女职工大会或女职工代表大会选举产生。

第四十条 基层工会女职工委员会主任由同级工会女主席或女副主席担任，也可经民主协商，按照相应条件配备女职工委员会主任。女职工委员会主任应提名为同级工会委员会或常务委员会委员候选人。基层工会女职工委员会主任、副主任名单，与工会委员会选举结果同时报上一级工会批准。

第八章 附 则

第四十一条 乡镇（街道）、开发区（工业园区）、村（社区）建立的工会委员会，县级以下建立的区域（行业）工会联合会如进行选举的，参照本条例执行。

第四十二条 本条例由中华全国总工会负责解释。

第四十三条 本条例自发布之日起施行，以往有关规定与本条例不一致的，以本条例为准。1992 年 5 月 18 日全国总工会办公厅印发的《工会基层组织选举工作暂行条例》同时废止。

中华全国总工会关于增强基层工会活力发挥基层工会作用的实施意见

总工发〔2016〕28 号

为深入贯彻中央党的群团工作会议精神，贯彻落实习近平总书记关于工人阶级和工会工作的重要论述特别是关于加强基层工会建设“三个着力”的重要指示精神，切实保持和增强工会工作和工会组织的政治性、先进性、群众性，把工会改革向基层延伸，把改革成效转化为服务职工群众的能力水平，增强职工群众对工会改革的获得感，现提出如下意见。

一、创新基层工会组织形式和入会方式，有效扩大工会组织覆盖面

坚持党建带工建，把工建纳入党建工作总体部署。主动适应经济社会发展、企业组织形式和职工就业方式的新变化，持之以恒推进工会组建和会员发展工作，创新组织形式，拓展建会领域，形成完善的组织体系，最大限度地把职工群众组织到工会中来，巩固党执政的阶级基础和群众基础。各类法人单位工会组建率和职工入会率动态保持在 80% 以上。

1. 大力推进非公有制经济组织、社会组织组建工会。在巩固已有组织基础的同时，通过工会组织形式的创新，加快新领域新阶层工会组织建设，促进工会组织不断向非公有制经济组织和社会组织延伸，进一步扩大工会组织覆盖面。对于符合单独建会条件的非公有制经济组织、社会组织，大力推进其单独建立工会。集中力量突破非公有制企业建会难点，集中力量推进职工人数多、社会影响大的社会组织建立工会。针对非公有制经济组织、社会组织大量聚集于商务楼宇、产业园区、商圈市场的实际，探索建立联合基层工会，通过联合建立的楼宇工会、园区工会、商圈工会、市场工会等形式实现对中小微企业和各类社会组织的有效覆盖。

2. 切实加强乡镇（街道）、开发区（工业园区）、自由贸易区工会建设。依法推进乡镇（街道）、开发区（工业园区）工会组织建设，承担地方工会和基层工会双重职责，充分发挥其承上启下、指导基层和促进区域劳动关系稳定的作用。继续夯实乡镇（街道）—村（社区）—企业“小三级”工会组织架构，延伸工作触角，扩大组织覆盖，带动乡镇（街道）工会工作的有效运转。创新自由贸易区工会组织形式，注重发挥功能区工会和行业工会的作用，建立符合自贸区特点的工会组织网络，形成可复制可推广的工会组建模式。

3. 规范建立区域（行业）基层工会联合会。根据产业体系、职工队伍的发展变化，按照地域相近、行业相同的原则，推进区域（行业）基层工会联合会建设，实现对中小微企业的全覆盖。按照联合制、代表制原则，规范联合会组织架构，使所辖多数基层工会主席进入联合会委员会，增强联合会的代表性。加强对乡镇（街道）行业工会联合会工作的指导，发挥其延伸工会工作领域、覆盖各类职工群体的作用。广泛开展“五个一”活动，即每年召开一次会员代表大会、一次职工代表大会，开展一次工资集体协商、一次劳动竞赛、一项职工喜闻乐见的文体活动。

4. 着力做好农民工入会工作。大力开展“农民工入会集中行动”，继续把开发区（工业园区）、建筑项目、物流（快递）业、家庭服务业、农民专业合作组织等领域作为重点，把解决劳务公司建会难作为重要突破口，根据各地实际，积极拓展农民工入会领域。通过微信、微博等各种适应农民工特点的方式，大力宣传中国工会的性质和特点、工会的维权服务工作、工会会员的权利义务、入会程序等，增强农民工对工会的认知认同。创新农民工入会方式，通过网上申请入会、在农民工集聚地设立流动服务窗口等多种形式，方便、快捷地组织农民工入会。加强农民工输出地和输入地工会之间的协调配合，最大限度地把农民工吸收到工会组织中来，使他们成为工人阶级坚定可靠的新生力量。

5. 改革创新会员发展和会籍管理工作。积极探索职工入会新途径，打通职工入会“最后一公里”，把科技工作者、青年职工、农民工、劳务派遣工、灵活就业人员等最大限度地组织到工会中来。按照属地区域就近或行业就近原则，发挥区域（行业）基层工会联合会、乡镇（街道）、村（社区）工会的作用，吸收所辖区域（行业）内未建会单位职工加入工会，会员达到一定人数再建立单位工会。开辟职工网上申请入会渠道，建立线上申请、线下办理的工作流程，为职工入会提供便捷服务。加强会员会籍管理，建立会员实名制数据库，实行动态管理，逐步实现会员会籍管理制度化、规范化、信息化。按照劳动（工作）关系在哪里、会员会籍就在哪里的原则，健全会员档案，规范会员关系接转，实行“一次入会、动态接转”，逐步建立城乡一体的会员管理和流转服务工作机制。

二、创新基层工会活动方式和工作方法，增强工会组织的吸引力凝聚力战斗力

适应互联网迅猛发展和职工生活方式的深刻变化，坚持以职工需求为导向，以职工群众为中心，让职工群众当主角，开展形式多样、富有工会特色的活动，提高职工群众的参与度和获得感，把每一个基层工会都建设成为直接联系服务职工群众的基地，把工会组织建设成为职工群众信赖的职工之家。

1. 合力打造工会网上工作平台。主动适应信息化和新媒体广泛应用的新趋势，积极整合工会系统网络资源，搭建网上工作平台，开展网上工会工作，让职工群众在网上找到工会组织、参加工会活动、表达利益诉求，形成网上网下深度融合、互联互动的工会工作格局。实施工会“互联网+”行动计划，开通工会微博、微信公众号，开发移动客户端，打造“一系统多终端”的工会服务职工网络运行载体，让互联网成为了解职工、贴近职工、联系职工、服务职工的新途径，打开工会联系服务职工群众的新窗口。

2. 大力实施“互联网+”工会普惠性服务。推动互联网时代工会工作转型升级，创新服务职工的理念和方式，以会员实名制为基础，打造“互联网+”工会普惠性服务互动平台，向工会会员发放服务卡，围绕职工医疗、职工就业、职业培训、法律援助、困难帮扶、职工文化等设立服务项目，使服务卡成为广大职工看得见、用得着、信得过的“连心卡”。着力扩大工作覆盖面和服务受众范围，实现工会服务职工从特惠到普惠的转变，实现服务对象全覆盖、服务时间全天候。按照“会、站、家”一体化思路，加强困难职工帮扶中心（职工服务中心）和站点建设，形成网上网下相互促进、有机融合的工会服务工作新格局，把党和政府的关怀和工会组织的温暖送到职工

群众的心坎上。

3. 切实改进服务职工的方式方法。坚持统一性服务和差异化服务相结合，充实服务内容，改进服务方式，满足不同职工群体的多样化需求。按照职工的“生物钟”运转工作，开启“错峰服务”模式，在直接服务职工的工会工作站（点）实行错时上下班制度，把工会组织的服务延伸到8小时之外。制定工会服务职工工作项目清单，明确服务内容和服务标准，为职工群众提供精准服务。探索通过服务外包、项目外包方式，引入社会力量，为职工提供专业化、高水平的服务。建立工会服务职工满意度评价机制，通过对服务对象定期走访、发放征求意见表、进行无记名投票等多种方式，听取意见建议，回应职工诉求，提高服务水平。

4. 充分发挥工会枢纽型组织的作用。加强对劳动关系领域社会组织的政治引领、示范带动和联系服务，发挥桥梁纽带作用。培育孵化工会直接领导的职工服务类社会组织和志愿者队伍，接长工作手臂，拓展服务链条。探索与共青团、妇联等群团基层组织合作建立社会组织，增强群众工作合力。通过项目招标、购买服务等市场化方式，引导社会组织为职工提供专业化的服务。通过组建社会组织工会联合会等方式，探索建立联系引导劳动关系领域社会组织的工作机制。

5. 做实叫响工会工作品牌。大力弘扬劳模精神、劳动精神、工匠精神，团结动员广大职工为实现“两个一百年”奋斗目标、实现中华民族伟大复兴的中国梦建功立业。把为困难职工送温暖、五一劳动奖、大国工匠、工人先锋号、职工书屋等一批有影响的全国性工作品牌深深植根于基层，支持和鼓励各级工会努力创造职工欢迎、富有成效的新品牌，吸引职工群众参与活动设计和工作部署，提高职工群众的参与率和受益度。建立健全职代会、厂务公开、职工董事、职工监事等民主管理制度。广泛开展“争创模范职工之家、争做职工信赖娘家人”活动，不断提高基层工会组织职工、引导职工、服务职工、维护职工合法权益的能力，切实承担起引导职工群众听党话、跟党走的政治责任。

三、打造绝对忠诚党的事业、竭诚服务职工群众的工会干部队伍，提升基层工会干部履职能力

按照习近平总书记提出的“好干部”标准，坚持德才兼备、以德为

先，全面加强工会干部队伍建设。把绝对忠诚党的事业、竭诚服务职工群众作为工会干部的价值追求，打开眼界、打开思路、打开胸襟，强化服务意识，提高维权能力，使广大工会干部真正成为党的全心全意为人民服务宗旨的忠实践行者、党的群众路线的坚定执行者、党的群众工作的行家里手。

1. 选优配强基层工会主席。选优配强基层工会带头人，是有效发挥基层工会作用的基础和关键。加强对基层工会选举工作的组织领导，始终坚持党的领导，坚持民主集中制，遵循依法规范、公开公正的原则，严格把握候选人产生环节，规范基层工会民主选举程序，真正把政治素质好，知职工、懂职工、爱职工的人选到工会主席岗位上来。强化激励机制，关心爱护基层工会主席，让他们在政治上有地位、经济上有补贴、履职上有保障、职业上有发展，不断增强工作积极性和职业荣誉感。

2. 优化基层工会干部队伍结构。建设一支专职、兼职、挂职相结合的基层工会干部队伍，不断壮大基层工会工作力量。按照《中国工会章程》的有关规定，配备专职工会主席和工会专职工作人员。推动和指导基层工会通过新增兼职、挂职副主席和工会干部的方式，优化基层工会干部队伍结构。切实发挥兼职、挂职工会干部作用，健全议事规则，明确职责任务，使兼职、挂职工会干部组织上有身份、工作上有任务、肩膀上有责任。注重在基层一线劳模（先进工作者）和优秀职工中选配工会干部，提高一线职工所占比例，完善基层工会委员会的人员构成。加强工会积极分子和志愿者队伍建设，使其成为基层工会开展工作的积极力量。

3. 建设工会社会工作专业人才队伍。按照社会化运作、契约化管理、专业化培训、职业化发展的思路，整合、优化、提升、发展现有的社会化工会工作者队伍，推动纳入国家社会工作专业人才队伍范围。积极争取政府有关部门的支持，明确工会社会工作专业人才的岗位设置，建立工会社会工作专业人才薪酬保障机制、评价激励制度和人才培养体系，促进工会社会工作专业人才队伍向专业化职业化方向发展，更好地满足职工群众多样化的社会服务需求。

4. 强化工会干部培训工作。改进培训的方式方法，综合运用讲授式、研讨式、案例式、模拟式、体验式等教学方法，实现教学相长、学学相长。用好大数据、“互联网+”等技术手段，把实体培训和网络培训有机结合起来，为广大工会干部特别是基层工会干部提供优质的培训。增强培训工作的针对性、实效性，聚焦工会干部教育培训的主业主课，教育引导工会干部增强政治意识、大局意识、核心意识、看齐意识，切实做到忠诚、干净、担当，提升工会干部的能力素质。

四、加强组织领导，不断提高基层工会工作保障水平

加强基层工会建设是基础性、保障性、战略性工程，是工会改革的重要任务。各级工会要进一步加强对基层工会工作的组织领导，深化基层工会建设“落实年”活动，加强统筹协调，落实工作责任，坚持重心下移，把更多的资源向基层倾斜，把更多的精力投入基层一线，为增强基层工会活力、发挥基层工会作用提供坚实保障。

1. 加强组织领导。各级工会要高度重视、加强领导，在加强基层工会建设中，积极赋予改革内容，指导和鼓励基层工会从自身实际出发推进改革。各级地方工会主要领导为基层工会建设第一责任人，形成主要领导亲自抓、分管领导具体抓、职能部门共同抓、一级抓一级、层层抓落实的工作格局。大力推进“六有”工会建设（有依法选举的工会主席、有独立健全的组织机构、有服务职工的活动载体、有健全完善的制度机制、有自主管理的工会经费、有会员满意的工作绩效），不断提高基层工会工作规范化水平，切实发挥基层工会作用。建立职工群众评议工会干部、评价工会工作和下级工会评价上级工会制度，加强工作考核和督促检查，提高工会工作的执行力。

2. 注重分类指导。坚持从实际出发，实施精准化、差异化指导和服务，切实帮助解决基层工会工作中的困难和问题。根据不同地区、不同行业的基层工会在企业规模、组织形式、职工队伍、工作基础等方面的差异，因地制宜、因企制宜、分类施策，有针对性地提出目标任务和具体举措。运用法治思维和法治方式，依法建会、依法管会、依法履职、依法维权，不断提升工会工作法治化水平。尊重基层首创精神，善于发现和总结基层和职工群众创造的鲜活经验并不断完善，发挥示范带动作用。

3. 强化经费保障。坚持工会经费使用进一步向基层倾斜，优化经费支出结构。将全国工会经费全年收入的95%留在地方和基层工会，基层工会的经

费分成比例不低于60%，明确乡镇（街道）、开发区（工业园区）工会的经费分成比例。全总本级工会经费全年收入的70%用于对下级工会的补助，每年从对下补助经费中，安排专项资金（不低于补助总额的10%）用于乡镇（街道）工会、开发区（工业园区）工会的工作经费。省及省以下各级工会要加大对乡镇（街道）、开发区（工业园区）工会和基层工会经费投入力度，把更多经费直接用在职工群众身上，为基层工会开展工作、服务职工提供经费保障。

4. 改进工作作风。各级工会要把加强基层工会建设与改进工会干部工作作风结合起来，与开展“两学一做”学习教育结合起来，加强作风建设，提高工作水平，把工会组织建设得更加充满活力、更加坚强有力。坚持把党的群众路线作为工会工作的生命线和根本工作路线，牢记宗旨，不忘初心，认真践行“三严三实”要求，自觉抵制和纠正“四风”，防止和克服“四化”等脱离群众问题，带着对职工群众的深厚感情履职尽责。建立健全联系服务职工群众的长效机制，把工作重心放在最广大普通职工身上，通过蹲点调研、定期走访、结对帮扶等多种形式，经常同职工群众面对面、手拉手、心贴心的零距离接触，掌握第一手材料，解决职工群众急需解决的问题，以热情、热忱的服务打动人心、温暖人心、影响人心、赢得人心，把广大职工群众始终团结凝聚在党的周围。

中华全国总工会关于印发《工会会员会籍管理办法》的通知

总工发〔2016〕35号

各省、自治区、直辖市总工会，各全国产业工会，中共中央直属机关工会联合会、中央国家机关工会联合会，全总各部门、各直属单位：

《工会会员会籍管理办法》已经中华全国总工会第十六届书记处第六十次会议审议通过，现印发给你们，请结合实际，认真贯彻执行。

中华全国总工会

2016年12月12日

工会会员会籍管理办法

第一章　总　则

第一条　为规范工会会员会籍管理工作，增强会员意识，保障会员权利，根据《中华人民共和国工会法》和《中国工会章程》等有关规定，制定本办法。

第二条　工会会员会籍是指工会会员资格，是职工履行入会手续后工会组织确认其为工会会员的依据。

第三条　工会会员会籍管理，随劳动（工作）关系流动而变动，会员劳动（工作）关系在哪里，会籍就在哪里，实行一次入会、动态接转。

第二章　会籍取得与管理

第四条　凡在中国境内的企业、事业单位、机关和其他社会组织中，以工资收入为主要生活来源或者与用人单位建立劳动关系的体力劳动者和脑力劳动者，不分民族、种族、性别、职业、宗教信仰、教育程度，承认《中国工会章程》，都可以加入工会为会员。

第五条　职工加入工会，由其本人通过口头或书面形式及通过互联网等渠道提出申请，填写《中华全国总工会入会申请书》和《工会会员登记表》，经基层工会审核批准，即为中华全国总工会会员，发给《中华全国总工会会员证》（以下简称“会员证”），享有会员权利，履行会员义务。工会会员卡（以下简称“会员卡”）也可以作为会员身份凭证。

第六条　尚未建立工会的用人单位职工，按照属地和行业就近原则，可以向上级工会提出入会申请，在上级工会的帮助指导下加入工会。用人单位建立工会后，应及时办理会员会籍接转手续。

第七条　非全日制等形式灵活就业的职工，可以申请加入所在单位工会，也可以申请加入所在地的乡镇（街道）、开发区（工业园区）、村（社区）工会和区域（行业）工会联合会等。会员会籍由上述工会管理。

第八条　农民工输出地工会开展入会宣传，启发农民工入会意识；输入地工会按照属地管理原则，广泛吸收农民工加入工会。农民工会员变更用人单位时，应及时办理会员会籍接转手续，不需重复入会。

第九条 劳务派遣工可以在劳务派遣单位加入工会，也可以在用工单位加入工会。劳务派遣单位没有建立工会的，劳务派遣工在用工单位加入工会。在劳务派遣工会员接受派遣期间，劳务派遣单位工会可以与用工单位工会签订委托管理协议，明确双方对会员组织活动、权益维护等方面的责任与义务。加入劳务派遣单位工会（含委托用工单位管理）的会员，其会籍由劳务派遣单位工会管理。加入用工单位工会的会员会籍由用工单位工会管理。

第十条 基层工会可以通过举行入会仪式、集体发放会员证或会员卡等形式，增强会员意识。

第十一条 基层工会应建立会员档案，实行会员实名制，动态管理会员信息，保障会员信息安全。

第十二条 会员劳动（工作）关系发生变化后，由调出单位工会填写会员证“工会组织关系接转”栏目中有关内容。会员的《工会会员登记表》随个人档案一并移交。会员以会员证或会员卡等证明其工会会员身份，新的用人单位工会应予以接转登记。

第十三条 已经与用人单位解除劳动（工作）关系并实现再就业的会员，其会员会籍应转入新的用人单位工会。如新的用人单位尚未建立工会，其会员会籍原则上应暂时保留在会员居住地工会组织，待所在单位建立工会后，再办理会员会籍接转手续。

第十四条 临时借调到外单位工作的会员，其会籍一般不作变动。如借调时间六个月以上，借调单位已建立工会的，可以将会员关系转到借调单位工会管理。借调期满后，会员关系转回所在单位。会员离开工作岗位进行脱产学习的，如与单位仍有劳动（工作）关系，其会员会籍不作变动。

第十五条 联合基层工会的会员会籍接转工作，由联合基层工会负责。区域（行业）工会联合会的会员会籍接转工作，由会员所在基层工会负责。

第十六条 各级工会分级负责本单位本地区的会员统计工作。农民工会员由输入地工会统计。劳务派遣工会员由劳务派遣单位工会统计，加入用工单位工会的由用工单位工会统计。保留会籍的人员不列入会员统计范围。

第三章　会籍保留与取消

第十七条　会员退休（含提前退休）后，在原单位工会办理保留会籍手续。退休后再返聘参加工作的会员，保留会籍不作变动。

第十八条　内部退养的会员，其会籍暂不作变动，待其按国家有关规定正式办理退休手续后，办理保留会籍手续。

第十九条　会员失业的，由原用人单位办理保留会籍手续。原用人单位关闭或破产的，可将其会籍转至其居住地的乡镇（街道）或村（社区）工会。重新就业后，由其本人及时与新用人单位接转会员会籍。

第二十条　已经加入工会的职工，在其服兵役期间保留会籍。服兵役期满，复员或转业到用人单位并建立劳动关系的，应及时办理会员会籍接转手续。

第二十一条　会员在保留会籍期间免交会费，不再享有选举权、被选举权和表决权。

第二十二条　会员有退会自由。对于要求退会的会员，工会组织应做好思想工作。对经过做思想工作仍要求退会的，由会员所在的基层工会讨论后，宣布其退会并收回其会员证或会员卡。会员没有正当理由连续六个月不交纳会费、不参加工会组织生活，经教育拒不改正，应视为自动退会。

第二十三条　对严重违法犯罪并受到刑事处分的会员，开除会籍。开除会员会籍，须经会员所在工会小组讨论提出意见，由工会基层委员会决定，并报上一级工会备案，同时收回其会员证或会员卡。

第四章　附　则

第二十四条　本办法由中华全国总工会负责解释。

第二十五条　本办法自印发之日起施行。2000 年 9 月 11 日印发的《中华全国总工会关于加强工会会员会籍管理有关问题的暂行规定》（总工发〔2000〕18 号）同时废止。

中华全国总工会　民政部　人力资源社会保障部
关于加强工会社会工作专业人才队伍建设的指导意见

总工发〔2016〕37号

各省、自治区、直辖市总工会、民政厅（局）人力资源社会保障厅（局）：

为深入贯彻中央党的群团工作会议精神和中共中央《关于深化人才发展体制机制改革的意见》精神，贯彻落实中央组织部、民政部、全国总工会等18个部门和组织《关于加强社会工作专业人才队伍建设的意见》，落实工会系统改革创新的要求，更好地联系服务职工、维护职工合法权益，满足职工群众多样化的社会服务需求，为构建和谐劳动关系提供有力的人才支撑，现就加强工会社会工作专业人才队伍建设提出以下意见。

一、加强工会社会工作专业人才队伍建设的重大意义

工会社会工作专业人才是指具有一定的社会工作专业理念、知识和技能，面向广大职工提供工会组建、权益维护、争议调处、困难帮扶、教育引导、人文关怀、职业发展等方面社会服务的专门人员，是国家社会工作专业人才队伍的重要组成部分。

随着社会主义市场经济的深入发展，我国职工队伍总量不断扩大，企业组织形式、职工队伍结构和劳动关系等方面都发生了深刻变化。广大职工对工会普惠服务、维护合法权益、实现体面劳动和全面发展等社会服务的需求日益增长，工会社会工作任务日益繁重。近年来，各级工会探索选聘了社会化工会工作者、专职集体协商指导员等多种形式的工会社会工作人员，在面向职工的社会服务中发挥了重要作用。但总的看，工会社会工作人员队伍仍存在数量短缺、专业性不足、服务能力不强、流动性较大等问题，难以适应新形势新任务的要求。建设一支高素质的工会社会工作专业人才队伍，对于推动工会工作改革创新、提高服务职工群众的能力水平、构建和谐劳动关系具有重要的作用。要进一步增强责任感和紧迫感，加强调查研究，采取有效措施，切实加强工会社会工作专业人才队伍建设。

二、加强工会社会工作专业人才队伍建设的指导思想、工作原则和工作目标

（一）指导思想。全面贯彻党的十八大和十八届三中、四中、五中、六中全会精神，深入贯彻习近平总书记系列重要讲话精神，贯彻落实中央党的群团工作会议精神，接长工作手臂，拓展服务链条，建设一支高素质的工会社会工作专业人才队伍，发挥社会工作专业优势，有效满足职工发展需要，促进劳动关系和谐稳定，团结动员广大职工为实现“两个一百年”奋斗目标、实现中华民族伟大复兴的中国梦而努力奋斗。

（二）工作原则。

1. 坚持党管人才。建立党委领导、政府支持、工会运作、社会参与的工作格局，将工会社会工作专业人才队伍建设纳入国家社会工作专业人才队伍体系，确保工会社会工作专业人才队伍建设的正确政治方向。

2. 坚持立足基层。按照社会化运作、契约化管理、专业化培训、职业化发展的要求，推动工会社会工作专业人才在基层合理配置，引导职工社会服务资源向基层倾斜。把满足职工社会服务需求作为工会社会工作专业人才队伍建设的出发点和落脚点，用职工满意度检验工作成效。

3. 坚持突出重点。整合、优化、提升、发展现有的工会工作者队伍，培育工会社会工作骨干人才。着力解决岗位开发设置、人才评价激励和教育培训等方面的问题，优先开发服务职工急需的专业人才。

4. 坚持分类推进。根据各地企业、职工队伍和劳动关系情况、职工服务类社会组织发展状况、工会人才队伍建设和保障现状，因地制宜、分类有序地推进工会社会工作专业人才队伍建设。

（三）工作目标。建立健全工会社会工作专业人才队伍建设管理机制，推进工会社会工作专业人才队伍规范化建设。建立完善工会社会工作专业人才信息库，实现工会社会工作专业人才管理服务信息化、规范化。充分发挥现有工会企事业单位服务职工的社会工作职能。引导发展一批职工服务类社会组织，培育孵化一批工会作为业务主管单位并积极吸纳社会工作专业人才的职工服务类社会组织。建立一支政治合格、结构合理、作风过硬、心系职工、素质优良的工会社会工作专业人才队伍，到2020年力争达到20万人。

三、明确工会社会工作专业人才队伍的人员构成和工作内容

（一）人员构成。工会社会工作专业人才包括具备工会社会工作专业素质能力的工会机关、工会企事业单位人员，工会通过购买岗位和购买服务等方式使用的具备工会社会工作专业素质能力的人员。以购买方式使用的人员原则上由市、县工会统筹配置。

1. 工会直接聘用人员。工会通过公开招聘人员等方式聘用的社会工作专业人才。

2. 工会购买服务人员。工会（含基层工会）面向具有专业资质的社会组织（包括工会培育孵化的职工服务类社会组织）购买职工社会服务，由社会组织聘用并向工会提供服务的社会工作专业人才。

（二）工作内容。工会社会工作专业人才要有机融合工会工作与社会工作两者的专业理念方法，发挥工会工作和社会工作的两种专业优势，做好服务职工工作，更好地协调劳动关系，满足职工和企业发展需要。

1. 帮助指导职工依法组织和参加工会，维护职工队伍和工会组织团结统一；帮助指导职工签订劳动合同、开展集体协商、参与企事业单位民主管理，维护职工的劳动经济权益和民主权利。

2. 向职工普及劳动法律知识和政策法规，为职工提供法律援助，接受职工委托参与劳动争议案件的协商和调解，代理劳动仲裁和诉讼。

3. 促进企事业单位不断改善劳动条件，加强劳动保护，支持和帮助职工预防和治疗职业病，维护职工劳动安全、休息休假和职业健康权益以及女职工的特殊劳动保护权益；协调推进职工后勤保障服务，提高职工生活保障水平。

4. 了解困难职工及其家庭基本生活情况，开展困难帮扶工作，促进困难职工解困脱困；协助政府部门为职工特别是下岗、失业人员提供职业介绍、转岗安置、社会保障、创业扶持、职业培训等服务，帮助职工规划职业发展等。

5. 掌握职工思想动态，反映职工诉求，开展人文关怀和心理疏导，提高职工心理适应能力，结合实际做好释疑解惑、化解矛盾等工作。

6. 运用信息化手段，开展“互联网+”工会普惠性服务。

7. 提供新市民培训，提高农民工融入城镇能力，满足职工特别是农民工

需求的其他社会服务。

四、加强工会社会工作专业人才队伍的岗位开发设置和机构建设

（一）开发和设置工会社会工作岗位的工作要求。工会面向职工提供社会服务的岗位，可明确为工会社会工作专业岗位。工会要通过增设、调整岗位等方式，开发设置工会社会工作专业岗位，纳入专业技术岗位管理范围，明确工会社会工作岗位的专业性及其职责任务，建立相应的工会社会工作岗位等级体系，拓宽工会社会工作专业人才的职业发展空间。实行工会社会工作专业技术岗位聘用与社会工作者职业水平评价制度相衔接，规范工会社会工作岗位聘用。

（二）开发和设置工会社会工作岗位的具体范围。工会要根据工作需要，特别是工作范围内的企业和职工的数量、结构和集聚状态以及劳动关系状况等，积极吸纳工会社会工作专业人才。主要在以下组织和机构开发设置岗位、配备使用人才。

1. 街道（乡镇）、开发区（工业园区）工会。职工 2000 人以下的，可配备 1 名工会社会工作专业人才；职工 2000 人以上的，每 3000 人可配备 1 名工会社会工作专业人才。加大力度开发设置工会社会工作岗位、配备使用工会社会工作专业人才。

2. 城乡社区工会、区域（行业）性基层工会联合会、企事业单位工会。推动工会社会工作专业人才配备向基层延伸，企业和职工较多的城乡社区工会、区域（行业）性基层工会联合会，规模较大的企事业单位工会，要创造条件开发设置工会社会工作岗位、配备使用工会社会工作专业人才。

3. 职工帮扶（服务）中心（站点）职工法律援助机构、12351 职工服务热线以及其他工会企事业单位等工会服务职工工作机构。加大配备使用工会社会工作专业人才力度，提高此类人才所占比例，可将工会社会工作专业岗位作为主体专业技术岗位。

4. 其他职工服务类社会组织。引导其积极开发设置工会社会工作岗位、配备使用工会社会工作专业人才，提高此类人才所占比例，确保人才专业能力素质适应工作要求。

（三）加强职工服务类社会组织建设。认真贯彻落实中共中央办公厅《关于加强社会组织党的建设工作的意见（试行）》和中共中央办公厅、国

务院办公厅《关于改革社会组织管理制度促进社会组织健康有序发展的意见》精神，加强职工服务类社会组织党的建设，充分发挥党组织在社会组织中的政治核心作用。加强对职工服务类社会组织的政治引领、示范带动和联系服务，积极培育孵化工会直接领导的职工服务类社会组织，有效发挥工会社会工作专业人才作用。依法推动各类社会组织建立单独的工会委员会或组建联合基层工会，扩大工会工作有效覆盖。民政部门要加强对职工服务类社会组织的管理监督和指导服务，提高其服务能力。符合条件的职工服务类社会组织，按照国家有关规定享受相关税收优惠政策。将职工服务类社会组织纳入有关表彰奖励推荐范围。

五、加大工会社会工作专业人才保障激励和培养评价力度

（一）建立工会社会工作专业人才薪酬保障机制。工会要会同民政部门、人力资源社会保障部门，根据经济社会发展总体情况和其他社会工作者队伍薪酬水平，制定并适时调整工会社会工作专业人才薪酬指导标准。属于机关、事业单位正式工作人员的工会社会工作专业人才，按国家有关规定执行相应的工资收入分配制度；签订劳动合同的工会社会工作专业人才，由用人单位综合职业水平等级、学历、资历、业绩、岗位等指标并参考相应岗位等级专业技术人员合理确定薪酬标准和增长机制，同时按照国家有关规定办理社会保险和公积金。购买职工社会服务，要按照不低于薪酬标准编制、核定成本预算，确保购买服务经费足额支付人员薪酬。

（二）建立工会社会工作专业人才评价激励制度。工会要会同民政部门、人力资源社会保障部门将工会社会工作专业人才纳入全国社会工作专业人才评价体系。鼓励工会工作专业人才参加全国社会工作者职业水平考试，将取得国家社会工作者水平评价类职业资格证书的工会社会工作专业人才纳入专业技术人员管理范围，实行国家社会工作者水平评价类职业资格与相应系列专业技术职务评聘相衔接，通过考试取得国家社会工作者职业资格证书人员，可根据工作需要，聘用（任）相应级别专业技术职务。工会可根据需要进行工会社会工作实务能力考核，将工会社会工作实务能力作为工会社会工作专业人才聘用的重要参考。工会要根据工会社会工作岗位职责规范和考核评估标准，定期对工会社会工作专业人才履行职责、学习进修、职业发展等情况进行考核评估，考核结果作为工会社会工作专业人才是否提升岗位等

级、提高待遇、续聘合同的主要依据。各级工会招录时，具有工会社会工作经历的，在同等条件下优先录用。鼓励各级工会机关依法依规吸纳以劳动合同形式聘用的工会社会工作专业人才担任（兼任）有关职务，参加企业职工社会保险，按规定缴纳社会保险费、享受社会保险待遇。通过双向挂职、短期工作、项目合作等多种形式，鼓励引导工会社会工作专业人才向急需紧缺地区和行业流动。拓展工会社会工作专业人才参政议政渠道，对政治坚定、业绩突出、职工认可的优秀工会社会工作专业人才，按照国家有关规定予以表彰奖励。

（三）构建工会社会工作专业人才培养体系。工会要推动所属高等院校设置工会社会工作专业课程，加强工会社会工作实训，扩大工会社会工作教育规模。加大工会社会工作在工会机关干部、事业单位人员和聘用人员教育培训中的比重。民政部门要加强对工会社会工作专业人才培训的支持力度。依托国家社会工作专业人才培训基地、大专院校等，对工会社会工作专业人才开展培训。加强继续教育，定期对取得社会工作职业水平证书的工会工作者开展专业培训。建立完善在职培训机制，有计划、分层次地对实际从事职工社会服务的在职人员进行培训。加强工会积极分子和服务职工志愿者队伍建设，建立与工会社会工作者的服务协同机制，充分发挥工会社会工作者的专业优势，调动广大工会积极分子和服务职工志愿者规范有序参与工会社会工作服务，壮大工会社会工作服务力量。积极吸纳符合条件的工会积极分子和职工服务志愿者进入工会社会工作专业岗位。

六、加强工会社会工作专业人才队伍建设的工作要求

（一）形成工作合力。按照党委组织部门牵头抓总、工会组织统筹实施、民政部门和人力资源社会保障等有关部门支持配合、社会力量广泛参与职工社会服务的要求，合力推进工会社会工作专业人才队伍建设，解决经费保障、岗位开发设置、人才评价和教育培训等瓶颈问题，使这支人才队伍成为团结职工、巩固阵地、化解矛盾、凝聚人心的重要力量。工会组织、民政部门和人力资源社会保障部门要在党委组织部门宏观指导下抓好工会社会工作专业人才队伍建设综合协调工作。工会组织要科学开发设置社会工作岗位，合理编制、认真实施录用（聘用）计划，强化日常管理和激励机制建设。对现有的工会工作者，按照专业化、职业化要求实施人员整合、素质提升。暂

不具备独立开发、管理人才资源条件的地方工会，可以与党政部门共建社会工作专业人才队伍，共同开展工作。民政部门要切实履行好推进社会工作专业人才队伍建设的有关职能，着重在工会社会工作专业人才激励保障、能力评价、教育培训及职工服务类社会组织建设和政府购买职工社会服务等方面加大支持力度。人力资源社会保障部门要做好社会工作专业岗位开发设置及配套措施的实施与保障。

（二）加大资金投入。争取支持，建立健全工会经费和社会资金等共同参与的多元化投入机制，建立可靠的职工社会服务和工会社会工作专业人才队伍建设经费保障机制。各级工会要切实加大投入，将工会经费更多地向基层倾斜，向职工社会服务和工会社会工作专业人才队伍建设倾斜。坚持和完善各级地方工会分级负担聘用工会社会工作专业人才薪酬制度。

（三）强化宣传引导。深入开展工会社会工作专业人才理论和实践研究，探索工会社会工作专业人才资源开发与配置规律。及时总结提炼、交流推广各地、各相关部门加强工会社会工作专业人才队伍建设的经验和举措，探索完善符合我国国情和发展需要的工会社会工作专业人才队伍建设思路和模式。注重运用各类媒体特别是新媒体，积极宣传加强工会社会工作专业人才队伍建设的方针政策，培育树立先进典型，形成发展职工社会服务、加强工会社会工作专业人才队伍建设的良好社会氛围，不断提高工会社会工作专业人才的社会认同度，发展具有中国特色的工会社会工作专业人才队伍和工会社会工作事业。

中华全国总工会　民政部　人力资源社会保障部

2016 年 12 月 5 日

中华全国总工会办公厅关于进一步加强《中华全国总工会会员证》管理工作的通知

厅字〔2017〕4 号

各省、自治区、直辖市总工会，各全国产业工会，中共中央直属机关工会联合会、中央国家机关工会联合会，全总各部门、各直属单位：

为认真贯彻落实《工会会员会籍管理办法》（总工发〔2016〕35 号），切实加强工会会员会籍管理工作，现就进一步规范《中华全国总工会会员证》（以下简称“会员证”）管理工作通知如下。

一、高度予以重视。会员证是证明工会会员身份的重要凭证。加强对会员证的规范管理，是加强工会会员会籍管理的基本内容，对于强化工会会员意识、保障工会会员权利具有重要作用。各省级工会要高度重视，着眼新的情况，结合实际，加强对此项工作的组织领导。

二、明确工作职责。会员证由全国总工会确定式样，全国总工会组织部负责监制。各省级工会负责印制、颁发，并确定会员证的编号办法；各省级工会组织部门承担印制、使用、管理等具体工作。

三、加强印模管理。各省级工会印制的会员证，须统一加盖全国总工会组织部印章。各省级工会组织部门应向全国总工会组织部提出使用公章印模的书面申请，经审核同意后，指定专人保管并监督使用，使用后及时送回，确保印模安全。会员证所附录的“会员的权利”和“会员的义务”内容，应与中国工会全国代表大会最新通过的《中国工会章程》有关表述保持一致。

四、严格审核程序。为确保印制质量，各省级工会在确定承印单位前，须将该单位印制的会员证式样报全国总工会组织部审核同意，方可正式印制。每年已印制数量须在当年 12 月 31 日前报全国总工会组织部备案。本通知下发前，已经印制合格及颁发的会员证继续有效。

五、确定印制厂家。各省级工会要按照政府采购、招标投标等有关规定要求，严格履行相应程序，规范办理有关手续，经集体研究，并进行公示后，确定一家承印会员证的单位。印制会员证的费用，从工会经费中列支，不得向工会会员个人收取任何费用。

六、规范使用管理。对新加入工会的会员，基层工会要为其颁发会员证，作为会员身份凭证，享有会员权利，履行会员义务。不应以工会会员服务卡等代替颁发会员证。地方或基层工会可通过举行入会仪式、集体发放会员证等形式，增强工会会员意识。会员劳动（工作）关系发生变化后，由调出单位工会填写会员证“工会组织关系接转”栏目中有关内容，会员以会员证等证明其工会会员身份，新的用人单位工会应予以接转登记。

会员退会的，由基层工会收回其会员证。会员因严重违法犯罪受到刑事处分被开除会籍的，报上一级工会备案后，由基层工会收回其会员证。

各省级工会要从实际出发，积极探索会员证、会员服务卡和会员实名登记等有机结合的会员会籍管理办法。

中华全国总工会关于印发《基层工会会员代表大会条例》的通知

总工发〔2019〕6号

各省、自治区、直辖市总工会，各全国产业工会，中央和国家机关工会联合会筹备组，全总各部门、各直属单位：

《基层工会会员代表大会条例》已经中华全国总工会第十七届书记处第4次会议通过，现印发给你们，请结合实际，认真贯彻执行。

中华全国总工会

2019年1月15日

基层工会会员代表大会条例

第一章　总　则

第一条　为完善基层工会会员代表大会制度，推进基层工会民主化、规范化、法治化建设，增强基层工会政治性、先进性、群众性，激发基层工会活力，发挥基层工会作用，根据《中华人民共和国工会法》《中国工会章程》等有关规定，制定本条例。

第二条　本条例适用于企业、事业单位、机关、社会团体和其他社会组织单独或联合建立的基层工会组织。

乡镇（街道）、开发区（工业园区）、村（社区）建立的工会委员会，县级以下建立的区域（行业）工会联合会，如召开会员代表大会的，依照本条例执行。

第三条 会员不足100人的基层工会组织，应召开会员大会；会员100人以上的基层工会组织，应召开会员大会或会员代表大会。

第四条 会员代表大会是基层工会的最高领导机构，讨论决定基层工会重大事项，选举基层工会领导机构，并对其进行监督。

第五条 会员代表大会实行届期制，每届任期三年或五年，具体任期由会员代表大会决定。会员代表大会任期届满，应按期换届。遇有特殊情况，经上一级工会批准，可以提前或延期换届，延期时间一般不超过半年。

会员代表大会每年至少召开一次，经基层工会委员会、三分之一以上的会员或三分之一以上的会员代表提议，可以临时召开会员代表大会。

第六条 会员代表大会应坚持党的领导，坚持民主集中制，坚持依法规范，坚持公开公正，切实保障会员的知情权、参与权、选举权、监督权。

第七条 基层工会召开会员代表大会应向同级党组织和上一级工会报告。换届选举、补选、罢免基层工会委员会组成人员的，应向同级党组织和上一级工会书面报告。

上一级工会对下一级工会召开会员代表大会进行指导和监督。

第二章 会员代表大会的组成和职权

第八条 会员代表的组成应以一线职工为主，体现广泛性和代表性。中层正职以上管理人员和领导人员一般不得超过会员代表总数的20%。女职工、青年职工、劳动模范（先进工作者）等会员代表应占一定比例。

第九条 会员代表名额，按会员人数确定：

会员100至200人的，设代表30至40人；

会员201至1000人的，设代表40至60人；

会员1001至5000人的，设代表60至90人；

会员5001至10000人的，设代表90至130人；

会员10001至50000人的，设代表130至180人；

会员50001人以上的，设代表180至240人。

第十条 会员代表的选举和会议筹备工作由基层工会委员会负责，新成立基层工会的由工会筹备组负责。

第十一条 会员代表大会根据需要，可以设立专门工作委员会（小组），负责办理会员代表大会交办的具体事项。

第十二条 会员代表大会的职权是：

（一）审议和批准基层工会委员会的工作报告；

（二）审议和批准基层工会委员会经费收支预算决算情况报告、经费审查委员会工作报告；

（三）开展会员评家，评议基层工会开展工作、建设职工之家情况，评议基层工会主席、副主席履行职责情况；

（四）选举和补选基层工会委员会和经费审查委员会组成人员；

（五）选举和补选出席上一级工会代表大会的代表；

（六）罢免其所选举的代表、基层工会委员会组成人员；

（七）讨论决定基层工会其他重大事项。

第三章 会员代表

第十三条 会员代表应由会员民主选举产生，不得指定会员代表。劳务派遣工会员民主权利的行使，如用人单位工会与用工单位工会有约定的，依照约定执行；如没有约定或约定不明确的，在劳务派遣工会员会籍所在工会行使。

第十四条 会员代表应具备以下条件：

（一）工会会员，遵守工会章程，按期缴纳会费；

（二）拥护党的领导，有较强的政治觉悟；

（三）在生产、工作中起骨干作用，有议事能力；

（四）热爱工会工作，密切联系职工群众，热心为职工群众说话办事；

（五）在职工群众中有一定的威信，受到职工群众信赖。

第十五条 会员代表的选举，一般以下一级工会或工会小组为选举单位进行，两个以上会员人数较少的下一级工会或工会小组可作为一个选举单位。

会员代表由选举单位会员大会选举产生。规模较大、管理层级较多的单位，会员代表可由下一级会员代表大会选举产生。

第十六条 选举单位按照基层工会确定的代表候选人名额和条件，组织会员讨论提出会员代表候选人，召开有三分之二以上会员或会员代表参加的大会，采取无记名投票方式差额选举产生会员代表，差额率不低于15%。

第十七条 会员代表候选人，获得选举单位全体会员过半数赞成票时，方能当选；由下一级会员代表大会选举时，其代表候选人获得应到会代表人数过半数赞成票时，方能当选。

第十八条 会员代表选出后，应由基层工会委员会或工会筹备组，对会员代表人数及人员结构进行审核，并对会员代表进行资格审查。

符合条件的会员代表人数少于原定代表人数的，可以把剩余的名额再分配，进行补选，也可以在符合规定人数情况下减少代表名额。

第十九条 会员代表实行常任制，任期与会员代表大会届期一致，会员代表可以连选连任。

第二十条 会员代表的职责是：

（一）带头执行党的路线、方针、政策，自觉遵守国家法律法规和本单位的规章制度，努力完成生产、工作任务；

（二）在广泛听取会员意见和建议的基础上，向会员代表大会提出提案；

（三）参加会员代表大会，听取基层工会委员会和经费审查委员会的工作报告，讨论和审议代表大会的各项议题，提出审议意见和建议；

（四）对基层工会委员会及代表大会各专门委员会（小组）的工作进行评议，提出批评、建议；对基层工会主席、副主席进行民主评议和民主测评，提出奖惩和任免建议；

（五）保持与选举单位会员群众的密切联系，热心为会员说话办事，积极为做好工会各项工作献计献策；

（六）积极宣传贯彻会员代表大会的决议精神，对工会委员会落实会员代表大会决议情况进行监督检查，团结和带动会员群众完成会员代表大会提出的各项任务。

第二十一条 选举单位可单独或联合组成代表团（组），推选团（组）长。团（组）长根据会员代表大会议程，组织会员代表参加大会各项活动；在会员代表大会闭会期间，按照基层工会的安排，组织会员代表开展日常工作。

第二十二条 基层工会讨论决定重要事项，可事先召开代表团（组）长会议征求意见，也可根据需要，邀请代表团（组）长列席会议。

第二十三条 基层工会应建立会员代表调研、督查等工作制度，充分发挥会员代表作用。

第二十四条 会员代表在法定工作时间内依法参加会员代表大会及工会组织的各项活动，单位应当正常支付劳动报酬，不得降低其工资和其他福利待遇。

第二十五条 有下列情形之一的，会员代表身份自然终止：

（一）在任期内工作岗位跨选举单位变动的；

（二）与用人单位解除、终止劳动（工作）关系的；

（三）停薪留职、长期病事假、内退、外派超过一年，不能履行会员代表职责的。

第二十六条 会员代表对选举单位会员负责，接受选举单位会员的监督。

第二十七条 会员代表有下列情形之一的，可以罢免：

（一）不履行会员代表职责的；

（二）严重违反劳动纪律或单位规章制度，对单位利益造成严重损害的；

（三）被依法追究刑事责任的；

（四）其他需要罢免的情形。

第二十八条 选举单位工会或三分之一以上会员或会员代表有权提出罢免会员代表。

会员或会员代表联名提出罢免的，选举单位工会应及时召开会员代表大会进行表决。

第二十九条 罢免会员代表，应经过选举单位全体会员过半数通过；由会员代表大会选举产生的代表，应经过会员代表大会应到会代表的过半数通过。

第三十条 会员代表出现缺额，原选举单位应及时补选。缺额超过会员代表总数四分之一时，应在三个月内进行补选。补选会员代表应依照选举会员代表的程序，进行差额选举，差额率应按照第十六条规定执行。补选的会员代表应报基层工会委员会进行资格审查。

第四章　会员代表大会的召开

第三十一条　每届会员代表大会第一次会议召开前，应将会员代表大会的组织机构、会员代表的构成、会员代表大会主要议程等重要事项，向同级党组织和上一级工会书面报告。上一级工会接到报告后应于15日内批复。

第三十二条　每届会员代表大会第一次会议召开前，基层工会委员会或工会筹备组应对会员代表进行专门培训，培训内容应包括工会基本知识、会员代表大会的性质和职能、会员代表的权利和义务、大会选举办法等。

第三十三条　会员代表全部选举产生后，应在一个月内召开本届会员代表大会第一次会议。

第三十四条　会员代表大会召开前，会员代表应充分听取会员意见建议，积极提出与会员切身利益和工会工作密切相关的提案，经基层工会委员会或工会筹备组审查后，决定是否列入大会议程。

第三十五条　召开会员代表大会，应提前5个工作日将会议日期、议程和提交会议讨论的事项通知会员代表。

第三十六条　每届会员代表大会第一次会议召开前，可举行预备会议，听取会议筹备情况的报告，审议通过关于会员代表资格审查情况的报告，讨论通过选举办法，通过大会议程和其他有关事项。

第三十七条　召开会员代表大会时，未当选会员代表的经费审查委员会委员、女职工委员会委员应列席会议，也可以邀请有关方面的负责人或代表列席会议。

可以邀请获得荣誉称号的人员、曾经作出突出贡献的人员作为特邀代表参加会议。

列席人员和特邀代表仅限本次会议，可以参加分组讨论，不承担具体工作，不享有选举权、表决权。

第三十八条　基层工会委员会、经费审查委员会及女职工委员会的选举工作，依照《工会基层组织选举工作条例》规定执行。

第三十九条　会员代表大会应每年对基层工会开展工作、建设职工之家和工会主席、副主席履行职责等情况进行民主评议，在民主评议的基础上，以无记名投票方式进行测评，测评分为满意、基本满意、不满意三个等次。

测评结果应及时公开，并书面报告同级党组织和上一级工会。

基层工会主席、副主席测评办法应由会员代表大会表决通过，并报上一级工会备案。

第四十条 基层工会主席、副主席，具有下列情形之一的，可以罢免：

（一）连续两年测评等次为不满意的；

（二）任职期间个人有严重过失的；

（三）被依法追究刑事责任的；

（四）其他需要罢免的情形。

基层工会委员会委员具有上述（二）（三）（四）项情形的，可以罢免。

第四十一条 本届工会委员会、三分之一以上的会员或会员代表可以提议罢免主席、副主席和委员。

罢免主席、副主席和委员的，应经同级党组织和上一级工会进行考察，未建立党组织的，由上一级工会考察。经考察，如确认其不能再担任现任职务时，应依法召开会员代表大会进行无记名投票表决，应参会人员过半数通过的，罢免有效，并报上一级工会批准。

第四十二条 规模较大、人数众多、工作地点分散、工作时间不一致，会员代表难以集中的基层工会，可以通过电视电话会议、网络视频会议等方式召开会员代表大会。不涉及无记名投票的事项，可以通过网络进行表决，如进行无记名投票的，可在分会场设立票箱，在规定时间内统一投票、统一计票。

第四十三条 会员代表大会与职工代表大会应分别召开，不得互相代替。如在同一时间段召开的，应分别设置会标、分别设定会议议程、分别行使职权、分别作出决议、分别建立档案。

第四十四条 会员代表大会通过的决议、重要事项和选举结果等应当形成书面文件，并及时向会员公开。

第五章 附 则

第四十五条 除会员代表的特别规定外，召开会员大会依照本条例相关规定执行。

第四十六条 本条例由中华全国总工会负责解释。

第四十七条 本条例自发布之日起施行，以往有关规定。与本条例不一致的，以本条例为准。1992 年 4 月 14 日中华全国总工会办公厅印发的《关于基层工会会员代表大会代表实行常任制的若干暂行规定》同时废止。

（三）上海市总工会文件

上海市总工会关于进一步推进基层工会主席直接选举工作的意见

沪工总组〔2010〕89 号

各区县局（产业）工会：

为加强工会基层组织群众化、民主化建设，市总工会决定，在本市进一步推进基层工会主席直接选举工作。现就有关事项提出以下意见：

一、指导思想

以邓小平理论、“三个代表”重要思想为指导，深入贯彻落实科学发展观，认真贯彻党的十七届四中全会和九届市委九次全会精神，以增强基层工会活力为着力点，进一步推进工会组织群众化、民主化进程，使基层工会真正成为党联系职工群众的桥梁和纽带，成为组织健全、维权到位、工作活跃、职工信赖的“职工之家”。

二、直接选举范围

区县局（产业）工会以下各级工会组织期满换届和新组建的，其工会主席原则上都应直接选举产生。

三、工作原则

基层工会主席直接选举，要坚持党管干部原则，坚持德才兼备、以德为先和好中选优原则，坚持充分体现会员群众意愿、严格履行民主程序原则，坚持积极慎重、稳步推行原则，努力使工会直接选举成为基层工会组织换届选举的主要方式。

四、实施步骤

基层工会主席直接选举一般应按以下步骤实施：

1. 大力宣传，广泛动员。选举单位在选举前要认真做好宣传动员，要把基层工会主席直接选举工作，作为对基层工会干部、会员群众进行组织观念、民主意识和权利义务教育的过程。要运用各种形式宣传直接选举工作的重要性和必要性，让广大会员群众了解直接选举工作的目的、任务和意义，动员广大会员或会员代表更好地履行自己神圣的职责，为直接选举工作打好坚实的思想基础。

2. 制定计划，缜密安排。选举单位要根据本单位实际，结合上级工会和本单位会员群众的意见，制定详细的工作计划方案。计划方案要形成书面请示，经同级党组织同意后，报上级工会组织审批。选举单位要根据计划方案，精心组织、周密安排、认真实施，避免工作的随意性，确保直接选举工作有计划、有步骤、有领导地开展。

3. 发扬民主，坚持标准。工会主席候选人的产生，必须贯彻党管干部和会员群众公认原则，坚持人选应具备的政治和业务素质标准。工会主席候选人的基本条件要按照《工会法》、《中国工会章程》、《企业工会工作条例》和《企业工会主席产生办法》的有关要求确定。

工会主席候选人产生可采取组织推荐、会员推荐、个人自荐相结合的方法。要通过自下而上、自上而下、上下结合、反复酝酿，确定候选人初步人选。选举单位要有组织地安排初步人选与会员群众见面，进行竞职陈述，回答会员群众提出的问题，增进会员群众对候选人的了解。初步人选经同级党组织和上级工会同意，并进行公示后，确定为正式候选人，提交会员（代表）大会进行表决和选举。

4. 规范操作，民主选举。选举单位要严格按照《中国工会章程》和全国总工会《工会基层组织选举工作暂行条例》等的规定，进行选举。要结合本单位实际，制定好选举办法，按照选举办法规范操作。直接选举工会主席应在全体会员大会或会员代表大会上进行。会员人数在100人以下的基层工会，原则上召开会员大会进行选举；会员人数在100人以上的基层工会可以召开会员代表大会进行选举。到会人数必须超过应到人数的三分之二方能进行选举，候选人的得票数必须超过应到人数的半数以上方能当选。工会主席可以实行等额选举，也可实行差额选举。工会委员必须实行差额选举。

若一次选举未能产生工会主席，选举单位同级党组织可与上级工会协商，在选举产生的工会委员会内指定一名临时召集人，待条件成熟后再行选举。

5. 选举结果，报请批准。基层工会主席直接选举的结果，必须按照工会组织隶属关系，报请上级工会批准，同时抄报同级党组织。

五、加强对直接选举工作的领导

工会主席直接选举工作要在同级党组织和上级工会的领导下开展。各级工会要把基层工会主席直接选举工作作为加强基层工会组织建设的重要工作，列入重要议事日程。上级工会要加强与选举单位党组织的联系沟通，对直接选举工作进行领导和指导。要鼓励基层从实际出发，在直接选举的具体方式方法上探索创新，逐步完善。要研究新情况、解决新问题、总结新经验，积极稳妥、扎实有效地推进直接选举工作。

各级工会要对基层工会主席直接选举的筹备和组织工作进行分类实施。工会换届的，直接选举工作在同级党组织和上级工会领导指导下，由上一届工会委员会负责；新组建工会的，直接选举工作在同级党组织和上级工会领导指导下，由工会筹备委员会（筹备小组）负责。

六、直接选举中需把握的几个重要问题

1. 充分听取意见，做好前期准备。选举单位选举前，要就工会班子结构、候选人条件等组织会员群众深入讨论，广泛征求会员群众意见，对会员群众提出的意见、建议和问题，要认真研究，实事求是答复。对组织意图要讲清楚、讲明白，取得大多数会员群众的理解和认可。

2. 分析选情，掌握工作主动权。选举单位在启动选举工作之前要对本单位的选情进行深入分析，对可能出现的突发问题或干扰因素要提前做好准备。对选情较为复杂的单位，上级工会要认真研判，制定预案，及时介入，配合选举单位党组织做好工作。选举过程中，要随时掌握真实的选情民意，特别是对组织推荐人选的民意基础更要有切实了解，以把握好直接选举工作的主动权。

3. 加强程序监督，严明选举纪律。工会主席直接选举工作要严格履行民主程序，自觉遵守选举纪律，主动接受会员群众监督。选举办法应在会员大会或会员代表大会上讨论通过。要创造有利于选举人充分表达意愿的条件，充实候选人介绍内容，增进会员群众对候选人的了解。要教育候选人及相关人员采取合法、正当的方式参与直接选举工作，严防一切非组织行为发生。

对以违法违规手段干扰推荐和选举，妨碍会员群众行使民主权利的人和事要追究相应责任。

2010 年 4 月 8 日

关于印发《关于加强街镇“小三级”工会组织规范建设的指导意见》的通知

沪工总发〔2015〕10 号

各区县总工会：

经市总工会 2015 年第 14 次主席办公会议、市总第十三届五次常委会审议通过，现将《关于加强街镇“小三级”工会组织规范建设的指导意见》发给你们，请结合本区域实际情况制定实施办法，认真贯彻落实，积极探索创新，坚持不懈加强基层基础工作，为工会切实履职、凝聚职工提供坚实保障。

上海市总工会

2015 年 7 月 20 日

关于加强街镇“小三级”工会组织规范建设的指导意见

街镇“小三级”工会是由街镇、开发区总工会，区域性、行业性工会联合会，企业工会、联合工会所构成的三级基层工会组织体系。街镇“小三级”工会是工会组织体制的重要基础，是工会履行维护服务职能的重要阵地，是工会参与社会治理、促进社会和谐的重要力量。为进一步健全工会组织网络，夯实工会组织基础，增强工会组织的吸引力和凝聚力，现就规范街镇“小三级”工会组织建设提出如下意见。

一、建立健全组织体系

1. 加强街镇、开发区总工会建设。坚持“党建带工建、工建服务党建、党工共建”，适应街道体制深化改革要求，自觉融入区域大党建，借助党政区域化服务平台，发挥街镇、开发区总工会在“小三级”工会组织建设中统筹规划、牵头协调的作用，努力把工会工作纳入党建规划和考核体系。原则上街镇总工会所辖各类工会100家以上应建立“小三级”组织体制。规模较大且具有管委会职能的开发区（工业园区）应建立总工会，作为与街镇同层级的工会组织，履行地方工会职能。街镇、开发区总工会组织机构单独设置，建立独立账户。街镇、开发区总工会主席在现有职数内按党政同级副职专职配备或由同级党委或人大的副职领导兼任，并配备专职副主席和专职工会干部，同时选配好兼职副主席和委员；专职配备的街镇工会主席是党员的，应进入同级党的委员会或列席同级党的委员会会议。

2. 建立区域性、行业性工会联合会。按照地域相近、行业相同的原则，依托村居、楼宇、园区、街面等，以“条块结合”的方式建立街镇层面的区域性、行业性工会联合会。推动区域性、行业性工会联合会实体化运作，承担起在“小三级”组织体制中承上启下的职能。工会联合会委员会由专职工作人员和所辖单位工会主席组成，也可吸收党政部门等相关人员参加。工会联合会委员中的职业化社会化工会工作者，可作为联合会主席或副主席人选。工会联合会要有稳定的活动经费和固定的办公场所。工会联合会所辖工会组织原则上不超过50家，会员3000人以下。

3. 夯实“双实”工会、联合工会组织基础。推进实地实体型非公企业、社会组织建会工作，25人以上的单位应单独组建工会，25人以下的单位可由联合工会实现组织覆盖。联合工会所辖单位一般不超过50家。凡联合工会覆盖的25人以上单位均应单独建立工会组织。联合工会主席可以由村居支部书记、专职党群工作者、职业化社会化工会工作者等担（兼）任。联合工会应有一定的活动经费和办公场所，所辖单位应设一名组织员。

二、合理界定工作职能

1. 街镇、开发区总工会主要职能。街镇、开发区总工会履行好一级地方工会的职责，发挥好统筹协调区域资源的枢纽作用。

（1）制定实施“小三级”工会组织建设工作规划，落实“六好”（党政重视支持好、组织网络健全好、履行基本职责好、指导帮助基层好、服务职工群众好、围绕中心开展工作好）要求，指导推动辖区内基层工会组建及其有效运转。

（2）统筹协调区域工作资源，建立健全与政府的联席会议制度、劳动关系三方协调机制等，参与社区共治，形成加强“小三级”工会建设的工作合力与良好环境。

（3）发挥“上代下”职能，帮助解决下级工会维权服务、履行职责中的困难和问题。

（4）创新服务职工、服务基层的方式方法，通过向社会组织购买服务、加强“小三级”工会干部培训等办法，增强服务实效和工作力量。

2. 区域性、行业性工会联合会主要职能。区域性、行业性工会联合会发挥好承上启下作用，在“上代下”维权中服务“双实”工会、服务职工群众。

（1）推进实地实体型单位工会组建，拓展依靠职工建会的路径和方法，吸引职工自愿加入工会。

（2）建立健全“上代下”维权机制。开展区域性、行业性集体协商，指导帮助所辖单位工会建立集体协商机制、签订集体合同，建立以职代会为基本形式的民主管理制度。建立区域性、行业性劳动保护及劳动法律监督机制，保障好、落实好职工合法权益。

（3）建立区域性、行业性劳动争议调解组织，预防调处劳资纠纷，创建和谐劳动关系。

（4）结合职工需求，组织开展富有区域、行业特色的工会活动。

3. “双实”工会、联合工会的主要职能。实地实体型工会、联合工会以服务职工为工作重心，以会员满意为工作标准，落实“促进企业发展、维护职工权益”工作原则，增强工会组织在职工会员中的凝聚力和认同感。

（1）按照“六有”要求（有队伍、有组织、有活动、有制度、有经费、有绩效），深化“双亮”（工会组织亮牌子、工会主席亮身份），落实“四权”（会员知情权、参与权、选举权、监督权），扎实开展模范职工之家创建活动。

（2）打造服务型工会，推行和落实工会会员服务卡等会员普惠制服务与实事项目，结合实际为职工办实事、让会员得实惠。

（3）依法建立保障职工权益工作机制，因地制宜组织开展各项活动，帮助提升职工队伍综合素质，构建互利共赢的劳动关系。

（4）履行劳资纠纷第一发现人、第一报告人和第一协调人的职能，协助上级工会及时化解纠纷、维护职工权益。

（5）联合工会通过先服务职工再发展会员、先活动覆盖再组织覆盖、先体制外入会再单独建会等方式，广泛组织非公小微企业职工加入工会。

三、不断提升保障水平

1. 人员保障。根据“小三级”工会建设需要，进一步推动各区县建立工会社工组织，健全完善工会社工招聘录用、教育培训、薪酬管理、绩效考核、职务晋升、职业发展等机制，提升职业化社会化工会工作者队伍的规模和质量。配备专职工会工作者在街镇、开发区总工会任职并兼任区域性、行业性工会联合会负责人，为“小三级”工会开展“上代下”工作提供人力保障。由市、区两级共同出资，按照每2000—3000名会员或30—50家工会配备1名职业化社会化工会工作者的比例，为区域性、行业性工会联合会配备专职工会工作者，促进“小三级”工会实体运作。探索向规模较大的非公企业推荐、选派工会主席候选人，纾解工会主席角色冲突，为切实履行工会职责提供保障。

2. 经费保障。建立“小三级”工会建设专项经费制度，市总工会每年编制“小三级”工会建设专项经费预算，区县总工会按不小于1∶1比例配套资金、列入预算。专项经费使用实行项目补贴制，各区县总工会按照“费随事转”原则，制定项目补贴办法。专项经费主要用于购买社会组织服务、新建会单位运转启动资金、区域性（行业性）工会联合会日常运转经费扶持、街镇（开发区）总工会服务职工实事项目、非公企业工会和联合工会兼职主席工作补贴、工会积极分子和优秀工会工作者评选奖励、企业体制外发展职工入会活动经费补贴等工作项目。街镇（开发区）总工会探索实行“上代下”财务集中核算制度。在街镇总工会账户下设立专门项目，用于区域性、行业性工会联合会工作经费。落实好市总《关于进一步加大对街镇总工会经费扶持力度的通知》规定，确保对街镇总工会上缴市总、区总经费的超额部分，连续三年予以全额、及时回拨，不断增强街镇“小三级”工会建设的财力支撑。

3. 组织保障。各级工会要充分认识“小三级”工会的重要地位，切实把推进“小三级”工会建设作为夯实基层建设、激发基层活力的重要任务。市总工会各职能部门要加强对“小三级”工会建设的服务和指导，形成工作合力，使工会各项职能在“小三级”工会真正得到落实。各区县总工会要结合本地区实际，研究制定“小三级”工会规范建设的具体办法，指导解决“小三级”工会建设中的问题，整合各方力量协同推进基层工会建设。加大对“小三级”工会干部的权益保护和激励力度，探索建立“小三级”工会干部专享保障制度，“五一”劳动奖章、优秀工会工作者等各类评比表彰向街镇等“小三级”工会干部倾斜，增强基层工会干部的光荣感与责任感。各级工会要将“小三级”工会建设与“争创模范职工之家、争做职工贴心‘娘家人’”活动相结合，努力把基层工会建设成为职工群众信赖的“职工之家”。

附件：1. 关于加强街镇“小三级”工会经费保障的试行办法

2. 关于在企业体制外组织职工加入工会的试行办法

附件1

关于加强街镇“小三级”工会经费保障的试行办法

根据市委和全总关于新形势下加强基层建设的要求，为进一步推动“小三级”工会职能发挥，努力破解基层工会建会难、无钱办事、活力不足等瓶颈问题，促进资源配置向基层倾斜，现就加强街镇“小三级”工会经费保障，制定以下试行办法。

一、建立“小三级”工会建设专项经费制度

1. 编制专项预算。以“求实效、可持续”为原则，市总工会每年编制“小三级”工会建设专项经费预算，区县总工会按不小于1∶1比例配套经费预算。

每年12月份，企业（联合）工会、区域性（行业性）工会联合会、街镇（开发区）总工会自下而上、逐级申报下一年度“小三级”工会建设项目。经各区县总工会审批，将符合立项条件的“小三级”工会建设项目汇总上报市总组织部。市总工会和区县总工会将批准立项的项目经费，同步纳入本级工会年度预算。

2. 经费使用项目。专项经费使用坚持服务职工群众、服务基层工作的方向。主要用于以下项目：

（1）购买社会组织服务：区县总工会培育社会组织、购买社会服务项目，建立职业化社会化工会工作者（工会社工）工资增长与工作业绩考核挂钩机制（考核内容包括职工满意度、工会组建、经费收缴等）。

（2）开展“上代下”维权：街镇（开发区）总工会、区域性（行业性）工会联合会、联合工会开展职工维权服务的有关支出。

（3）服务职工实事项目：各街镇、开发区总工会结合自身实际推出的服务职工实事项目的有关支出。

（4）推动工会组建：新建会单位工会运转启动资金、企业体制外发展职工入会活动经费补贴等支出。

（5）区域性（行业性）工会联合会、联合工会日常运转经费扶持：根据覆盖工会组织数和会员规模，保障其人员经费和必要办公条件。

（6）工会干部能力素质培训：区县总工会、街镇（开发区）总工会等组织开展的“小三级”工会专兼职干部职业资格、岗位技能等的培训支出。

（7）非公企业工会、联合工会兼职工会主席工作补贴。

（8）工会积极分子和优秀工会工作者的评选奖励。

（9）“上代下”财务集中核算：街镇、开发区总工会为小微基层工会提供的财务集中核算服务的有关支出。

（10）其他推进“小三级”工会建设、服务职工群众的项目支出。

3. 项目补贴办法。专项经费使用以“权随责走、费随事转”为原则，根据项目预算和进度情况，由区县总工会负责将市总工会及区县总工会配套的专项经费，及时划拨至相应的街镇、开发区总工会。专项经费一般由街镇、开发区总工会统一管理，经费使用额度下拨到各工作项目；项目费用发生后，经街镇、开发区总工会审批后凭据报销。对规模较大、财务管理规范的工作项目实施主体，可由街镇、开发区总工会将款项转拨到该项目实施主体的工会账户上，签字审批权同步下放，街镇、开发区总工会负责监督检查。

各区县总工会可根据本地工作实际，制定项目立项及补贴的具体办法。

4. 加强绩效管理。按照“专款专用、追踪问效、违规追责”的要求，每年由市总工会、区总工会对“小三级”工会建设项目经费进行检查、审计。同时，探索引入第三方专业机构进行绩效评估，建立以职工参与度和满意度、工会组建、职工维权服务、工会经费收缴等为指标的评价体系，增强专项经费对“小三级”工会建设的保障实效。

二、创新推动工会经费依法收缴工作

1. 做好依法收缴工会经费工作。各级工会组织要加大《工会法》宣传力度，进一步提高企业行政依法拨缴工会经费的意识，营造依法收缴、依法治会的良好环境。按照工会票据和国家税务总局有关规定，为企业行政提供《工会经费收入专用收据》，用于所得税抵扣。

2. 实行新建会单位经费扶持政策。为促进“双实”企业建会，对工会工作经费困难的新建会单位，由该单位工会或其上级工会提出申请，经区县总工会批准，在工会组建初期可实行以下扶持政策。

（1）工会组建第一年，由市总工会、区县总工会划拨新建会单位工会运转启动资金。

（2）对依法拨缴工会经费的新建会单位，可实行工会经费全额回拨办法，期限不得超过 3 年。

（3）对运转积极但经费特别困难的非公小微企业工会（会员 20—50 人），可予以专项工作经费补助。

3. 因地制宜创新收缴方式。各区县总工会可根据本地“双实”工会组建和经费收缴的实际情况，制定实施新建会单位工会经费收缴的优惠政策，进一步鼓励企业建会，促进企业工会运转，推动“小三级”工会规范建设。

三、加强“小三级”工会经费规范管理的服务指导

1. 落实经费回拨规定。切实贯彻落实市总《关于进一步加大对街镇总工会经费扶持力度的通知》（沪工总财〔2014〕117 号）规定，确保对街镇总工会上缴市总、区总经费的超额部分，连续三年予以全额、及时回拨，不断增强街镇“小三级”工会建设的财力支撑。

2. 推动“上代下”集中核算。街镇、开发区总工会要在基层工会自愿

基础上，实行“上代下”财务集中核算，加强小微基层工会财务管理规范化建设。“上代下”集中核算坚持基层工会委员会集体领导下的主席负责制，建立定期向各基层工会报账制度。集中核算人员费用由“小三级”工会建设专项经费列支。

3. 确保工会经费使用规范有效。各区县总工会要加强对“小三级”工会财务工作指导，组织开展工会财务干部培训，在财经法规、政策、工会会计制度及电算化等方面给予指导和支持，落实好全总、市总关于工会经费支出、财务核算等管理规定，推进依法依规管好用好“小三级”工会经费，有效促进基层工会“建起来、转起来、活起来”。

附件 2

关于在企业体制外组织职工加入工会的试行办法

为充分发扬工会作为党领导下的群众组织的独特优势，切实依靠职工建会管会，进一步加大实地实体型企业工会组建力度，不断增强工会组织群众基础，现就在企业体制外组织职工加入工会工作试行如下办法。

一、指导思想

贯彻以职工为本的方针，坚持以法律法规为依据，积极运用法治思维和法治手段，破解企业组建工会难题，引导职工充分行使法律法规赋予的权利，发挥职工在工会组建工作中的主体作用，丰富和拓展职工入会建会的渠道方法，探索在企业体制外组织职工加入工会，最大限度把职工组织到工会中来，夯实工会组织基础。

二、推进原则

1. 依法合规原则。严格按照《工会法》、《上海市工会条例》、《中国工会章程》、《企业工会工作条例》等法律法规及规章制度推进企业职工入会工作；积极运用工会组建法律监督整改意见书、建议书“两书”制度等法律手段，依法推进组建企业工会。

2. 职工为本原则。聚焦职工需求，有针对性地开展入会宣传，激发职工的入会愿望；尊重职工意愿，体现职工自发自主性，保障职工的建会、入会权利。

3. 就近入会原则。按照属地区域就近或行业就近原则，发挥区域性、行业性工会联合会作用，吸收职工加入工会。

4. 循序渐进原则。试点探索企业体制外组织职工入会方式，调查分析“双实”企业经营实际和职工群体特点，因地制宜设计体制外发展职工入会方案，注重稳妥推进和经验总结。

三、建会路径

1. 建立综合分工会。在区域性、行业性工会联合会下建立综合分工会，或依托开发区、楼宇、村居、农民工公寓、街面等联合工会，作为专门吸收企业体制外职工入会的“蓄水池”。综合分工会成员由职业化社会化工会工作者、工会联合会工作人员、相关管理人员等组成。

2. 吸引职工入会。通过多种宣传形式，帮助职工充分了解工会组织的性质和职能；通过实施普惠制会员实事项目，增强职工入会的获得感和归属感；通过工会各项维权和服务工作，把职工真正吸引、凝聚到工会组织中来。

3. 推动企业建会。通过在企业体制外发展职工入会，积累一定的会员数量。单个企业会员吸收到25人以上的，工会联合会或联合工会深入该企业帮助指导筹建工会。企业拒绝建立工会并阻挠的，向企业出具《工会组建法律监督整改意见书》；企业未按定整改的，由企业所在区县总工会向区县劳动行政部门提交《工会组建法律监督整改建议书》，由劳动行政部门责令其改正，建立工会。

4. 理顺会籍关系。联合工会或综合分工会需为企业体制外吸收的会员及时办理工会会员证、工会会员服务卡，并组织开展相应的工会活动。企业工会建立以后，联合工会或综合分工会及时将相关会员的会籍关系转移至该企业工会。

四、工作要求

1. 加强组织领导。企业体制外组织职工入会是一项创新性工作，难度大，困难多。各区县总工会要把该项工作放在工会组织建设大局中思考和谋划，加强法律法规和政策研究，加强制度顶层设计，加强内部资源整合。

2. 积极探索试点。体制外组织职工加入工会，目的是解决企业行政不支持甚至阻挠职工建会等瓶颈问题。各区县、街镇总工会要在深入排摸基础上，确定试点的区域或行业积极开展工作，探索可推广、可复制的成功经验。

3. 借助社会资源。体制外组织职工加入工会是一项开放型、社会化的工作，要善于运用社会化的工作手段和方式来推进。充分发挥工会枢纽型组织作用，借助社会组织的力量，通过购买服务等方式，为宣传、动员、组织职工入会增添工作力量。

4. 加大保障力度。各区县总工会要加大人力、财力、物力的支持，积极推进体制外组织职工入会工作。探索建立体制外职工入会的活动经费补贴制度，会员活动经费补贴按市、区两级工会五五分担的原则，给予每名会员每年100元活动经费，确保体制外入会会员共享工会普惠实事项目和日常工会活动。为鼓励各级工会积极开展体制外组织职工入会工作，市总将为首批试点的街镇、工业园区总工会下拨专项经费补助。

关于印发《上海市总工会“网上入会”工作管理办法（试行）》的通知

沪工总基〔2016〕215号

各区县局（产业）工会：

为贯彻落实市委群团改革整体部署，建立科学合理、简约便捷的职工网上入会通道，推动网上入会工作制度化、规范化、科学化，经市总工会2016年第13次主席办公会议审议通过，现将《上海市总工会“网上入会”工作管理办法（试行）》印发给你们，请结合实际，贯彻执行。

上海市总工会

2016年7月25日

上海市总工会“网上入会”工作管理办法（试行）

按照上海市群团改革整体部署，充分发挥互联网技术优势，打造工会网络服务平台，进一步适应新媒体条件下职工“在线在网”的新趋势，满足职工便捷入会需求，上海工会申工社 APP 开通“我要入会”栏目，职工“网上入会”工作全面展开。现就职工“网上入会”工作制定如下试行管理办法。

一、总体目标

以中央党的群团工作会议精神为指导，以依法建会和依靠职工建会为原则，全面推进网上工会建设，建立科学合理、简约便捷的职工网上入会通道，健全“会商通报、回访反馈、考核激励、改正追责”运行机制，做到集中管理、归口负责、责任到人，确保符合条件、有入会意愿的职工快速加入工会组织。

二、工作内容

“网上入会”实行“线上申请、线下受理、分级审核、各司其职、全程跟踪、闭环管理”，其工作流程有“提交申请、平台分拣、信息初审、接续受理、身份审核、吸纳入会”六大步骤。“网上入会”工作涉及市总工会、区县局（产业）工会、街镇（开发区）总工会、企业工会（联合工会）四级工会组织网络，其工作核心包含“信息分拣、分级审核、线下受理”三大环节。

1. 信息分拣。个人网上入会申请登记表提交后，市总 APP 平台根据单位名称优先比对产业局基层工会数据库，推送到相应的产业局工会；没有比对成功的，将根据单位所在区域，推送至相应的区县总工会。对有争议的，退回市总 APP 平台的信息，市总工会基层工作部负责理清工会关系，手工分拣再次推送至相关区县局（产业）工会。

2. 分级审核。各区县局（产业）工会在 3 个工作日内负责完成本区域、本行业网上入会个人的信息初审。凡申请入会职工所在单位属于本地区或本产业局的，区县总工会、产业局工会需及时将信息推送至相应的街镇（园区）总工会或下属企业（集团）工会，并负责督促、检查基层工会“线下身份审核”工作。凡申请入会职工所在单位不属于本地区、产业局的，应在2个工作日内退回上一级工会，供上一级工会重新审核分配，并重新启动流程。

3. 线下受理。街镇（园区）总工会及产业局下属企业（集团）工会对申请入会的职工5个工作日内，进行线下“四要素身份审核”，即对单位是否已经建会、职工是否已经入会、职工是否符合入会条件、职工与单位是否具有劳动关系等内容进行核实。对符合条件的职工，5个工作日内吸纳入会，做好办理会员证、建立会员会籍档案、告知会员权利和义务、线上反馈职工入会信息等工作，并可根据职工意愿，启动会员服务卡办理程序。

三、工作机制

为保证“网上入会”工作有序有效推进，市、区县局（产业）工会共同联手建立四项工作机制。

1. 会商通报机制。市总工会成立职工“网上入会”工作小组，由市总基层工作部、宣传教育部有关人员以及申工社APP运行维护技术人员组成。工作小组定期对后台职工入会信息进行分析，专题研究重点难点问题，加强对基层工会工作的指导和帮助。根据申工社APP后台统计数据，每季度对各区县局（产业）工会“网上入会”工作落实情况进行通报。

2. 回访反馈机制。市总“网上入会”工作小组将对网上申请入会职工进行电话回访，督促区县局（产业）以及基层工会落实情况。各区县（产业）局工会应对本管辖范围内网上申请入会职工做好回访工作，对未审核通过的申请人做好解释引导工作；对审核通过的新会员要做好跟踪回访工作，通过召开新会员代表“回娘家”座谈会等方式，及时了解职工入会感受，督促所属基层工会，加强对新会员的关心和帮助，使其感受到工会组织的温暖。对因客观原因超过审核时间仍未办理入会的，要及时联系职工，做好解释工作。

3. 考核激励机制。市总工会“网上入会”工作小组结合电话回访、后台数据监控等手段，加大对“我要入会”工作的流程管理和跟踪，重点对“网上入会”工作的审核推送时效性、身份核实准确性、流程操作规范性、职工回访满意率进行综合考评。考评结果列入网上入会工作通报的重点内容，对工作推进有成效、做法有创新的工会组织给予通报表扬，同时考评结果作为各区县局（产业）工会评先评优的重要参考依据。

4. 改正追责机制。利用区县（产业）局工会组建条线工作微信群，收集整理“网上入会”遇到的问题和建议，坚持问题导向，做到即知即改、边做边改。市总工会将不断优化流程、完善系统设置。加强跟踪和反馈，如未在规定时效内推送或退回的，系统将自动进行红灯提醒并记录在案。“网上入会”工作将实行追责制度，对不及时审核推送、不及时吸纳入会、不如实反馈信息等行为做到“四个必须”，即必须查清事实原因、必须查清责任人、必须落实整改措施、必须吸取经验教训。

四、工作要求

1. 明确工作责任。各级工会要将网上入会工作作为转职能、转方式、转作风的重要载体，提高认识，强化责任。要明确“网上入会”工作的具体负责人和分管领导，一级抓一级，一级对一级负责，压力传递、责任分解。各级工会要以敢于创新、勇于担当的精神抓好网上入会工作，确保实现“线上申请、线下受理、分级审核、各司其职、全程跟踪、闭环管理”。

2. 严格规范管理。各级工会要准确及时审核入会信息，做到不拖诿不拖拉不懈怠。要规范审核流程，严格控制工作时效，确保申请入会、符合条件的职工能在规定期限内加入工会。要规范职工入会的基本做法，热心服务职工，做到“五个一”：即与申请人通一次电话、发一个短信、见一次面、办一张证、建一份会员会籍档案。

3. 加强学习提升。网上入会是一项全新的工作，对现有的建会入会乃至整个工会工作产生倒逼效应。对“我要入会”工作中遇到的问题，不退缩不回避不含糊。各级工会干部要增强互联网思维，加强学习、加强研究，积极探索、创新方法，不断提升服务职工群众工作的能力和网上工作水平。

上海市总工会关于印发《关于加强社会化工会工作者队伍建设的指导意见》的通知

沪工总基〔2016〕264号

各区县总工会：

《关于加强社会化工会工作者队伍建设的指导意见》经市总工会2016年第16次主席办公会议审议通过，现印发给你们，请结合本区域实际情况制定实施办法，认真贯彻落实。

上海市总工会

2016年9月12日

关于加强社会化工会工作者队伍建设的指导意见

为充实基层工会工作力量，推进工会工作社会化运作，提升社会化工会工作者队伍的规模和质量，现就加强本市社会化工会工作者队伍建设提出以下指导意见。

一、指导思想

深入贯彻习近平总书记系列重要讲话精神，细化落实《上海市群团改革试点方案》和《上海市总工会改革实施方案》的任务措施，积极推进工会枢纽型社会组织建设，创新参与社会治理加强基层建设，以“社会化运作、契约化管理、专业化培训、职业化发展”为原则建设社会化工会工作者队伍，夯实基层工会组织和工作基础。

二、目标任务

“十三五”期间，全市按照每2000至3000名会员或30至50家工会配备1名社会化工会工作者的比例，建立一支3000人以上、来源广泛、结构合理、能力过硬、素质优良、心系职工的社会化工会工作者队伍。同时，健全完善社会化工会工作者招聘录用、教育培训、薪酬管理、绩效考核、职务晋升、职业发展等机制，基本形成工会社会工作专业人才职业体系。

三、工作举措

（一）确定发展模式。本意见所称社会化工会工作者指以向区总工会孵化的社会服务机构购买服务方式，由社会服务机构招录并签订劳动合同，主要从事街镇（开发区）“小三级”工会工作的人员。各区总工会应按照有利于工作的原则，积极培育孵化社会组织，通过购买服务方式，建设本区域专业化、职业化、社会化工会工作者队伍。倡导各区总工会创新与社会组织合作的方式，积极探索与本区域实际情况相匹配的工会工作者队伍建设模式。同时，在楼宇、园区经济比较发达的中心城区可采用党群工作者从事工会工作，区总工会应从人员招录、教育培训、管理考核等各个环节加大参与力度，体现工会工作者专业化、职业化要求。

（二）规范招聘录用。社会服务机构录用社会化工会工作者应遵循公开、平等、竞争、择优原则，以面向社会公开招聘的方式按规定程序择优录用。招聘对象应具有较高的政治素质，热爱工会工作，具有较强的组织沟通协调能力以及具备具体岗位所要求的其他资格条件。社会化工会工作者的招录由街镇总工会提出需求、区总工会编制年度招录计划，经市总工会批准后，由区总工会协同社会服务机构共同组织实施。区总工会应根据本区域情况制定招聘录用社会化工会工作者的具体程序规范及录用条件。

（三）健全薪酬管理。按照《关于建立健全社会化工会工作者薪酬体系实施意见》（附件1），制定符合本地区特点的社会化工会工作者职业化薪酬制度。以“科学的薪酬结构、合理的增长机制、规范的市场比较”为原则，采取与职业水平等级、学历、资历、业绩、岗位等多种指标相结合的方式，按照“以岗定薪、以绩定奖、按劳取酬”设立合理的薪酬标准。建立健全正常的工资增长机制，“十三五”期间，工会工作者工资增幅要高于全市职工平均工资增幅。对从事工会工作的党群工作者，区总工会、街镇（开发区）总工会应加大工会工作绩效考核，根据考核结果差异化发放工作补贴。

（四）强化专业培训。构建专业化系统化的工会工作者培训体系，发挥上海工会管理职业学院主阵地作用，制定社会化工会工作者上岗培训、岗位轮训、专题培训、资格培训等方面的工作规划和培训制度，编制培训教材。按照《关于加强社会化工会工作者教育培训实施办法》（附件2），分层分类实施培训，提升社会化工会工作者的专业素养和职业能力。发挥互联网优势，大力倡导在线学习。通过座谈研讨、案例教学、高师带徒等方式，不断提升培训效果。进一步完善工会社会工作者岗位证书制度，由市总工会和市民政局联合颁发工会社工岗位资格证书，作为从业上岗、定级定职和职务晋升的重要依据，提升工会社工专业水平。

（五）拓宽职业发展通道。建立社会化工会工作者职业晋升机制，多渠道拓宽职业晋升空间。以工青妇等群团组织招录人员可以采用遴选方法为契机，畅通社会化工会工作者通过遴选进入各级群团组织的通道。推动工会所属事业单位在招录人员时，同等条件下优先录用社会化工会工作者。推行社会化工会工作者岗位交流，推广社会化工会工作者担任街镇工会专职副主席的做法，打通社会化工会工作者职业发展通道。建立社会化工会工作者表彰奖励机制，在“五一”劳动奖章等各类先进评选中给予一定的倾斜。加大社会化工会工作者先进的培育、选树和宣传力度，增强社会化工会工作者的荣誉感和自豪感，提升社会认同度。推动成立工会社工专业委员会，试点开展高级工会社工专业资格评定，逐步完善工会社工职业发展体系。

四、工作保障

（一）加强组织领导。建设社会化工会工作者队伍，为夯实工会基层基础、促进工运事业健康发展提供有力的人才支撑。市总工会加强顶层设计、总体协调和宏观统筹，指导区总工会确定社会化工会工作者队伍规模及发展模式。区工会要把社会化工会工作者队伍建设工作列入重要议事日程，在人、财、物等方面实行倾斜，结合本地区实际情况认真制定工作规划和相关制度。加强与财政、民政、人社等部门的沟通协调，争取社会各方面的支持，确保工作规范有序开展。

（二）加强经费保障。市总工会和各区要加大对所承担的购买社会服务机构专业化服务项目经费的保障力度，按照《上海市总工会对区县总工会购买社会组织服务项目经费补贴办法（试行）》规定，确保社会化工会工作者的薪酬福利按时足额发放，并按照人工成本的一定比例向社会服务机构支付管理费。参照居民消费指数变化情况和全市职工平均工资增长情况等，建立经费和补贴标准的动态调整机制。社会化工会工作者的经费和补贴要专款专用，市总工会将对使用情况定期组织专项检查审计，加强对资金规范使用的监管。

（三）加强规范管理。区总工会要加强与社会服务机构的协同合作，强化契约意识，建立需求发布、费用评估、项目过程监控、结果审核验收等管理制度和工作流程，加强对购买社会组织服务的规范化管理。明确区总工会、街镇（开发区）总工会、社会服务机构三者职能。区总工会作为项目购买方，履行标准管理职能；街镇（开发区）总工会作为直接使用方，履行日常管理职能；社会服务机构作为项目供应方，履行身份管理职能。区总工会要建立完善评估指标和评估方式，探索建立由区县工会、基层企业工会及第三方组成的综合性评估机制，对购买服务项目数量、质量和资金使用绩效等进行考核评价，并建立优胜劣汰的动态调整机制。

附件：1. 关于建立健全社会化工会工作者薪酬体系实施意见
2. 关于加强社会化工会工作者教育培训实施办法

附件 1

关于建立健全社会化工会工作者薪酬体系实施意见

为了进一步建立健全社会化工会工作者薪酬体系，推动社会化工会工作者队伍建设，根据《上海市总工会改革实施方案》和《关于加强社会化工会工作者队伍建设的指导意见》，制定本实施意见。

一、适用范围

本实施办法适用于与区总工会孵化的社会服务机构签订劳动合同，在街镇（开发区）从事“小三级”工会工作的社会化工会工作者。

二、实施原则

以“体现工会社会工作专业人才价值，使社会化工会工作者成为受人尊敬、令人向往的就业选择”为指导思想，以“科学的薪酬结构、合理的增长机制、规范的市场比较”为原则，采取与职业水平等级、学历、资历、业绩、岗位等多种指标相结合的方式，以岗定薪、以绩定奖、按劳取酬，设立合理的薪酬标准，建立健全社会化工会工作者薪酬体系。

三、薪酬体系

（一）薪酬结构

社会化工会工作者的薪酬由基本工资、绩效工资和津贴补贴三部分组成。基本工资根据本人所对应的岗位等级确定，为年收入的60%—70%左右。随着岗位变动、工作年限增加、受教育程度和相关专业水平提高等，基本工资相应增加。为鼓励在基层长期工作，基本工资的级差随工作年限的增加而逐步扩大。绩效工资根据本人工作情况，经考核后确定，为年收入的30%—40%左右。根据优秀、合格、基本合格和不合格等考核结果，适当拉开差距。按照国家和本市有关规定，结合本地区实际情况，确定并发放一定金额的交通补贴、通讯补贴和高温津贴等，保障社会化工会工作者顺利开展工作。

（二）收入水平

各区可以根据实际情况，原则上在上年全市职工平均工资的1.0—1.5倍之间，合理确定社会化工会工作者的收入水平，不同岗位等级社会化工会工作者的年收入水平，最高与最低之比控制在2倍以内，并根据全市职工平均工资增长情况，适时调整，建立健全正常的工资增长机制。

（三）保险福利

按照国家和本市有关规定，以社会化工会工作者上年工资收入为缴费基数，足额缴纳社会保险费和住房公积金。建立社会化工会工作者体检、带薪休假和疗休养等制度。根据市总工会有关文件规定，对社会化工会工作者开展节日慰问、生日慰问、困难帮扶，组织春游、秋游等活动。

四、相关要求

各区要按照工会购买服务项目的要求，体现社会服务机构的自主性和独立性，聚焦工会组建、职代会制度和集体协商机制建设等重点工作推进情况，制定本单位社会化工会工作者考核办法。

各区要按照本意见，结合实际，制定适合本单位的薪酬管理实施办法并组织实施。

本实施意见解释权属于市总工会。

附件 2

关于加强社会化工会工作者教育培训实施办法

为培养一支职业素质高、专业能力强的社会化工会工作者队伍，解决基层工会“有人办事、有能力办事”问题，现就加强社会化工会工作者教育培训制定本办法。

一、基本思路

以突出“针对性、专业性、操作性”为原则，发挥各级工会组织作用，开展分层分类培训。完善课程设置，建立与岗位能力素质要求对应的培训课程体系；优化培训方式，更多采用案例分析、互动研讨、模拟演练等方法开展实操类培训；融入互联网思维，建设“网络学院”，以更便捷的方式服务基层。

二、培训类别及内容

为丰富培训形式，提高培训的针对性，社会化工会工作者培训主要有四种类型：上岗培训、职业资格培训、岗位轮训及专题培训。

（一）上岗培训

培训目的：以新上岗工会工作者进入角色为基本目标，实现其对工会组织、街镇“小三级”工会以及开展工作的基本要求有初步认知。

培训对象：新上岗的社会化工会工作者

培训时间：40 学时

考核方式：笔试

培训内容：以工会工作者的基本职业素质、入职所需的工会基础理论以及工会工作基本业务作为主要内容。

培训方式：以课堂讲授为主要形式，辅以现身说法、现场观摩等其他形式。

培训结果应用：考核合格，由工会学院颁发上岗培训成绩合格证书，由市总工会颁发“工会工作者上岗证书”。

（二）职业资格培训

职业资格培训与社会化工会工作者职业发展通道相对应。职业资格培训分为三个层级：初级、中级、高级。

1. 初级培训

申报对象：担任工会工作者满一年

培训时间：40 学时

职业标准：了解工会工作基本价值观，熟悉街镇小三级工会工作基本业务，熟悉工会工作相关政策，掌握协调劳动关系的基本法律知识，能够开展工会组建工作，为职工提供基础性的维权与服务。

培训方式：采取集中授课、案例分析、工作坊分享、现场观摩、优秀工会工作者现身说法等方式展开培训。

考核方式：笔试（基础知识 + 案例分析）

培训结果应用：完成培训及考核通过后，学院颁发“工会工作者（初级）培训合格证书”。学员取得助理社工师职业水平证书后，由市总工会和市民政局联合颁发“工会社会工作者（初级）”资格证书。

2. 中级培训

申报对象：通过初级工会工作者考核，并担任工会工作者满两年。

培训时间：累计培训时间不少于 160 学时

职业标准：掌握劳动关系、工会工作、群团组织、危机处理等专业理论，掌握工会组建、民主管理、集体协商、劳资矛盾调处等专业的方法与技巧，能帮助基层工会解决工作难题，能为职工提供专业的维权和服务。

培训方式：中级培训突出问题的解决能力，更多采取案例研讨、情境模拟、拓展训练、模拟演练等方式展开培训。

考核方式：笔试 + 面试

培训成果应用：完成培训及考核通过后，学院颁发“工会工作者（中级）培训合格证书”。学员取得社工师职业水平证书后，由市总工会和市民政局联合颁发“工会社工师（中级）”资格证书。

3. 高级培训

高级培训目前尚在开发中。拟对获得“工会社工师（中级）”资格证书，并担任工会工作者五年以上的人员开展累计不少于 400 学时的培训，通过论证的方式进行考核发证。发证仍与民政部门的高级社工师评审相结合。其职业标准主要是：深入掌握工会工作相关领域的专业理论，能够分析并应对各种复杂情况、疑难杂症、突发状况，能够灵活调动各方资源为基层职工展开维权和服务。同时，能对个人、小组、项目进行督导和评估，能带领团队，胜任项目运作、机构运用、理论研究等工作。

同时，对获得“工会社工师（中级）”资格证书，并担任区域性行业性工会主席或片区组长以上的人员，每年举办一期高级研修班，着力提升社会化工会工作者的调查研究能力、破解难题能力、统筹协调能力和组织领导能力。

（三）岗位轮训

培训目的：实现社会化工会工作者在工作业务、能力技能、形势任务等方面的及时跟进与提升，体现时效性。

培训对象：在岗工会工作者每年轮训一次

培训时间：24 学时

培训内容：全总、市总、区县总工会每年的重点工作，最新的社会及工会形势任务，市总工会制定出台的最新政策和实事项目，以及社会化工会工作者综合能力提升等。

培训方式：以封闭式学习为主，将课堂讲授与能力训练结合起来，辅以各项业务相关的技能训练。

培训组织：市、区两级工会相互配合，与工会学院协调确定培训方案、培训内容等；工会学院配合区县总工会做好学员组织、班级管理等。

（四）专题培训

培训目的：聚焦工会重点工作或工会工作者面临的热点难点问题开展培训，提升工会工作者解决问题的能力和水平，体现专业性。

培训对象：各条线对口工会工作者

培训时间：8 个学时

培训内容：全总、市总出台的相关政策制度，职工实事项目等街镇“小三级”工会工作的专项业务。

培训方式：以课堂讲授、案例研讨、模拟训练等形式为主，辅以学习体会、工作总结等材料的撰写。

三、工作要求

（一）各司其职，合力推进。市总层面做好培训体系的设计、培训计划的拟定、培训通知的下发、培训质量监控等；区总层面做好培训需求的挖掘，培训学员的报名组织，以及年度轮训的组织等；街镇层面提出培训需求，协调推送工会工作者参加培训，同时反馈培训效果等。工会学院做好各类培训教学的组织安排及职业资格培训和认证工作，并加快网络学院建设，推行学员在线自主学习，将学时学分纳入学员学籍档案。

（二）建立档案，加强管理。每一位工会工作者从入职后即建立个人培训学习档案，对其培训学习情况及时进行跟踪。社会组织负责社会化工会工作者的培训学习档案管理。工会学院做好每期培训班学员的培训结果记录，并移交给工会工作者所在的区总工会和社会组织。工会工作者的培训学习情况纳入绩效考核，作为岗位晋级、职务晋升的重要依据。

关于印发《上海市总工会关于推进上海非公有制企业工会改革工作的指导意见》的通知

沪工总基〔2017〕172号

各区、局（产业）工会：

现将《上海市总工会关于推进上海非公有制企业工会改革工作的指导意见》印发给你们，请结合实际，认真贯彻落实。

上海市总工会

2017年5月18日

上海市总工会关于推进上海非公有制企业工会改革工作的指导意见

随着社会主义市场经济体制改革的不断深入，本市非公有制企业（以下简称“非公企业”）逐步成为社会主义市场经济的重要组成部分，非公企业职工队伍日益壮大。近年来，各级工会在推动非公企业组建工会、发展会员、服务职工、维护权益等方面做了许多卓有成效的工作，但非公企业工会仍存在“建不起来、转不起来、活不起来”的问题，非公企业工会作用发挥亟待提高。为进一步创新工作理念，夯实工作基础，增强非公企业工会组织吸引力凝聚力战斗力，现就推进上海非公企业工会改革工作提出如下意见：

一、指导思想

以中央党的群团工作会议精神和习近平总书记关于加强基层工会建设“三个着力”重要指示精神为指导，遵循促进企业发展、维护职工权益的工作原则，坚持依法依规，深化主业主责、夯实基层基础，以依法建会、依法维权、依法履职、依法管会为改革主要内容，突出服务职工、突出问题导向、突出改革创新，运用法治化思维和群众化工作方式，创新理念手段，健全制度机制，着力推动非公企业工会深化改革，努力打通服务职工的“最后一公里”，把非公企业工会真正建设成为职工群众信赖的“职工之家”。

二、工作目标

通过推进非公企业工会改革，形成一系列可持续、可复制、可推广的工作模式和工作经验，推动全市非公企业工会工作做到“五个进一步”，即：非公企业工会组织覆盖面进一步扩大，工会会员意识进一步强化，工会干部队伍进一步优化，工会活力进一步激发，工会组织吸引力凝聚力战斗力进一步增强，努力开创上海非公企业工会工作新局面。

三、基本原则

一是坚持党的领导，把握政治方向。坚持党的领导，牢牢把握正确政治方向，围绕中心，服务大局，找准工作的结合点和着力点，充分发挥工会作为党和职工群众的桥梁纽带作用。

二是坚持职工为本，突出主业主责。站稳职工立场，服务职工需求，维护职工利益，在服务中实现维权、在维权中体现服务，切实提升职工群众的满意度和获得感。

三是坚持依法依规，完善运行机制。将法治思维和法治方式贯穿于入会、建会、办会等各个环节，融入到工会工作的全过程，探索符合时代发展的工会工作制度和运行机制。

四是坚持问题导向，敢于创新突破。直面问题和短板，正视困难和矛盾，敢于探索实践，敢于创新突破，敢于履职担责，确保改革任务落到实处。

四、非公企业工会基本职责

非公企业工会组织要成为反映职工诉求的快速通道、服务职工需求的有效平台、教育引导职工的坚强阵地、促进劳动关系和谐的重要载体。其基本职责是：

一是组织职工。宣传工会的性质、地位和作用，提高职工群众对工会的认识，激发职工入会愿望，吸引职工自愿入会。及时为入会会员办理工会会员证，建立会员实名制管理数据库。强化会员意识，引导职工依法交纳会费。将会费用于直接惠及会员的项目，形成会员与非会员的区别效应，变职工“被入会”为“要入会”。发挥网络载体作用，畅通网上入会渠道。积极开展践行职业道德、技能培训、科技创新、劳动竞赛等活动，提升职工综合素质。

二是服务职工。坚持服务为先，聚焦职工需求实施普惠性、精准化服务，以会员服务卡为载体，加强会员会籍管理。紧贴单位实际，建设“职工之家”等服务阵地，努力为本单位职工做实事、办好事、解难事。注重对职工的人文关怀、心理疏导和情绪引导，加大疗休养、健康体检、困难帮扶等工作力度。广泛开展寓教于乐的文体活动，丰富职工精神文化生活。

三是协商协调。积极推进职工（代表）大会、集体协商和集体合同等民主管理、民主协商制度建设，聚焦涉及职工切身利益的问题开展协商，依法维护职工权益。协调监督本单位不断改善劳动安全卫生条件，保障职工群众生命安全和健康权益，提升职工安全意识，推进职工体面劳动。

四是沟通报告。了解和掌握劳动关系和职工队伍稳定情况，及时预警报告群体性劳资纠纷重大隐患，发挥工会第一发现人、第一知情人、第一报告人和第一调处人的职责。加强劳动争议调解组织建设，积极调处企业内部劳动争议。参与劳动关系重大调整和群体性劳资纠纷调处，及时请求上级工会给予相应法律援助服务。

五、推进非公有制企业工会改革的工作措施

（一）依靠职工建会，推进依法建会

1. 融入党建、工建、社建大格局。区、街镇（开发区）总工会要主动融入区域化党建和社会治理创新大格局，借助党政区域化服务平台，发挥工会统筹协调、协同推进的组织优势。在酝酿两代表一委员和工商联执委等具有政治身份人士以及在推荐申报或评先评优等工作中，工会要提出对非公企业人选的意见。加强与政府部门联动，建立健全对不配合工会组建或拒缴工会经费非公企业的监督制约机制。

2. 推进职工企业外入会。区、街镇（开发区）总工会要坚持“依法合规、职工为本、就近入会、循序渐进”原则，依托村、居、园区、街面、楼宇等联合工会作为企业外入会的“蓄水池”，吸收未建工会企业职工入会。充分运用上海市总工会申工社 APP、各级工会微信公众号等网上工会平台，发挥“网上入会”快捷通道作用，让符合条件、有入会意愿的职工快速、便捷加入工会组织。

3. 依法促进企业建会。区、街镇（开发区）总工会要在企业外入会达到一定数量后，上门指导帮助企业筹建工会。充分利用服务“两非一无”会员项目经费政策，聚焦非正规就业、非标准劳动关系人群，推行联合工会、工会联合会等建会方式，最大限度地把广大职工组织到工会中来。

（二）明确主业主责，推进依法维权

1. 加强“上代下”维权。区、街镇（开发区）总工会要合理界定自身与非公企业工会的基本职责，明确非公企业工会在服务中实现维权、上级工会在维权中落实服务的工作定位。建立健全街镇（开发区）“小三级”工会体系，完善上级工会代表下级工会履行维权职能的工作机制，当非公企业工会遇到不能维权、不敢维权、不便维权的情形时，上级工会要主动介入，代表企业工会与行政方沟通协调，协助或代替企业工会履行维权职能。

2. 搭建维权服务平台。区、街镇（开发区）总工会要探索建立与人力资源和社会保障部门、法院、司法行政部门四方联动的合作机制，完善工会系统内部法律援助、法律监督、集体协商、民主管理“四位一体”的工会维权体系。在职工集聚的园区、楼宇、重大建设项目工地等，推进职工服务站、工会工作室、爱心驿站等阵地建设，推动职工服务阵地实现各项工作“一口受理、同城共享”。推进“互联网 + 工会工作”，依托网络载体畅通维权新渠道，为非公企业职工提供更多的维权帮扶。

3. 积极探索特殊就业群体的维权服务。区、街镇（开发区）总工会要聚焦家政服务员、快递（物流）员、护工护理员、房产中介员、网约送餐员等特殊就业人群所在的非公企业，建设有形服务阵地，推行普惠服务项目，加大建会入会力度，创新服务保障手段，有效做好组织覆盖和服务覆盖。

（三）提升干部能力，推进依法履职

1. 选优配强基层工会主席。区、街镇（开发区）总工会要指导帮助非公企业工会健全民主机制，完善选举制度，稳步推进企业工会主席公推直选，真正把政治素质好、知职工、懂职工、爱职工的人选到工会主席岗位上，选出会员信任的工会委员班子。逐步推动企业工会主席专职化。

2. 加强社会化工会工作者队伍建设。区、街镇（开发区）总工会要加快培育社会化工会工作者，要向区域性、行业性工会联合会配备专职工会干部。对规模以上或有特殊需求的非公企业，可由上级工会安排社会化工会工作者协助开展工作。

3. 建立工会主席评价激励机制。区、街镇（开发区）总工会要制定非公有制企业工会考核评价制度，建立非公有制兼职工会主席履职津贴制度，经评价考核后由上级总工会发放相应的履职津贴。在评先评优工作中要优先推荐非公企业表现突出、职工满意的工会主席，按规定予以表彰。

4. 提升工会干部履职能力。区、街镇（开发区）总工会要加大非公企业工会干部、社会化工会工作者和志愿者等各类工会干部的培训力度。采取线上线下、互动体验、拓展训练等多元手段，制定培训计划，创新培训方式，切实提高有效性和针对性。

（四）惠及基层一线，推进依法管会

1. 建立工会经费长效保障机制。区、街镇（开发区）总工会要依法规范非公企业工会经费收缴。上级工会经费要进一步向基层和职工倾斜，对非公企业工会予以支持和补充。鼓励有条件的上级工会以项目化补贴形式回拨工会经费。依法规范会员会费的交纳，强调会员身份，提高会员意识。

2. 建立工会经费差异化管理机制。区、街镇（开发区）总工会要按照分类施策原则，根据非公企业规模、效益和工会运行情况等，改革工会经费留成比例，将更多经费留在基层，更好地服务职工，为推动非公企业工会健康发展提供财力支撑。

3. 建立财务集中核算机制。区、街镇（开发区）总工会要加强指导和服务，规范非公企业工会财务管理。对暂无条件开立工会经费银行账户或独立核算管理、且有意愿的非公企业工会，实行“上代下”集中核算，规范会计核算和经费使用。

4. 建立服务职工经费使用机制。区、街镇（开发区）总工会要指导非公企业将留存工会经费全部用于职工服务和工会活动，具体可用于权益维护、集体福利、帮困送温暖、教育培训、文体活动等方面。会员交纳的会费要全部用于会员活动支出，具体可用于组织会员看电影、开展春游秋游等。

5. 建立工会经费规范管理机制。区、街镇（开发区）总工会要加强经费收支管理，建立健全经审组织，定期检查非公企业工会各类经费使用状况、财务收支状况，审计结果要定期向工会代表和职工代表公开，接受职工群众的监督。

六、工作要求

（一）提高认识，加强宣传。各级工会要大力宣传非公企业工会改革的重要意义、目标任务、工作内容，主动争取党组织对改革的领导，提高各级工会对改革必要性重要性紧迫性认识，积极选树宣传改革实践中的先进典型，努力营造理解改革、支持改革、投身改革的良好氛围。

（二）齐抓共管，分层实施。各级工会要注重上下协同、齐抓共管、分类指导、分层推进。要采用条块结合方式，以地域和人群为导向确定改革试点重点。市总工会要加强顶层设计、督促检查和典型引领。区总工会和相关产业局工会要统筹协调，制定实施意见，集聚力量推动改革。街镇（开发区）总工会要落实“上代下”工作机制，发挥方案制定、过程参与、成果推广的主体作用。非公企业工会要认真落实，努力作改革的实践者和推动者。

（三）全面推进，积极作为。各级工会要主动作为，积极行动，因地、因人、因企制定改革方案、路线图和时间表，全面推进改革落地生根，开花结果。要及时总结经验，努力形成可复制、可推广的工作经验和工作模式。要加强跨地区、跨行业、跨领域的学习交流，拓展工作思路，创新工作方法。

（四）转变作风，狠抓落实。各级工会要坚持勇于担当、敢于碰硬的工作作风，攻坚克难，全力以赴，努力把阶段性改革成果转化为工作机制，固化为实事项目，优化为工作流程，切实推进非公企业工会建起来、转起来、活起来，打通服务职工的“最后一公里”。

关于印发《上海市总工会关于非公有制企业兼职工会主席履职津贴实施办法（试行）》的通知

沪工总基〔2017〕173号

各区、局（产业）工会：

现将《上海市总工会关于非公有制企业兼职工会主席履职津贴实施办法（试行）》印发给你们，请结合实际，认真贯彻落实。

上海市总工会

2017年5月18日

上海市总工会关于非公有制企业兼职工会主席履职津贴实施办法（试行）

为贯彻落实中央党的群团工作会议精神和习近平总书记关于加强基层工会建设“三个着力”的重要指示精神，调动非公有制企业（以下简称非公企业）工会主席履职的积极性、主动性和创造性，打通服务职工“最后一公里”，最大限度增强非公企业工会的吸引力、凝聚力和战斗力，现决定实施非公企业兼职工会主席履职津贴制度。具体办法如下：

一、基本原则

（一）依法依规。依据《工会法》、《中国工会章程》关于落实企业工会干部待遇的精神，按照《企业工会条例》、《上海市工会条例》关于非公企业工会主席待遇的相关规定，建立非公企业工会兼职主席履职津贴制度。

（二）权责一致。非公企业工会兼职主席履职业绩实行严格考核，做到履职业绩与考核相挂钩，津贴待遇与履职情况相统一，责权利相一致。

（三）稳定持续。履职津贴发放应实行总量控制，并与工会其他各项经费综合平衡，坚持依法收缴工会经费，确保工会工作有效推进，确保履职津贴发放稳定持续。

（四）会员满意。落实“以职工为本”方针，建立以会员满意为核心，包括党组织、上级工会、企业行政、第三方评估等意见在内的综合考核体系，确保考核公开公正，履职成果惠及会员、职工。

二、实施办法

（一）实施主体

1. 街镇（开发区）总工会，是面向非公企业工会实施工作任务布置及目标责任考核评估的主体，也是兼职工会主席履职津贴发放的主体。

2. 直属区总的非公企业兼职工会主席履职津贴，由区总工会实施考核和发放。

（二）发放对象

在岗在职、非公编制且经考核评估符合条件的以下对象：

1. 合资企业中非公资本控股企业、私营企业、港澳台商投资企业、外商投资企业以及社会组织等单独工会中的兼职主席；

2. 联合工会和地区（行业）工会联合会中的兼职主席。

（三）经费来源

履职津贴资金来源包括：

1. 非公企业上缴的工会经费

2. 政府和企业行政补助以及其他捐助

3. 上级工会补贴资金

（四）考核评估和档次

参照非公企业工会组织职工、服务职工、协商协调、沟通报告等四项基本职责，具体考核评估办法由相关单位结合地区实际，参照职工之家考核评估体系确定档次和考核评估办法。

（五）津贴参考标准

原则上按50—500元/月标准发放。相关单位可根据非公企业工会经费上缴、考核档次、工会组织和会员规模等情况制定具体发放标准。

（六）发放流程

一般实行自评申报、定时计提、年末考核、年终发放的方式，原则上履职津贴应发放至本人工会会员服务卡，不以现金形式发放。如年中有工会主席离岗或因其他原因不再继续担任，则新任工会主席应另行申报，经考核评估后另行发放履职津贴，前任主席一般可享受到离职当月的履职津贴。

（七）监督检查

履职津贴发放要根据资金的性质和来源自觉接受工会经审组织及相关部门的审计、检查和监督，上级工会对履职津贴发放情况要加强管理，确保履职津贴发放规范运行。

三、工作要求

（一）统一思想，明确方向。各单位要充分认识非公企业工会主席在维护职工合法权益和推进基层工会组织建设中的重要作用，要精心设计，认真实施非公企业兼职工会主席履职津贴制度，有效调动非公企业工会主席履职积极性，激发非公企业工会活力。

（二）结合实际，有序推进。各级工会要结合本地区实际，按照创建职工之家的总体要求，整合本地区本单位相关工作考核评估的制度或办法，避免重复雷同，增加工作负担。要在工作基础相对较好，资金比较充裕的地区和单位先行先试，力求循序渐进，取得成效。

（三）严格标准，注重实效。各级工会要严格标准、从严把关，真正把考核评估激励与推进解决瓶颈问题相结合，与实施非公企业工会改革相结合，与推动非公企业工会建起来转起来活起来相结合。

局（产业）工会参照本办法执行。

本办法由上海市总工会负责解释。

关于加强和改进本市国有企业工会工作的指导意见

沪工总发〔2017〕13 号

各区局（产业）、控股公司、集团公司党、政、工会：

国有企业是中国特色社会主义的重要物质基础和政治基础，是我们党执政兴国的重要支柱和依靠力量。始终坚持党的领导和充分发挥工会作用是国有企业的光荣传统和独特优势，国有企业工会（国有企业以下简称国企，国有企业工会以下简称国企工会）在工会整体工作中发挥着十分重要的基础性、示范性作用。为深入学习贯彻党的十九大精神和习近平新时代中国特色社会主义思想，落实中央党的群团工作会议、全国国有企业党的建设工作会议要求，根据《中共中央关于加强和改进党的群团工作的意见》《关于在深化国有企业改革中坚持党的领导加强党的建设的若干意见》《新时期产业工人队伍建设改革方案》《中华人民共和国工会法》《中国工会章程》《企业工会工作条例》《上海市群团改革试点方案》《上海市总工会改革实施方案》等的精神，结合上海实际，现就进一步加强和改进本市国企工会工作，提出如下意见。

一、总体要求和基本原则

（一）总体要求。以习近平新时代中国特色社会主义思想为指针，坚持以人民为中心，坚持全心全意依靠工人阶级根本方针，顺应人民群众对美好生活的向往，贯彻中央和市委群团改革要求，服从服务国家战略和本市发展大局，抓住加强国企党建和深化国企改革的有利时机，加强基层组织建设、提高群众工作本领，切实增强国企工会的政治性、先进性、群众性，切实解决脱离职工群众的突出问题，切实发挥工会在维护职工权益和促进企业发展中的作用，把职工群众更广泛更紧密地团结凝聚起来，推动经济社会发展，夯实党执政的阶级基础和群众基础。

（二）基本原则

坚持党的领导，把握政治方向。自觉接受党对工会工作的领导，贯彻落实党的路线方针政策和党组织的工作要求，加强职工思想政治建设，确保国企工会工作的正确方向。坚持依靠职工，落实主体地位。把竭诚为职工群众服务作为工会一切工作的出发点和落脚点，一切为了职工群众、一切依靠职工群众，充分尊重和切实保障职工群众的主人翁地位。坚持主业主责，站稳职工立场。强化职工群众观念，坚持职工为本，为职工群众谋利、替职工群众代言，使广大职工群众在共建共享中有更多的获得感；教育引导职工群众依法、理性维权，确保职工队伍和劳动关系和谐稳定。坚持服务大局，促进企业发展。弘扬劳模精神、劳动精神和工匠精神，广泛开展群众性劳动竞赛和职工科技创新活动，发挥国企在加强产业工人队伍建设中的带头作用，把广大职工智慧力量凝聚到企业改革发展上来，为深化国企改革发展作贡献。坚持继承创新，发挥示范作用。推进深化群团改革，继续在建机制、强功能和增实效上下功夫；继承发扬国企工会的光荣传统，模范遵守和严格执行有关法律法规，全面保障和发展职工群众合法权益，树立工会工作标杆，带动工会工作整体发展。

二、把保障职工权益、协调劳动关系的制度机制纳入国企法人治理结构

（三）把维护职工权益相关制度和要求有效融入企业治理结构和管理制度。认真贯彻《公司法》《工会法》《企业国有资产法》及《上海市职工代表大会条例》《上海市集体合同条例》等法律法规规定，在各级党组织的领导下，明确把工会组织、职代会、职工董事监事、集体协商、劳动争议调解等维护职工权益、协调劳动关系的制度纳入公司章程和企业管理制度规范，并融入企业治理结构，推动形成科学合理平衡的企业治理机制。

（四）健全以职代会为基本形式的民主管理制度。企业工会要切实履行职代会工作机构职责，推动企业不断完善集团、子公司、分公司等多级职工代表大会制度。依法落实职代会的审议建议、审议通过、审查监督、民主选举、民主评议等相关职权，切实保障职工的知情权、参与权、表达权和监督权。加强国企改革改制工作的民主参与力度，依法规范和履行相关民主程序，特别是国企改革调整中涉及职工利益的重大问题必须经过职代会审议，确保职工权益不因企业所有制形式、管理主体、经营方式变更而受到损害。

（五）有效实施集体协商制度。坚持企业利益与职工利益紧密结合，国企工会要代表职工依法与企业进行平等协商，就薪酬福利、社会保障、劳动安全卫生、休息休假、女职工权益保护等签订集体合同和专项协议。国企工会要加强与企业行政的日常协商，及时反映职工的利益诉求。

（六）完善国企职工董事、职工监事制度。规范国企职工董事、职工监事产生程序，其候选人由工会或职代会联席会议提名，经企业党组织审核后，由职代会或职工大会民主选举产生，并报上级主管部门和上级工会备案。企业党组织要督促董事会每年至少一次在定期或年度会议上，听取职工董事关于企业劳动关系总体状况的报告，对有关劳动关系方面的议案进行审议。董事会要对影响企业劳动关系和谐稳定的问题进行及时研究，制定完善相关制度，并将协调劳动关系制度建设的相关情况列入企业社会责任报告并对外披露；董事会在制定企业合并、分立、解散或者变更企业形式方案，制定企业利润分配方案或弥补亏损方案等

事项时，对出现整体或者部分职工劳动关系变更、实施减薪等事项，应当事先听取职工董事、职工监事的意见，并严格按照集体协商和职代会民主程序规范操作；职工董事、职工监事应当切实履行职责，定期向职代会作述职报告，并接受职工代表的民主评议。

三、建立以服务职工为导向的国企工会运行机制

（七）把服务职工与服务大局紧密结合起来。要发挥工会“大舞台”的作用，抓住上海“四个中心”和科创中心建设、自贸试验区改革的大好环境和有利条件，广泛组织职工群众开展劳动竞赛、合理化建议、技术革新、技术攻关、技术协作、发明创造、岗位练兵、技术比赛等群众性劳动竞赛和科技创新活动。要发挥工会“大学校”作用，加强社会主义核心价值观教育，大力弘扬劳模精神、劳动精神、工匠精神，引导激励职工通过辛勤劳动、创新劳动创造更加美好生活，帮助职工通过提升自身素质能力提高对企业发展的贡献率；发挥国企工会在产业工人培养上的传统优势，不断创新改进产业工人发挥骨干作用的载体和方式，推动建设知识型、技能型、创新型的产业工人队伍。

（八）根据职工需求开展维权服务工作。国企工会要发挥工会“大家庭”的作用，竭诚服务广大职工群众，特别是要针对职工群众需求变化的新特点，更加精准有效地做好服务工作，让每一位职工群众都能感受到党政的关心和工会的温暖。国企工会要充分把握职工群众的思想脉搏、了解职工群众的利益诉求。要以职工群众需求为导向，把工作重心、服务资源更多放在最普通、最基层、最一线的职工群众身上，不断完善维护职工合法权益的工作机制，不断完善服务职工实事项目，开展工会各项工作。

（九）建立健全联系和服务职工的工作制度。围绕职工最关心、最直接、最现实的利益问题，建立工会干部基层联系点、定期接待、走访慰问、结对帮扶、随班作业、职工需求调查、公开联系方式等相关工作制度，确保国企工会干部更直接、更有效、更经常地联系职工群众，始终与职工群众在一起。

（十）建立以职工满意度为导向的工作评价机制。建立完善国企工会考核制度，改进工会工作绩效考核方式，以职工知晓度、参与度、认可度、满

意度为标准和导向，及时优化工会工作方法、调整工会工作项目，并将职工评价结果与各类评先评优制度、服务职工项目的设立调整、工会干部的考核等相挂钩，把工会工作的考核评价权真正交到职工群众手里。上级工会对下级工会开展考核或组织职工评价时，应听取被考核评价工会同级党组织的意见，并向其通报考核结果和评价情况。

四、创新国企工会工作方式

（十一）将国企工会工作融入城市基层党建和社会治理大格局。国企工会要依托重大项目建设、重点产业合作、园区投资运营等渠道，大力支持地区工会按照属地原则，推进各类合作、入驻企业做好建会、入会及服务各项工作。要在职工科技创新和职工素质提升方面发挥带头作用，牵头组织相关企业开展各类群众性劳动竞赛和文化体育活动，推进企业职工文体服务设施、教育培训资源开放共享。要积极、主动参与园区工会建设，在地区总工会或工会联合会等组织建设中发挥骨干作用。具有行业工会特征或履行产业工会职能的国企工会，要积极通过产业联系带动非公企业工会工作，提升行业工资集体协商质量。要聚焦服务职工群众、服务区域发展，积极参与社区共治，对接政府公共服务资源，推动企业履行社会责任。

（十二）创新对特殊职工群体的维权工作。高度关注关心企业劳务派遣工、项目外包工等用工形式，依法监督企业规范用工行为，依法维护劳务派遣工、项目外包工等职工群体的合法权益，实现同工同酬。工会要督促行政把劳务派遣和项目外包单位是否建立工会作为企业合作的准入条件，促进劳务派遣和项目外包单位建立工会组织。对于未建立工会的劳务派遣单位，用工企业工会要吸纳劳务派遣工直接加入本企业工会。对于已建立工会的劳务派遣单位，用工企业工会要通过接受委托、挂靠等方式，强化对劳务派遣工的管理和服务。在召开工代会、职代会时，要把劳务派遣工和项目外包工吸纳进来，拓宽和畅通他们参与企业治理的渠道，增强他们的主人翁意识。围绕企业“走出去”发展要求，做好外派职工的关心服务工作，积极帮助他们解决后顾之忧。加大吸纳农民工入会工作力度，把广大农民工最大程度地组织到工会中来。

（十三）建立完善网络化工作机制。加强工会网上工作平台建设，推动工作流程再造和数据资源共享，不断提升工会工作信息化管理水平，夯实网上工会工作基础。加强工会网上服务平台建设，推进工会工作线上线下、网上网下的融合发展，把职工入会、权益维护、教育培训、困难帮扶及服务职工实事项目等有机加载到网上，为职工提供优质便捷的服务。积极参与全市工会系统内部资源整合，减少重复建设，打通信息孤岛，形成工作合力，实现全市网上工会工作“一盘棋”。

（十四）创新经费保障监督机制。国企工会要督促企业依法合规足额计提、拨缴和使用职工福利费、职工教育经费、安全生产费用、工会经费等相关费用，不得相互挤占。要改进工会经费、会费收缴和保障制度，将经费更多向基层企业倾斜，更好为职工群众服务。要加强和创新工会经费审查监督工作，通过工会内审、国家审计、社会审计及职工会员监督等各种途径，加强对国企工会经费收支和资产管理的审查审计监督，涉及职工会员切身利益的基层工会经费支出要向职工群众公开，做到依据公开、内容公开、程序公开、结果公开，让工会经费使用在阳光下运行。

五、与时俱进加强国企工会组织体系和工作队伍建设

（十五）加大国企工会组织建设力度。适应国企产权关系、组织架构、管理模式等发展变化，在集团、下级企业、控股企业、上市公司、参股和混合所有制企业、投资项目等各个层面同步建立工会组织，在车间班组、经营网点、工程项目、服务窗口、科研团队等实现工会组织和工会工作全覆盖。国企混合所有制改革，要把建立工会组织、开展工会工作作为必要前提。国有参股的混合所有制企业要在合作协议中明确工会工作机构、人员编制、活动经费等内容。任何组织和个人不得以改革改制为名，随意撤销或将工会工作机构合并、归属到党群工作部门或其他工作部门。坚持产业和地方相结合的工会组织领导原则，抓好异地子公司工会组织建设工作。

（十六）科学设置国企工会工作机构。各级工会要同步建立工会经费审查委员会、工会女职工委员会，并根据职工规模、企业工会层级及工作需要设置若干工作部门。各集团工会要着眼于减少中间层次，突出维权基本职能，提高服务效率，优化设置内设机构，灵活设置项目平台。基层工会可参照集团工会组织架构，对工作机构进行合理设置。

（十七）优化国企工会领导班子结构。坚持好干部标准，选拔职工群众工作经验丰富、在职工群众中威信高的同志，推荐作为国企工会领导人员人选。建立专职、挂职、兼职干部任用制度，各集团工会按专职、挂职、兼职干部各占一定比例配备领导班子，确保配备专职领导。按照《中华人民共和国工会法》要求配备专职工会主席，由同级班子成员担任工会主席的，应按不低于企业中层正职配备专职工会副主席。拓宽工会领导班子的来源和发展渠道，推进工会干部与企业经营管理人员双向交流，把工会工作岗位作为培养锻炼企业各类人才和干部的重要平台。非国有控股合资企业要坚持由中方推荐工会主席，并将其纳入领导人员管理范畴。

（十八）改进国企工会工作人员来源方式和结构。国企工会可根据自身实际情况和工作需要，对工作人员设立“2+1”使用机制（“2”指工会专职、挂职工作人员，“1”指工会志愿者或积极分子）。工会专职工作人员一般按不低于企业职工人数的千分之三配备，具体人数由上级工会、企业工会与企业行政协商确定。建立挂职工作人员选派制度，由企业组织人事部门会同工会，选派优秀人才到工会工作，明确职责任务和履职要求。培育工会志愿者队伍，在开展职工文体活动、帮困互助、技能提升等方面，充分发挥工会积极分子作用。加强班组长、工会小组长及班组安全员等队伍建设，充分发挥其在班组建设和工会工作中的重要基础性作用。工会挂兼职人员、志愿者等的管理和待遇，可按照市委组织部《关于工青妇机关和基层工作队伍管理实施办法（试行）》（沪委组〔2015〕发字93号）和市人社局、市财政局《关于群团组织挂职、兼职干部及志愿者津补贴试行意见》（沪人社资〔2015〕730号）的规定执行。

六、进一步加强党对国企工会的领导

（十九）明确国企工会建设工作的领导体制。要把国企工会建设纳入全市国企党的建设总体规划和工作部署之中，市委组织部会同市总工会每年至少安排一次专题研究。市委组织部和市总工会会同相关部门和单位，建立国企工会工作协调机制，并将其纳入本市“党委统一领导、组织部门牵头抓总、国有资产监管机构党委具体负责、相关部门协同配合”的国企党建工作格局中，协调解决问题，推动工作落实。坚持党建带工建、工建促党建的基本原则，把党建带工建作为企业党建工作责任制的重要内容，把工会工作成效作为考核国企党组织领导班子和分管负责同志的重要内容。制定企业工会组织推优办法，把工会组织推优作为产生入党积极分子人选的方式之一。

（二十）加强对国企工会工作的领导和支持。把工会工作摆在党组织工作的重要位置，强化党组织对工会的领导和工作的支持，在政治原则上严格把关，在作用发挥上充分信任，在工作方式上鼓励创新，在服务资源上有效保障。要定期听取工会汇报、专题研究工会工作，具体解决工会工作和职工群众的困难问题。明确由企业党组织书记或副书记分管工会工作，把工会建设纳入企业党组织和行政整体工作部署和考核体系，把各级工会干部履职情况纳入同级党组织干部绩效考核范围。建立完善企业党组织研究决定工会工作重大事项制度，工会要及时向同级党组织汇报年度工作计划，报告经费审计情况。涉及“三重一大”事项的，要主动请示报告、接受指导和监督。

（二十一）规范落实双重领导制度。贯彻落实工会受同级党组织和上级工会双重领导的基本制度，完善工作规范，明确工作流程。工会组织换届选举时，同级党组织推荐领导班子人选应与上一级工会充分协商，取得一致意见；上一级工会应协助同级党组织对协管范围内的领导班子成员进行考察，或由同级党组织通报考察情况；候选人名单应由同级党组织发函至上一级工会，经相关程序讨论同意并复函后，依法履行民主程序。要尊重工会组织民主选举结果，保持领导干部任期内稳定，确因工作需要调动任期未满的领导干部时，同级党组织要事先征得上一级工会的同意，并同步酝酿和推荐替补人选，确保各级工会领导班子的完整性和稳定性。

（二十二）支持工会依法依章程开展工作。国企党组织和行政要充分认识、充分尊重工会工作特点规律，鼓励支持工会组织积极履职、有效发挥作用。将工会组织作为了解基层情况、听取职工群众意见的重要渠道，支持工会组织真实反映一线职工群众的疾苦和心声。支持工会组织站在职工群众的立场上想问题、提建议，在涉及职工切身利益的问题上积极反映群众诉求。支持工会组织加强协商协调，在职工群众合法权益受到侵害时敢于亮剑、敢于发声，真正担负起职工群众合法权益代表者和维护者的职责。支持工会组织运用企业党建和行政资源，做好职工群众的教育服务工作，提高工会在服务职工群众中的号召力、影响力、凝聚力。

各区局（产业）工会要把加强和改进国企工会工作，作为深化工会改革的重要工作来抓，在同级党组织领导下，会同党的组织部门，根据本意见精神，认真研究、抓紧制定具体的实施方案和工作计划，使此项工作在本地区、本系统、本单位工会得到有效落实。上级工会要加强指导督促，积极培育典型，及时总结提高，认真研究解决新情况新问题，不断完善相关制度设计，确保此项工作有力推进、取得实效。

上海市总工会
中共上海市委组织部
中共上海市委宣传部
中共上海市经济和信息化工作委员会
中共上海市国有资产监督管理委员会
中共上海市城乡建设和交通工作委员会
2017 年 11 月 3 日

姓氏笔画排列顺序索引

说明：

一、姓按字的画数多少排列。同画数的姓字按起笔一、丨、丿、丶、乛的顺序排列，画数和笔形相同的字，按字形结构，先左右形字，再上下形字，后整体字。

二、姓字相同的，单字名排在多字名之前；多字名依次看名的第一、第二字……先看画数，后看起笔顺序，再看笔形。

三、复姓字也按第一个字笔画画数多少排列，笔画相同的按笔形顺序排列。

常用姓氏笔画索引：

一画

二画

三画

四画

相 柏 柳 郦 咸 南 南门 南宫 战 是 贵 蚁 哈 钟 钟离 钦 钮 部 种 秋笃 段 段干 修 皇甫 禹 侯 律 须 俞 郗 郤 昝 逄 饶 施 恽 恰 闻 闻人 闾丘 姜 娄 首 养 洪 宣 宦 宫 冠 祖 祝 费 胥 姚 贺 勇 羿 骆 骈

十画

秦 敖 班 载 袁 都 耿 聂 莫 莘 晋 桂 桓 格 索 栗 贾 夏 夏侯 热 原 顾 列 顿 柴 党 晁 晏 哨 线 铁 倪 皋 徐 殷 爱 奚 翁 卿 栾 高 郭 席 唐 竞 郯 浩 凌 资 益 浦 海 涂 浣 家 宾 容 宰 宰父 诸 诸葛 谈 郎 展 陶 姬 通 能 桑

十一画

排 理 堵 教 黄 菅 萧 萨 梅 曹 戚 龚 盛 常 晨 鄂 唯 啜 崔 崇 铫 银 笪 符 第五 盘 庹 麻 痍 康 鹿 章 商 阎 盖 淳于 淡 梁 梁丘 寇 宿 谌 扈 逮 尉 尉迟 屠 隋 隆 续 绳 巢

十二画

琴 越 喜 彭 斯 葛 董 蒋 蒉 韩 辜 森 惠 覃 粟 揭 辉 戢 景 喻 黑 嵇 程 税 傅 焦 储 舒 鲁 赓 童 羡 普 尊 曾 湛温 滑 游 富 禄 谢 强 疏 傀 缑

十三画

鄢 靳 蓝 蒯 蓟 蓬 蒲 蒙 楚 楼 裘 赖 甄 雷 訾 虞 路 筱 简 微生 詹 鲍 解 廉 裔 靖 新 雍 阙 慎 满 溥 窦 福 褚

十四画

赫 赫连 綦 綦母 慕 慕容 蔡 蔚 蔺 臧 裴 管 鲜于

后 记

经过近一年的打磨雕琢，《工会组织工作实务手册》终于在上海市工会第十四次代表大会召开之际和大家见面了。

本书在上海市人大常务委员会副主任，上海市总工会党组书记、主席莫负春高度重视和关心下，由上海市总工会党组成员、巡视员何惠娟主持编写。参加撰稿、审稿的有丁巍、王厚富、庄勤、钱传东、余文龙、刘卫新、范本国、杨钟春、许向东、贺再励、邱华阳、袁洁伟、马伟杰、张荣富、黄宪祖、范小雨、燕翔、赵志灏、金世育、王翀达。

工会组织工作涉及地方工会和基层工会两大部分。鉴于大量的工会组织是基层工会，加强规范化建设的重点也是基层工会，本书内容以基层工会为主，适度添加了部分地方工会的相关要求，有关地方工会组织工作的内容不是很全面，敬请谅解。另外，基于新技术、新产业、新业态、新模式的不断涌现，企业组织形态和职工队伍不断有新变化和新发展，工会组织工作面临许多新情况、新问题、新困境。在相关问题的回答中，我们根据当前的法律法规和文件规定来阐述，同时添加了一些上海基层工会探索的经验，仅供参考。

本书编写过程中，得到了全国总工会基层工作部、上海市总工会的相关部门及各区局（产业）工会、上海工会管理职业学院等各级领导的关心和帮助，同时参考和借鉴了全国总工会和江苏、浙江、福建、山东、广东等兄弟省市的资料和书籍，在此一并深表感谢。

由于时间仓促、水平有限，本书难免有不当和疏漏之处，恳请广大工会工作者和读者批评指正。本书编写的内容若与全国总工会等新出台的相关规定有出入，请以新出台的相关规定为准。

编　者

2018 年 5 月